审计实操
从入门到精通

杨舒童 著

内 容 提 要

本书从大众对于审计的误解和作者的工作经验讲起，逐步深入到审计工作的思维逻辑和审计各科目的进阶实战，将审计工作中晦涩的专业术语，用贴近生活的实际案例进行了解读，并用通俗易懂的语言讲解了审计过程中的逻辑思维和实战步骤。

本书分为 11 章，涵盖的主要内容有真实的审计工作描述，贯穿审计工作始终的逻辑思维，审计之于商业社会的作用，审计过程中各方利益和矛盾的平衡，大众如何理解审计和运用审计，审计专业术语解读，审计职业道德的重要性，错报和舞弊的具体表现形式，审计过程中的重点，审计中容易忽略的细节，审计各阶段的具体程序，各重要会计科目的审计实操等。

本书内容通俗易懂，案例丰富，实用性强，特别适合初步接触审计工作的读者和企业管理中可能与审计工作有接触的读者，也适合企业财务报表的预期使用者、商业思维爱好者、对于审计有好奇和疑问的读者阅读。另外，本书还适合作为相关培训机构的教材。

图书在版编目（CIP）数据

审计实操从入门到精通 / 杨舒童著. — 北京：北京大学出版社，2024.10. — ISBN 978-7-301-35577-0

Ⅰ.F239.0

中国国家版本馆CIP数据核字第2024QM6842号

书　　　名	审计实操从入门到精通
	SHENJI SHICAO CONG RUMEN DAO JINGTONG
著作责任者	杨舒童　著
责任编辑	王继伟　蒲玉茜
标准书号	ISBN 978-7-301-35577-0
出版发行	北京大学出版社
地　　　址	北京市海淀区成府路205号　100871
网　　　址	http://www.pup.cn　新浪微博：@北京大学出版社
电子邮箱	编辑部 pup7@pup.cn　总编室 zpup@pup.cn
电　　　话	邮购部 010-62752015　发行部 010-62750672　编辑部 010-62570390
印　刷　者	北京圣夫亚美印刷有限公司
经　销　者	新华书店
	787毫米×1092毫米　16开本　15.75印张　275千字
	2024年10月第1版　2024年10月第1次印刷
印　　　数	1—4000册
定　　　价	69.00 元

未经许可，不得以任何方式复制或抄袭本书之部分或全部内容。
版权所有，侵权必究
举报电话：010-62752024　电子邮箱：fd@pup.cn
图书如有印装质量问题，请与出版部联系，电话：010-62756370

审计是一种独立的专业活动，旨在对一个组织、项目、系统或个人的财务状况、业务运作、会计记录和内部控制体系等进行全面、客观的检查和评价。审计的主要目的是提供独立、公正、专业的意见，帮助利益相关方了解被审计对象的真实情况，从而提高信息的可靠性和透明度。

大众了解审计工作，对自身有重要的意义。

作为投资者，可以通过审计报告了解公司的财务状况和经营状况。大众的投资和储蓄往往与金融市场的稳定性密切相关。审计工作有助于确保上市公司披露准确的财务信息，降低市场波动性，从而维护金融市场的稳定。

企业的财务健康直接关系到就业和经济增长。审计的透明度和可靠性有助于提高企业的信誉，促使其更容易获得融资、扩大业务规模，进而创造更多就业机会和促进经济增长。

作为消费者，购买公司的产品和服务，希望能够信任这些公司。审计工作有助于揭示公司的真实状况，从而保护消费者权益，确保他们在市场中有公平的信息基础。

公司的财务报表是税收部门核定税收的基础。审计工作有助于确保公司合规地履行纳税义务，保障公共财政的稳定和可持续发展。

大众对企业的社会责任和可持续发展越来越关注。审计工作可以揭示公司在环境、社会、治理方面的表现，帮助大众更好地了解企业的社会责任的履行情况。

总体而言，审计工作通过提供可靠、透明的财务信息，为大众提供了保障。

这有助于维护金融市场的稳定,促进经济的发展,保护投资者和消费者的权益,以及推动企业更好地履行社会责任。

审计的存在是为了保护各方的利益,确保经济主体运作的合法性和规范性,为决策者提供可靠的信息基础。审计师在这个过程中发挥着重要的监督和评价作用,为社会经济的稳健运行提供了保障。

笔者的审计工作体验

审计是财务领域中一项至关重要的任务,它不仅涉及对职业道德的坚守,也彰显了独立第三方的优势。审计师在这个领域中充当着重要的角色。

首先,审计工作中对职业道德的遵守至关重要。审计师应该始终秉持公正、诚信、慎重的原则,确保工作的真实性和透明度。职业道德是审计工作的基石,是确保审计结果公正、客观的关键。

其次,作为独立第三方,审计师具有公正、客观的优势。相较于公司内部人员,审计师更能保持独立性,不受公司内部政治和利益的影响。这使得审计师能够以更为客观的眼光审视财务状况,从而提高审计的可信度。

审计还依赖于逻辑思维的优势。审计师需要通过深入的逻辑分析,确保财务报表的准确性和合规性。逻辑思维能力使得审计师能够迅速识别潜在的风险,并采取适当的审计程序以确保审计的全面性和严密性。对于审计师个人而言,审计是一项锻炼逻辑思维和培养职业操守的工作。通过不断的实践,审计师不仅可以提升自身的专业素养,还可以培养坚持原则的职业品格。

最后,审计对于商业社会的作用也不可忽视。审计为企业提供了一种信誉保证机制,有助于吸引投资者和合作伙伴。通过确保财务报表的准确性,审计为商业社会提供了透明度和可靠性,有助于推动商业社会的健康发展。

综合而言,审计工作不仅仅是一种专业服务,更是职业操守、逻辑思维和对商业社会的责任担当的体现。审计师通过其专业素养和独立性,在推动商业社会发展和维护经济稳定方面,发挥着不可替代的作用。

这本书的特色

从零开始:从审计的基础概念开始,通过贴近生活的案例进行讲解,学习门槛很低。

内容新颖:书中的大部分内容通过现实操作中可能出现的有趣案例进行了讲解。

经验总结：全面归纳和整理了作者多年的审计工作经验和教学实践经验。

内容实用：结合大量实例进行讲解，并归纳总结了实操中的使用技巧。

这本书包括什么内容

本书内容可以分为三部分。

第一部分通过作者的个人工作经历，介绍了审计师的工作日常、审计工作在现实商业社会中的作用，向读者展现了审计工作的全貌。另外，还通过作者的工作经历，并结合实际案例，力求让读者感受到审计师工作的喜怒哀乐和酸甜苦辣。这部分通过对审计工作进行描述，可以帮助阅读本书的财务专业的学生、未来想要从事审计职业的读者对这项工作有更直观的感受。本部分还为零基础入门人员介绍了审计中的关键概念，有审计工作经验的读者可以跳过这部分内容。

第二部分首先介绍了对审计师的职业道德要求。例如，独立性、勤勉尽责的重要性和具体表现形式。接着，对于审计过程中审计师需要培养的逻辑思维方式进行了讲解。

审计各科目的实操是本书的重要内容，于是第三部分通过案例分析的方式介绍了审计这些会计科目的注意事项和关键步骤。这部分的内容需要读者运用在第二部分学到的思维方式。

读者阅读本书过程中若遇到了问题，可以通过邮件与作者联系。作者常用的电子邮箱是 aliceyst@qq.com。

本书读者对象

- 审计初学者和零基础入门人员
- 审计实习生和新入职审计师
- 企业内部财务人员
- 会计师事务所的职员
- 管理层和企业主
- 企业家和投资者
- 财会专业学生

致谢

第一，我想在此特别感谢我的父亲杨耕砚老师和母亲樊永勤老师。首先，他们作为我学习生涯最大的"赞助商",不断鼓励我保持学习,并用自己的亲身经历引导着我不断进取、汲取新的知识和技能,让我在学习和工作中都能拥有最大的底气不断尝试新的事物。其次,作为我人生的"创始人",他们对我充满期待,却依旧能笑对我的失败,鼓励我在人生的各个阶段对自己负责、做出独立的决策,并支持我的每一个重大决策。最后,他们以朋友的身份,对我予以建议、聆听、理解和包容。在本书的写作过程中,他们给予了我专业方面的协助,同时也给足了鼓励,让我能够完成本书。

第二,我想感谢在我职业生涯中遇到的每一个领导、同事。本书中的很多内容、故事、案例、言论都借鉴了各位在工作中对我的指导和引领。

另外,感谢参与本书修订、润色、出版的工作人员,正是因为有了各位的细致、耐心,才迎来了本书的顺利出版。

第三,感谢本书的读者朋友。本书的写作内容及思考可能深度不够,欢迎读者朋友们积极与我探讨、分享。

目录 Contents

第一篇 审计的面纱

第 1 章 有趣的财经新闻　002
- 1.1 上过热搜的审计事件 / 002
- 1.2 与审计相关的惩罚 / 003
- 1.3 "我的客户上市了" / 009
- 1.4 披星戴月的审计师 / 010
- 本章小结 / 011

第 2 章 别怕，审计很友好　012
- 2.1 "数字搬运工"的世界 / 012
  - 2.1.1 正视审计 / 012
  - 2.1.2 会计师事务所的日常 / 014
  - 2.1.3 审计的成果 / 017
  - 2.1.4 流水线和创造力
    ——审计工作流程 / 018
- 2.2 审计甲乙方的"爱恨情仇" / 022
  - 2.2.1 "感谢您对我们的信任"
    ——审计独立性 / 022
  - 2.2.2 审计的意见有多重要 / 025
  - 2.2.3 站在上帝的视角看财报
    ——独立第三方 / 028
- 本章小结 / 030

第 3 章 审计的世界——审计概念　031
- 3.1 自我保护和契约精神 / 031
  - 3.1.1 知己知彼——初步业务活动 / 031
  - 3.1.2 契约精神——业务约定书 / 033
  - 3.1.3 百战不殆——总体审计策略和具体审计计划 / 035
  - 3.1.4 自我保护——声明书 / 038
  - 3.1.5 最终产品——审计报告 / 040
- 3.2 用证据说话——审计证据 / 042
  - 3.2.1 审计证据从哪来？ / 042
  - 3.2.2 对于审计证据的判断
    ——审计证据的性质 / 044
  - 3.2.3 审计证据的作用 / 046
- 3.3 数字以外的责任——内部控制审计 / 048
  - 3.3.1 内部控制是什么？ / 048
  - 3.3.2 内控审计的必要性 / 050
  - 3.3.3 逻辑游戏——内控审计流程 / 052
- 3.4 警钟长鸣——风险 / 055
  - 3.4.1 审计风险 / 056
  - 3.4.2 风险评估与应对 / 057
  - 3.4.3 舞弊责任 / 059
  - 3.4.4 内控风险 / 059
- 3.5 工作留痕——审计底稿 / 062
  - 3.5.1 审计底稿是什么？ / 062
  - 3.5.2 做一份漂亮的底稿
    ——格式、要素和范围 / 062
  - 3.5.3 审计底稿的编制逻辑 / 064
  - 3.5.4 底稿的作用和保存 / 067
- 3.6 环境影响成果
  ——财务报表编制基础 / 070
- 3.7 下班别走——完成审计工作 / 072
  - 3.7.1 结束审计工作阶段 / 072
  - 3.7.2 期后事项 / 075
- 3.8 借力打力——审计沟通和利用他人工作 / 078
  - 3.8.1 与治理层的极限拉扯 / 078
  - 3.8.2 "修罗场"——前任和现任 / 082
  - 3.8.3 与内部审计师的友好合作 / 085
  - 3.8.4 援手——外部专家 / 089
- 本章小结 / 093

第二篇　用数字讲故事

第 4 章　和报表恋爱——审计的逻辑　095

- 4.1 做好自己——审计师的职业道德 / 095
  - 4.1.1 独立性要求 / 095
  - 4.1.2 胜任与勤勉尽责 / 099
  - 4.1.3 保密 / 102
- 4.2 充满幻想——预期和远见 / 105
  - 4.2.1 保证程度 / 105
  - 4.2.2 期望差距 / 108
  - 4.2.3 特殊事项 / 110
- 4.3 保持怀疑 / 121
  - 4.3.1 职业怀疑 / 121
  - 4.3.2 存在即怀疑 / 123
  - 4.3.3 数据钩稽 / 125
- 4.4 抓大放小 / 128
  - 4.4.1 关键审计事项 / 128
  - 4.4.2 重要性 / 131
  - 4.4.3 内控缺陷 / 137
  - 4.4.4 实质性程序 / 139
- 4.5 有舍有得——审计质量控制 / 141
  - 4.5.1 首次接受委托 / 141
  - 4.5.2 项目质量复核 / 143

本章小结 / 144

第三篇　"数字作家"养成

第 5 章　实战：货币资金　146

- 5.1 存在性 / 147
  - 5.1.1 货币资金的存在性和审计逻辑 / 147
  - 5.1.2 货币资金的存在性 / 149
  - 5.1.3 货币资金的监盘 / 150
- 5.2 所有权 / 153
  - 5.2.1 货币资金所有权审计的必要性 / 153
  - 5.2.2 货币资金所有权审计的程序 / 154
- 5.3 函证 / 155
  - 5.3.1 银行询证函的制作 / 156
  - 5.3.2 银行询证函的收发流程 / 156

本章小结 / 158

第 6 章　实战：往来科目　160

- 6.1 应收账款和坏账准备 / 160
  - 6.1.1 应收账款审计步骤 / 161
  - 6.1.2 应收账款坏账准备的审计步骤 / 163
- 6.2 其他应收款 / 164
  - 6.2.1 其他应收款审计的必要性 / 164
  - 6.2.2 审计其他应收款的关键步骤和信息获取 / 165
- 6.3 预付账款 / 166
  - 6.3.1 预付账款审计的注意事项 / 166
  - 6.3.2 预付账款审计的步骤 / 167
- 6.4 预收账款 / 169
  - 6.4.1 预收账款审计中的注意事项 / 169

  6.4.2 预收账款审计的步骤 / 170
6.5 期后收付 / 171
6.6 关联方往来 / 173
  6.6.1 关联方交易的舞弊风险 / 173
  6.6.2 关联方交易审计的一般步骤 / 174
6.7 替代性测试 / 175
  6.7.1 替代性程序的适用情况 / 175
  6.7.2 替代性程序的一般设计思路 / 176
本章小结 / 177

第7章　实战：资产科目　179

7.1 固定资产 / 179
  7.1.1 基于固定资产的舞弊行为 / 179
  7.1.2 固定资产审计的一般步骤 / 180
7.2 存货 / 182
  7.2.1 存货的舞弊风险 / 182
  7.2.2 存货审计的一般步骤 / 184
7.3 在建工程 / 185
  7.3.1 在建工程可能会产生的舞弊行为 / 185
  7.3.2 在建工程的一般审计步骤 / 186
7.4 金融工具 / 187
  7.4.1 金融工具可能产生的舞弊行为 / 187
  7.4.2 金融工具审计的一般步骤 / 188
7.5 计量基础 / 189
  7.5.1 审计师判断资产类科目是否被准确入账的方法 / 190
  7.5.2 资产类科目审计中的风险应对 / 190
7.6 专家评估 / 191
本章小结 / 192

第8章　实战：负债科目　194

8.1 员工薪酬 / 194
  8.1.1 员工薪酬审计的重要性 / 194
  8.1.2 应付职工薪酬的舞弊风险 / 195
  8.1.3 应付职工薪酬审计的一般步骤 / 196
8.2 预计负债 / 197
  8.2.1 预计负债的舞弊风险 / 197
  8.2.2 预计负债的一般审计步骤 / 198
8.3 其他"应付"科目 / 199
  8.3.1 其他"应付"科目的舞弊风险 / 199
  8.3.2 其他"应付"科目的审计步骤 / 200
8.4 其他负债科目 / 201
  8.4.1 常见的负债类会计科目 / 201
  8.4.2 其他负债类科目的审计 / 202
本章小结 / 204

第9章　实战：收入　205

9.1 利润表数据汇总、拆分 / 205
  9.1.1 利润表的编制细节 / 206
  9.1.2 利润表的舞弊风险 / 206
9.2 收入确认机制 / 208
  9.2.1 收入确认的关键环节 / 208
  9.2.2 收入确认审计的一般程序 / 209
9.3 合同和收付款 / 209
9.4 谨慎分类 / 210
  9.4.1 收入的常见分类 / 211
  9.4.2 收入分类的一般审计程序 / 212
9.5 钩稽关系 / 213
本章小结 / 214

第10章　实战：成本和费用　215

10.1 计量基础 / 215
  10.1.1 成本和费用的计量 / 215
  10.1.2 成本和费用的舞弊 / 217
10.2 谨慎分类 / 218
  10.2.1 产生重分类错报的情况 / 219
  10.2.2 应对重分类错报的审计程序 / 219

10.3 合理支出 / 220
    10.3.1 被视为异常支出的案例 / 220
    10.3.2 发现异常支出时可以采取的审计程序 / 221
10.4 数据钩稽 / 222
    10.4.1 成本和费用的钩稽案例 / 222
    10.4.2 成本和费用钩稽关系的一般审计程序 / 223
10.5 截止性测试 / 223
    10.5.1 截止性测试的舞弊 / 224
    10.5.2 截止性测试的一般审计程序 / 225
10.6 "未入账"的数字 / 225
    10.6.1 "未入账"的数字 / 226
    10.6.2 发现"未入账"的数字 / 227
本章小结 / 227

第11章 实战：其他 229

11.1 比率分析 / 229
    11.1.1 常见的比率 / 229
    11.1.2 比率的作用 / 230
11.2 异常事项 / 231
11.3 警惕结构 / 232
11.4 存在即合理？/ 234
    11.4.1 满足"要求" / 234
    11.4.2 一般审计程序 / 235
    11.4.3 实例体验 / 235
11.5 看不见的证据 / 236
11.6 博弈——发现问题后的沟通 / 237
    11.6.1 关于错报的沟通 / 238
    11.6.2 拒绝沟通的后果 / 238
本章小结 / 239

后记 241

第一篇

审计的面纱

　　审计，听起来是冷冰冰的"铁面无私"的词汇，大众听闻这个词语的时候，往往会带入自己的想象，一个严肃、冷淡的审计师形象或许是各位想象的第一画面。当面对媒体宣传时，由于"幸存者偏差"，导致大家总会将审计与公司面临的"危机"挂钩。对于审计真正的认识极少。

　　审计是一项专业、严谨的工作。审计的存在是为了尽可能地打破信息差。为了打破信息差，审计师之间有自己特殊的专业用语，使得大众在面对这些专业词汇时又产生了新的信息差。

　　本篇旨在通过身边的案例来解释审计中各种难以理解的词汇和现象。

第1章

有趣的财经新闻

大众接触审计,主要是通过媒体宣传、新闻事件。而媒体在报道这些事件时为了吸引眼球,往往会带入主观感情色彩。

本章将从那些与审计相关的新闻入手,让读者感受真正的审计工作和审计师的生活。

1.1 上过热搜的审计事件

截至本书出版时的最近几年,那些上过热搜的与审计相关的事件,基本和资本市场中上市公司的起起落落相关。

比如:

某美股上市食品公司事件,牵扯到了多家国际有名的会计师事务所;

各大地产企业破产案件,也或多或少地提到了审计方面的内容;

美股或港股上市企业转板上市的过程中也提及了会计师事务所;

还有那些常被网友们当作笑谈的"存货失踪"事件;等等。

这些事件的发生,虽然与审计并无直接的关系,但随着信息技术的发展、媒体的宣传,让审计这件事逐渐在大众面前揭开了神秘面纱。

我的学生在写作毕业论文的过程中,也常将这些事件作为案例。

关于审计,大众对它的疑惑总是围绕着以下几个问题:

审计到底是做什么的?

审计通过什么方法发现企业存在的问题?

为什么这些企业明知自己有问题还自掏腰包请人来审计?

审计师发现企业舞弊、财务造假等情况后会采取什么样的措施?

审计师是谁请去各个企业的?又是为谁的利益服务的?

为什么很少听到审计师因没审出企业存在的问题而受到惩罚的新闻？

……

甚至很多刚刚入行审计的朋友，对审计这件事也是一知半解的状态，明明从事着审计的工作，单位却叫"会计师事务所"。

在我工作的过程中，很多客户听到"事务所"三个字就忙不迭地称我们为律师。可见，审计依旧处于一个神秘的状态。毕竟很多高校都没有开设审计学专业，大部分审计从业人员的专业背景都是会计、财务管理类，甚至是其他毫不相干的专业。而写这本书的目的，就是通过我的审计生活，将大家对审计的疑问一一解答。

1.2 与审计相关的惩罚

很多上市公司发生负面事件后，会提及审计师在其中起到的消极作用，但我们很少在新闻或媒体的曝光中看到直接处罚审计师的案例。因为导致上市公司重大风险的负面事件，其形成原因是多方面的，审计师因自身工作而发现、披露重大风险事件仅仅是导致这些负面事件的原因之一，并不是公众所想象的"审计出问题了"那么简单。

来自证监会官方公布的 2022 年证监稽查 20 起典型违法案例如下。

（1）同济堂信息披露违法违规案（中国证监会行政处罚决定书〔2022〕17 号）。本案是一起上市公司系统性造假的典型案例。2016—2019 年，同济堂健康产业股份有限公司通过子公司虚构销售及采购业务、虚增销售及管理费用、伪造银行回单等方式，累计虚增收入 211.21 亿元、利润 28.16 亿元。本案表明，上市公司财务造假严重破坏资本市场信息披露秩序，侵蚀市场诚信基础，监管部门必将予以严厉打击。

（2）豫金刚石信息披露违法违规案（中国证监会行政处罚决定书〔2022〕57 号）。本案是一起上市公司实际控制人指使造假的典型案例。2016—2019 年，郑州华晶金刚石股份有限公司实际控制人策划、指使公司通过虚构销售交易及股权转让交易等方式，累计虚增利润 1.5 亿元，通过虚构采购业务等方式虚增资产 18.56 亿元。本案警示，上市公司实际控制人应当严守法律底线，不得滥用控制地位从事违法行为。

（3）金正大信息披露违法违规案（中国证监会行政处罚决定书〔2022〕1号）。本案是一起上市公司虚构贸易的典型案件。2015—2018年上半年，金正大生态工程集团股份有限公司通过虚构与供应商、客户之间的贸易业务，累计虚增收入230.73亿元、利润19.89亿元。本案警示，上市公司应当依法诚信经营，杜绝弄虚作假等违法行为，否则必将受到法律制裁。

（4）胜利精密信息披露违法违规案（中国证监会行政处罚决定书〔2022〕48号）。本案是一起上市公司重组标的财务造假的典型案例。2016—2018年，苏州胜利精密制造科技股份有限公司（简称"胜利精密"）收购标的智诚光学科技有限公司，通过虚开主营产品销售发票、虚假销售原材料、未及时入账原材料等方式实施造假，导致胜利精密累计虚增利润总额6.54亿元。本案表明，监管部门强化并购重组事中事后监管，严厉打击操控业绩、虚假披露等违法行为，为发挥资本市场并购重组"主渠道"作用提供法治保障。

（5）*ST新亿信息披露违法违规案（中国证监会行政处罚决定书〔2022〕4号）。本案是一起上市公司财务造假、规避退市的典型案例。2018—2019年，新疆亿路万源实业控股股份有限公司通过虚增保理业务营业外收入等方式虚增利润，连续两年财务报告严重失实，财务指标触及退市标准，2022年3月公司股票终止上市。本案表明，监管部门严格执行退市制度，坚决打击以财务造假为手段规避退市的行为，促进形成优胜劣汰的良好市场生态。

（6）海航控股等公司信息披露违法违规系列案（中国证监会行政处罚决定书〔2022〕46号、51号、52号、58号、59号、63号、67号、71号）。本系列案是控股股东侵害上市公司利益的典型案例。2018—2020年，海航集团有限公司（简称"海航集团"）要求海南航空控股股份有限公司、海南机场设施股份有限公司、供销大集集团股份有限公司、海越能源集团股份有限公司、易航科技股份有限公司、海南新生飞翔文化传媒股份有限公司、海航冷链控股股份有限公司、海航投资集团股份有限公司等下属公司，向海航集团及其关联方提供资金、违规担保，导致巨额资金被占用。本案表明，监管部门从严惩治违规担保占用等损害上市公司利益的违法行为，切实保护中小股东合法权益。

（7）中超控股信息披露违法违规案（江苏证监局行政处罚决定书〔2022〕4号）。本案是一起上市公司实际控制人违规关联交易的典型案例。2018年，在上市公司实际控制人的组织、指使下，江苏中超控股股份有限公司虚构采购合同，通过商业保理业务违规为关联方提供资金7000万元，形成非经营性占用且未按规定披露。本案警示，上市公司应当依法及时披露关联交易等重大信息，严守规范运作底线。

（8）金沙江投资信息披露违法违规案（云南证监局行政处罚决定书〔2022〕2号）。本案是一起北交所上市公司控股股东违规占用的典型案例。2021—2022年，云南生物谷药业股份有限公司（简称"生物谷"）控股股东金沙江投资有限公司、实际控制人林某，通过关联交易累计占用生物谷资金3.56亿元。本案表明，监管部门紧盯"关键少数"，督促上市公司实际控制人、大股东增强公众公司意识，切实履行诚信义务。

（9）福建福晟信息披露违法违规案（福建证监局行政处罚决定书〔2022〕1号）。本案是一起公司债券发行人信息披露违法的典型案例。2019年8月至12月，福建福晟集团有限公司（简称"福建福晟"）及其子公司发生7笔债务违约，涉及金额14.7亿元。福建福晟未按规定披露上述债务违约情况。同时，福建福晟还存在未按期披露"18福晟02"等4只公开发行债券2020年中期报告、年度报告等行为。本案表明，监管部门严格落实债券市场统一执法工作安排，依法查处债券信息披露违法行为，维护债券市场诚信基础。

（10）国海证券未勤勉尽责案（中国证监会行政处罚决定书〔2022〕11号）、大公国际未勤勉尽责案（中国证监会行政处罚决定书〔2022〕16号）、鲁成所未勤勉尽责案（中国证监会行政处罚决定书〔2022〕40号）。本系列案件是公司债券市场中介机构未履职尽责的典型案例。国海证券有限责任公司、大公国际资信评估有限公司、山东鲁成律师事务所在为山东胜通集团股份有限公司发行公司债券、债务融资工具提供承销、评级、法律等服务时，未按照相关规则开展尽职调查工作，导致出具的承销文件、评级报告、法律意见书存在虚假记载。本案表明，督促中介机构提升债券业务执业质量，是夯实债券市场高质量发展的重要基础，监管部门坚持"一案多查"，压实中介机构"看门人"职责。

（11）堂堂所未尽勤勉尽责案（中国证监会行政处罚决定书〔2022〕6号）。本案是一起上市公司审计机构违反独立性要求的典型案例。深圳堂堂会计师事务所在*ST新亿2018年、2019年年度财务报表审计执业中，与公司约定审计意见，协助其倒签租金抵账协议，未对财务舞弊迹象进一步实施审计程序，导致出具了虚假审计报告。本案表明，保持审计独立性是会计师事务所客观公正执业的前提，也是上市公司信息披露质量的重要保障，监管部门严惩审计独立性缺失等违法行为，促进审计机构归位尽责。

（12）永拓所未尽勤勉尽责案（广东证监局行政处罚决定书〔2022〕2号）。

本案是一起审计机构"走过场"式审计的典型案例。永拓会计师事务所在广东金刚玻璃科技股份有限公司 2016 年、2017 年年度财务报表审计执业中，未对公司业务管理系统实施相应审计程序，并且在风险识别与评估程序、内控测试审计程序、实质性审计程序等多个环节存在未勤勉尽责行为。本案提示，中介机构应当严格按照法律法规和执业规则的要求审慎执业，认真履行核查验证、专业把关职责，为上市公司提供高质量服务。

（13）宜华集团等操纵市场案（中国证监会行政处罚决定书〔2022〕44 号）。本案是一起上市公司大股东操纵本公司股价的典型案例。2017 年 7 月至 2019 年 3 月，宜华企业（集团）有限公司联合私募机构控制使用 132 个证券账户，利用资金优势、持股优势，采用盘中连续交易、对倒交易等方式操纵"宜华健康"股票。本案警示，监管部门坚决打击内外勾结操纵上市公司股价的行为，必定让违法者付出沉重代价。

（14）王某操纵证券市场案（中国证监会行政处罚决定书〔2022〕64 号）。本案是一起惯犯多次操纵股票的典型案例。2020 年 2 月至 11 月，王某控制并使用 145 个证券账户，先后操纵"吉林高速""大连热电"等 8 只股票，被罚没金额达 5.7 亿元。本案表明，操纵市场损害投资者利益、扰乱交易秩序，始终是监管部门的打击重点。

（15）秦某操纵期货合约价格案（湖北证监局行政处罚决定书〔2022〕4 号）。本案是一起操纵期货合约价格的典型案例。2020 年 12 月至 2021 年 2 月，秦某通过不以成交为目的、频繁大额报撤单的方式，先后操纵纯碱、动力煤等 6 个品种的 9 个期货合约。本案表明，监管部门着力加强期货交易行为监管，依法查处操纵市场等违法行为，维护期货市场平稳运行。

（16）俞某泄露内幕信息案（新疆证监局行政处罚决定书〔2022〕1 号）。本案是一起上市公司实际控制人泄露内幕信息的典型案例。2020 年 7 月，宜宾市叙州区政府拟与北京安控科技股份有限公司（简称"安控科技"）建立战略投资合作关系。安控科技实际控制人俞某将相关信息泄露给朋友，导致他人内幕交易安控科技股票。本案警示，上市公司内幕信息知情人应当严格遵守法律，履行保密义务，切勿碰触"红线"。

（17）唐某等人内幕交易案（中国证监会行政处罚决定书〔2022〕23、24、25 号）。本案是一起并购重组环节内幕交易窝案的典型案例。2017 年 8 月，天津鑫茂科技股份有限公司（简称鑫茂科技）公告收购微创（上海）网络技术有限公司全部股权。上述内幕信息公开前，内幕信息知情人唐某控制多个账户买入鑫茂科技股票，尤某、秦某等人通过上市公司实际控制人徐某获知内幕信息后买入鑫茂科技股票。本案表明，上市公司并购重组仍是内幕交易多发领域，监管部门持续加大监管执法力度，防控内幕交易行为。

（18）庄某等人违规出借证券账户案（浙江证监局行政处罚决定书〔2022〕25、26号）。本案是一起违规出借证券账户的典型案例。2020年9月至2021年1月，庄某、俞某将本人证券账户借予沈某使用，沈某利用二人账户违法交易"普丽盛"股票，庄某、俞某被分别处以3万元罚款。本案警示，新《中华人民共和国证券法》进一步强化了证券账户实名制要求，加大了惩戒力度，投资者要增强守法意识，依法依规使用证券账户。

（19）上海瀛翊违规减持案（中国证监会行政处罚决定书〔2022〕26号）。本案是一起上市公司股东违规减持股份的典型案例。上海瀛翊投资中心（有限合伙）作为无锡药明康德新药开发股份有限公司（简称"药明康德"）的原始股东，于2021年5月至6月，违反相关承诺，违规减持药明康德股票，金额达28.94亿元，被处以2亿元罚款。本案表明，监管部门坚决依法查处违规减持行为，引导上市公司股东、董监高规范、理性、有序减持，维护资本市场交易秩序。

（20）网信证券违法违规案（中国证监会行政处罚决定书〔2022〕28号）。本案是一起证券公司报送虚假材料的典型案件。2012—2017年，网信证券有限责任公司未按会计准则相关规定对买断式回购交易业务进行核算，导致其向监管部门报送的年度报告财务报表中利润总额等相关科目金额虚假。本案表明，证券公司向监管部门报送的信息、资料，必须真实、准确、完整，弄虚作假将受到法律惩处。

由上面的事件可以看出，部分情况是因审计师未尽勤勉尽责之职而导致会计师事务所或审计师直接受到惩罚，其余受到惩罚的情况原因各异。惩罚审计师，是一件不那么容易的事。审计师的职业生涯受到多方面的法律监管，也有各种各样的监管单位，因此有一系列的原则和措施对审计师进行管理，从专业胜任能力到审计过程和结果，甚至连职业道德等方面都有原则性的举措。相关单位定期会召开各种各样的会议，对审计准则、相关法律法规、执业标准等做出符合时代发展的研讨和修订。

每一个修订内容的背后都对应了当下频发的审计问题，因此，无论是监管机构还是会计师事务所都是在不断更正发展的，为的就是将审计的方式方法更加完善、跟上商业时代发展的步伐。

试想，如果审计师发现了被审计单位存在重大风险或舞弊行为就将受到惩罚，那么作为一个审计师，你还敢将发现的问题上报或提请披露吗？我相信任何人为了避免惩罚，在此类情况下都不会主动提请披露。如此一来，各个企业单位就会变得更加肆无忌惮地舞弊、造假，审计师存在的意义也就没有了。

反之，如果审计师尽心尽力地工作后仍然没有发现被审计单位存在造假、舞弊等问题，那么被曝光后审计师是否需要受到惩罚呢？

试想一下，如果一个医生用尽毕生所学、殚精竭虑地抢救一个病人，却依旧无力回天时，这个医生是否需要受到惩罚？一个教师如果在教学过程中对学生掏心掏肺、竭尽所能，但还是不能保证所有学生都能入学清华北大，那么这个教师是否该受到惩罚？

自然是不用的。

同理，放在审计师身上同样适用。在关于审计师的处罚方面，监管机构有"自我保护""自证清白"措施。也就是鼓励审计师发现问题的同时，也给了审计师自我保护的方式方法。比如，完整、清晰的审计工作底稿，在审计师已经执行了必要的审计程序但仍未发现问题时，用其方可避免惩罚。

Tips

审计师及其团队固然是专业人才，但商业社会中的交易复杂、关联甚多，同时交易及生产的产品也在不断更新换代，审计师很难凭自己的能力鉴定商品、文件的真假。很多交易也"藏得很深"，以至于审计师很难发掘、发现。但是他们已经尽自己所能，保持职业怀疑、执行了全面细致的审计程序，甚至已经聘请了外部专家参与审计工作，但依旧存在未被发现的问题，此时审计师有权利提供证据进行自保。

为了避免惩罚，审计师们除了要具备强有力的专业能力，还需要有独立坚定的职业道德，这样才能够让自己更客观地出具审计报告，将审计作为独立第三方的责任发挥到极致，创造更透明的商业社会，这也是对使用审计报告的利益相关方的利益维护。

1.3 "我的客户上市了"

审计的工作成果看上去很简单：一份审计报告，甚至不包括财务报表本身。单纯的就是薄薄的两页纸。但这两页纸背后是整个团队的审计师花费了无数个日夜不断敲击键盘、出差奔波、分析开会的结果。

审计的成果并不是非常直观，除了上市实体的审计报告必须按照法律要求公布之外，其他单位的审计报告非必要不公开。

我在职业生涯中有幸参与过上市项目的审计。

审计师、律师、投行作为企业上市的三大中介机构，各司其职，将准上市公司从里到外、从上到下、从前到后的经营数据、法律关系、投资情况等都要清清楚楚地梳理出来。为的就是上市后的经营更合法合规，保护的是投资者、利益相关方的利益。

这可能是一个审计师最骄傲的时刻了。

IPO 审计是一项艰巨的工作，车轮般滚动作业。如果本期上不了市，那么还要继续滚动审计，可能前期做过的工作都白做了。正常的年审我们需要考虑至少 2 期数据，而 IPO 审计因为其覆盖面更广、监管要求更严，所以至少需要在短时间内考虑 3~5 年的数据，甚至还可能出现考虑多国会计准则、审计准则的情况，需要从更多的角度对公司的经营成果进行分析。

经过长时间的工作，项目组轮番上阵，不断地取证、验证，才能最终得到一份薄薄的审计报告。

所以当被审计单位实现了上市目标时，作为最重要的上市文件之一的审计报告就起到了非常关键的作用。报告上看似模板一样的、简单的文字内容，其实是对整个审计团队工作成果的证明。而当企业上市被披露那一刻，其实就是对审计师最大的肯定。

我还记得我在项目组和当时的同事们熬了无数个日夜，出差在酒店住了几个月之后，终于在离开项目组很久后的某一天，听到了我的客户上市了的消息。虽然我并没有陪这个项目走到最后，但我觉得那个新闻的披露，是对我们当时工作的认可。

除此之外，我们也经历过很多项目最终没办法达成上市目标的情况，背后的原因非常复杂。审计师固然很努力，但因为客观条件的限制，只能让我们的工作一场空。

希望每一个审计从业人都能在自己的职业生涯中经历艰辛、付出努力，大大方方地说出"我的客户上市了"这句话。

1.4 披星戴月的审计师

很多人都对审计师的工作日常非常好奇。我曾在自己的社交账号中记录了我做审计时的日常。我发现在大家的普遍眼光里，审计工作者都是一板一眼、着装表情都很严肃的形象，甚至可能很循规蹈矩、古板，对应的生活和工作状态就是严肃、不苟言笑、沉着冷静、毫无幽默感、缺少乐趣和浪漫。

实际上，审计工作除了对大脑要求很高之外，还对身体素质有很高的要求。在审计忙季，长时间熬夜、通宵，每天睡眠时间不足 6 个小时，几乎每一个审计人都经历过这样高强度的工作模式。我曾经天真地觉得自己年轻、身体好，出差、熬夜、加班等都不在话下，直到发生了一件事。

那是审计忙季结束后一周，我本以为自己已经恢复了身体状态和精神状态，可当我化了一个美美的妆，换上漂亮的裙子出门见到我的朋友，以为会得到大家表达惊艳的夸赞时，结果所有的朋友对我说的第一句话给了我一个打击，他们说："你经历了什么，怎么整个人看起来疲惫又憔悴，感觉老了 10 岁？"

几个月后我们项目经理因为多年高强度的工作病倒了，出院后他一改往日的工作习惯，开始选择适当放松、合理休假。我们这才终于知道，在这样高强度的工作中，除了保持大脑清醒、逻辑明晰之外，身体健康也很重要。

回看曾经的日常记录，我们每个人除了在工作的时候保持高度紧张、严肃的状态，其他时候大家都充满活力，说说笑笑，也会在出差间隙放松娱乐，诚然不是其他人想象的样子。

除了熬夜加班之外，我们最常接触的还有出差。审计程序中有很多项是需要审计师到达现场执行的。同时由于样本量较大，有时南北方当天往返、有时一天去很多个城市。

除了飞机外，其他的交通工具也是我们时常乘坐的，很多时候我们甚至会去一些常见的交通工具无法抵达的目的地。比如，我曾经参加过一个审计高速公路修建项目的工作，我们要抵达的地方是该条高速公路修建沿途的各个物料仓库。我们抵达目的地的途中可谓是翻山越岭，经历了滑坡封路、大雪封山等情况，只为执行审计程序。

第 1 章 有趣的财经新闻

我读书时看见那些在飞机、高铁上依旧开着电脑办公的人会很羡慕，直到进入审计这个行业，我也变成了他们中的一员，争分夺秒地在任何场所办公，只为完成审计工作底稿，不耽误整个项目组的工作进度。

> **本章小结**
>
> 　　审计这项工作是我离开校园后的第二份正式工作，是对我产生了非常大的正面引导的工作。我非常幸运地进入了一家优秀的会计师事务所。本书中的所有方法、理念，可以说是我的审计工作日记。我在这个行业内学到的很多逻辑、技能，都对我之后的工作和生活产生了非常深远的影响。至今，我仍会用审计的逻辑思考问题、解决问题。
>
> 　　"审计"是一个冷冰冰的词汇，让人联想到的是铁面无私的"包公"形象。可是在我的从业过程中，从我的老板到我的同事，都是有血有肉、可爱又优秀的人。
>
> 　　审计是一个对思维要求非常高的工作。外界总把审计师想象成数学非常好的"聪明人"，可是在审计的世界里，思维大于计算。
>
> 　　在后面的章节里，我会尽可能地将我记录于"工作日记"当中的方法、逻辑还原，帮助那些审计行业之外的人了解审计、运用审计，同时也帮助那些刚刚接触审计的"同事"更好地完成工作。

第 2 章

别怕，审计很友好

我本人在接触到审计之前，也对审计有着深深的误解，甚至在拿到入职通知书的那一刻我还在犹豫是否要入职。之后包括我的朋友和家人在内的所有人在得知我是一名审计师后，都会莫名地对这个职业感到"害怕"。我曾一度不明白那么有趣的工作，为何会被别人"害怕"。

为了让更多的人理解审计这个工作，我在社交媒体上发布了一条视频对此作出说明。没想到，这条视频引来了大量的观看和互动。我认为从某种程度上来说，我帮助审计师消除了大众对其的一些误解。

在本章中，我将把这些内容通过更专业也更系统的方式进行梳理，以求让各位知道审计真的很友好。

2.1 "数字搬运工"的世界

2.1.1 正视审计

当我们谈到审计时，可以把它想象成是医生在体检。但审计不是检查人的身体，而是检查公司的"经营健康"状况，包括财务审计、内部审计和合规性审计。

首先，财务审计。就像是给公司做个财务体检，检查公司的钱财流动、存储的状况。审计师就像是财务医生，他们会查看公司的账本，确保所有的钱都花在了该花的地方，就像医生查看血液流动情况一样，确保里面没有问题。

其次，内部审计。就像是给公司找个健身教练，健身教练会帮你检查是否吃得健康、锻炼是否足够，内部审计师也是一样，他们会检查公司内部的各种运作、管理环节，确保每个部门都在顺利运转，就像是保证身体各个器官都正常运作一样。

最后，合规性审计。审计师会检查公司是否遵守各种规定和法律，这样公司就能够在大家都认可的游戏规则下运作，就像学生在学校里遵守学校规定一样。

总体来说，审计就是为了确保公司像一个大家庭一样健康、有秩序地运作。大部分人闻"审"色变，无非是两种原因。

其一，审计的到来无形中会给被审计单位的工作人员带来更多的工作量，他们需要配合审计师工作，因此需要为审计师提供大量的逻辑线条严谨的材料、数据，必要时还需要陪同审计师出差、检查，等等。

其二，对于审计师有很深的误解，认为在检查出问题之后，审计师就会用"强制"手段对被审计单位及其相关人员实施处罚，诸如罚款、革职等，无形中就会对审计师产生畏惧心理。

其实，在现实的商业社会中，根据审计师的雇佣方身份的不同，审计的业务可以分为政府审计和注册会计师审计。前者属于政府行为，具有一定的行政强制力；后者则属于商业行为，主要是担任企业"医生"的角色。对于这二者的理解偏差也是导致大部分读者闻"审"色变的原因之一。为了帮助读者用正确的角度看待二者的区别，表2-1总结了政府审计和注册会计师审计的一些区别和各自具体的表现形式。

表2-1 政府审计与注册会计师审计的区别

特征	政府审计	注册会计师审计（商业）
审计对象	主要关注政府机构、政府项目和公共资金使用	主要集中在公司和企业的财务状况、财务报表、内部控制等方面
审计目的	确保政府机构及其活动的合规性、透明度和有效性	评估企业财务报表的真实性和准确性，以增强投资者、债权人和其他利益相关方的信心
审计范围	包括政府项目、政府资金使用、社会福利计划等，可能涉及政府机构内部控制和管理效率	主要关注对财务报表的审核，包括资产、负债、收入、支出等，可能还包括对企业内部控制和风险管理的评估

大部分普通打工人接触到审计的机会少之又少，而接触到政府审计的打工人更是寥若晨星。

大家更关心的是，被查出问题后怎么办。表2-2罗列了政府审计和注册会计师审计在处罚措施和权限方面的区别。

表2-2　政府审计与注册会计师审计在处罚方式及权限中可能存在的区别

特征	政府审计	注册会计师（商业）审计
惩罚方式	政府机构或相关官员可能面临法律责任，包括行政处分、法律诉讼等	公司可能面临罚款、法律诉讼等风险，公司股价也可能因审计出现问题而受到负面影响。审计师本身可能受到行业监管机构的惩罚
权限	由政府审计机构或政府授权的独立审计机构进行，具备一定的行政强制力	由注册会计师事务所的专业审计师执行，其权威依赖于职业道德准则和相关审计标准。审计师有权访问公司的财务记录和内部信息，但权威不来自政府

Tips

政府审计具备处罚的行政强制力，也就是说，犯错误的人或机构很可能会面临处罚，包括但不限于诉讼、行政处分等。而注册会计师审计则属于商业行为，发现问题后只能提请更正、披露，最严重的处罚也只能是在审计意见中体现。

2.1.2 会计师事务所的日常

前段时间，我指导学生参加职业规划比赛。大部分学生在学习了1~4年审计学专业知识的情况下，对审计师的日常、会计师事务所的日常工作内容和模式还不是很了解。

当我问他们觉得在事务所内做审计是什么样时，他们给到我的答案有以下几个：

（1）需要每天面对各种单据、票据，进行装订、填写以及归档工作；

（2）四处奔波，到处出差，但不知道为什么出差、去哪里出差；

（3）大量的计算，让很多数学不好的同学表示这个工作自己很可能无法胜任；

（4）穿着光鲜亮丽，像电视剧里演的那样进出高档写字楼，和客户开洋气的会议。

这些"印象"大多是从自媒体、短视频的内容中产生的。自媒体、短视频的宣传让大家对审计有了了解，但确实很片面。作为一个自媒体博主，我当然知道"出差""高档写字楼""洋气穿搭""高级会议"这些关键词是带来流量的关键，只有告诉大众"我"过得光鲜亮丽、"我"去过很多地方，才会吸引到大家的眼球。

那么真正的会计师事务所是什么样的呢？

（1）我们是以团队的方式开展工作的。

团队根据每一个审计项目的规模、目的、时长等因素分配人数，小的团队两三个人，大的团队人数可能过百。在某些大型的审计项目中，大团队下还会分为若干个小团队，人数也不等。

从等级上看，整个团队至少要有一名签字合伙人、一名签字总监或经理，多则可能会有若干个合伙人、总监或经理，剩下的就是高级审计师、审计师、审计助理等。当然，整个团队的运作还需要事务所配备一些行政人员，主管团队的差旅、工作场地等。

（2）我们的主要工具是电脑，最重要的软件是 Excel。

工作过程中我们常自嘲为"表哥""表姐"，因为表格是审计过程中相当重要的工具。我们需要将大量的数据、资料汇集在表格中，方便我们进行汇总、计算和分析。

而装订票据凭证的工作并不是审计师的范畴，这些工作主要由被审计单位的财务、会计完成，审计师则需要对这些已经装订成册、归档的文件凭证进行查阅。

（3）我们每天面对的除了被审计单位的员工、自己团队的同事之外，就是大量的数据。因为企业的经营过程、成果，大多以数据的形式呈现，再汇总成为报表，所以我们需要处理大量的原始数据。虽然数据很多，但并不涉及非常复杂的运算，要求的仅是运算的逻辑。

我们需要判断挑选哪些数据来进行运算分析，或者是用什么样的方式在大量的数据中计算出我们想要的结果，如某些"率"：资产负债率、流动比率、速动比率等。而这些，只需要熟练地运用 Excel 公式，并保持清晰的思路就可以完成，并不需要高数等高级数学知识。很多时候，我们也会利用 IT 技术帮助完成这些数据分析。

（4）出差很频繁，时间安排很紧凑。

这主要是由于我们的客户可能会遍布于祖国各地，很多大型的企业也会在各地有自己的子公司、仓库、项目等，因此就要求我们实地探查。出差的工作内容包括但不限于实地走访项目情况、盘点资产存货、抽凭检查等。

从时间上看，我经历过无数次当天往返的出差，远则当天往返北京—昆明，近则市内一天走访客户的若干个项目。因此，把出差当度假的做法几乎不存在。当然，我们也会有长时间的出差，比如，我曾经在深圳驻扎过2个多月，一直住在酒店，从酒店往返客户公司，直到完成项目。所以，每一个审计师都具备说走就走的能力，也具备一个登机箱收纳一两个月生活用品、衣物的能力。

出差的地点，也不只是那些一线城市、省会城市，很多时候我们会辗转多种交通工具，只为了到客户的某个仓库所在地。这就非常有趣了。在我的工作经历中，我到访过很多如果不是因为工作，我都不会知道这个地方存在的地点，这也让我觉得审计的工作虽然辛苦，却能开拓视野。

（5）会议比各位想象得少得多。因为审计项目通常都有"时间紧，任务重"的特点，事务所会更注重效率，除了那些审计程序中必须开的会议之外，能不开会就少开会。

而很多会议也都是由合伙人、总监或经理出面，普通的审计师则只能在完成好自己工作的同时，根据会议内容完成指示。而组内会议，大部分时候也是一样的道理，各个组长去参与讨论就好。像电视剧里普通审计师在客户面前侃侃而谈的场面，在现实中几乎不可能发生。

（6）时间安排。有很多审计师在年审时有可能会同时进行多个审计项目，这对事务所安排人员、个人时间管理的要求极高。

我们常会使用一种工具，叫作"甘特图"。在这张图上，你能清楚地看到同组的哪些人会在什么时候离开本项目去下一个项目，它能够帮助团队队长管理成员的时间，同时也能让自己清楚地知道该在何时移交本项目去下一个项目。行政人员也能够从图中找到那些现在尚未有安排的员工并对他们进行项目安排。

（7）假期和加班。总体来说，事务所会给到每一个员工应有的假期，毕竟自己是检查别人是否合规经营的机构，所以自己的内部管理一定是合法合规的。除此之外也会有很多假期福利。

审计的繁忙期集中在年底至年初以及年中，主要针对的是企业年报、中期报告等。加班也并不是无意义的"内卷"耗时间，而是手上的工作做不完，自觉自愿地加班。

而淡季则会被审计师们用来进行自我提升，比如，备考注册会计师等。"忙时做底稿，闲时CPA"是我们常挂在嘴边的口头禅，也是常态。

以上，就是我总结的审计师的日常。希望对想要进入审计行业的各位有所帮助。

2.1.3 审计的成果

审计的成果通常体现在审计报告中,以审计报告的形式呈现。审计报告是审计师对被审计对象进行审计后的正式陈述,其中包含了审计的发现、意见和建议。

审计的成果主要包括以下几个方面。

(1)审计发现:报告中会详细列出审计师在审计过程中发现的重要事实、问题和异常。这可能包括财务报表中的错误、不合规的操作、内部控制的缺陷等。

(2)审计意见:审计师会根据他们的审计发现,对被审计对象的财务报表或其他方面提供一个专业意见。

(3)建议和改进建议:在审计报告中,审计师可能提供一些建议,以改善被审计单位的财务管理、内部控制或业务流程。这些建议通常是为了帮助组织更好地管理风险,提高效率和合规性。

Tips

审计报告通常包含对审计的整体总结,概括了审计师的主要发现和意见。审计的成果是为了提供对被审计对象的独立、专业的评价,以帮助利益相关方更好地了解被审计对象的财务状况、合规性和运营情况。审计报告是审计的正式产出,为决策者、投资者、监管机构等提供了重要的参考。审计成果对审计报告的使用者具有重要的作用,各种利益相关方可以通过审计报告获取关于被审计对象的重要信息。表2-3中列举了审计成果对审计报告使用者的作用。

表2-3 审计报告对于利益相关方的作用

利益相关方	关注点	审计报告的作用
股东和投资者	公司财务状况、财务报表的真实性	投资决策的关键信息来源,无保留意见有助于增强投资者对公司的信心
债权人	公司偿债能力	提供有关公司财务状况和经营状况的信息,帮助债权人评估公司的信用风险
管理层	内部控制的有效性、业务流程的合规性	了解公司内部管理和业务运作,审计报告中的建议可用于改进内部管理和业务流程
监管机构	公司合规性、财务状况	审计报告是监管机构了解公司合规性和财务状况的关键依据

续表

利益相关方	关注点	审计报告的作用
员工	公司稳定性、未来发展	提供对公司财务状况的客观评价，有助于建立员工对公司的信任感
公众	公司治理、贡献和责任	对于大型公司，提高公司治理和财务运作方面的透明度，有助于公众了解公司的贡献和社会责任

总体而言，审计成果通过审计报告向各方提供独立、专业的观点，有助于维护企业透明度、建立信任，为各利益相关方做出明智的决策提供基础。

2.1.4　流水线和创造力——审计工作流程

完成一个审计项目通常涉及一系列固定的流程，这些流程能够确保审计师充分了解被审计单位的财务状况，并提供可靠的审计结论。

1. 审计工作基本流程

以下是一个审计项目基本的固定流程。

1）计划阶段

（1）设定审计目标和范围：明确定义审计的目标，确定审计的范围，以及审计所涉及的财务报表和业务领域。

（2）理解被审计单位：收集被审计单位的基本信息，包括组织结构、业务活动、重要的会计政策等。

（3）风险评估：识别潜在风险，通过了解行业、公司经营环境和内部控制，识别潜在的财务报告风险；评估内部控制，了解和评估被审计单位的内部控制体系，确定哪些控制对财务报表的编制有重要影响。

（4）制订审计计划：安排审计资源，确定需要哪些审计师、专业技能以及审计工作的时间表；制订审计测试，设计具体的审计程序和测试，以获取足够的审计证据。

2）实地工作阶段

（1）进行审计测试：根据审计计划，实地进行审计测试，包括检查财务记录、核实账目、评估内部控制等。

（2）与客户沟通：与客户的负责人和工作人员保持沟通，获取必要的信息和解释，确保理解业务运作和财务记录。

3）审计证据收集

（1）收集文件和证据：保留所有的审计文件、工作底稿和相关证据，以支持审计发现和意见。

（2）进行样本检查：对财务报表中的样本进行详细的检查，以确保数据的准确性和可靠性。

4）问题识别和沟通

（1）识别潜在问题：如果在审计过程中发现潜在问题，及时进行沟通并记录。

（2）与管理层沟通：定期与被审计单位的管理层沟通，解释审计过程和发现，确保及时纠正错误。

5）审计报告准备

（1）审计报告起草：根据审计发现和测试结果，起草审计报告，包括审计意见、强调事项、建议等。

（2）内部审查：对审计报告进行内部审查，确保其准确、清晰，符合审计准则和法规。

6）审计报告发表

（1）报告发表和讨论：向被审计单位的管理层和董事会提供最终的审计报告，讨论审计发现和提出的建议。

（2）报告发布：将审计报告提供给公司的股东、监管机构和其他利益相关方。

7）跟踪后续事务

（1）跟踪建议的实施：如果审计师在审计过程中提出了建议，就要跟踪和确认被审计单位是否采取了相应的纠正措施。

（2）记录和总结：记录审计项目的总结和经验教训，以便在未来的审计项目中提高效率和准确性。

以上步骤形成了一个完整的审计流程，可以确保审计师全面、系统地评估被审计单位的财务报表和内部控制。

当完成一个审计项目的固定流程后，审计师和被审计单位都需要履行一些关键的责任和任务，而且双方需要进行有效的合作。

2. 审计师需要做什么？

（1）进行专业的分析和评估。审计师需要通过专业的知识和技能对被审计单位的财务状况进行深入的分析和评估，识别潜在的风险。

（2）计划和设计审计程序。审计师需要制订详细的审计计划，设计审计程序和测试，确保能够获取足够的审计证据。

（3）有效地沟通。审计师需要与被审计单位保持开放、透明的沟通，明确审计的目标、范围，以及可能的问题和需求。

（4）进行审计测试。审计师需要实地进行审计测试，检查财务记录、核实账目、评估内部控制等，以获取必要的审计证据。

（5）问题识别和报告。审计师需要及时识别潜在的问题，并向被审计单位的管理层报告，提出审计意见、建议和强调事项。

（6）保持独立性。审计师还要保持独立性和中立性，以确保审计结果不受到外部干扰或影响。

3. 被审计单位需要做什么？

（1）提供必要的文件和信息。被审计单位需要主动提供审计师所需的文件和信息，包括财务记录、交易细节等。

（2）配合内控审计工作。被审计单位应当允许审计师进行内控审计工作，包括检查账目、核实记录和评估内部控制等。

（3）解答审计师的疑虑。被审计单位及其工作人员应当主动回应审计师的疑虑和问题，提供对财务报表和业务运作的清晰解释。

（4）及时处理问题。如果审计师发现了内部控制的缺陷或其他问题，被审计单位需要及时采取纠正措施，并通知审计师。

（5）配合报告的准备。在审计报告的准备阶段，被审计单位需要与审计师密切合作，确保审计报告的准确性和完整性。

4. 双方需要如何配合？

（1）开放的沟通。双方需要建立良好的沟通渠道，确保信息的顺畅流动，以便及时解决问题。

（2）相互尊重和理解。审计师和被审计单位需要相互尊重对方的职责和立场，理解对方的工作需求。

（3）及时回应。被审计单位需要及时回应审计师的请求和问题，以确保审计进程的顺利进行。

（4）合作解决问题。在发现问题时，双方需要积极合作，共同寻找解决方案，确保财务报表的准确性和合规性。

（5）保持合作精神。审计是一个合作的过程，双方需要共同致力于确保审计项目的成功完成，维护审计的独立性和专业性。通过有效的合作，审计师和被审计单位可以确保审计项目在透明、可靠、有效的基础上完成，从而为利益相关方提供准确的财务信息。

> **Tips**
>
> 除了像流水线一样一步步完成必要的审计程序外，审计师还需要发挥自己的"创造性"思维。也就是在审计过程中要根据具体情况灵活调整审计程序，以更有效地应对潜在的舞弊风险。

如果在执行完固定审计程序后存在证据表明可能存在舞弊风险，审计师可以采用更具创造性的审计程序或者应用新的思路。例如，在现实商业环境中，会存在大量与实际经营业务不符的情况，甚至在某些企业会存在"挂羊头卖狗肉"的现象。对于这样的经营状态，被审计单位自己也知道，不会明确记录在账目中，但审计师在审计的过程中可以通过各种各样的现象、异常，甚至是依靠自己的经验，发现与业务实际情况不符的情况。

尽管执行固定审计程序未发现任何错报，但如果审计师仍然感觉有必要深入调查，就可以考虑采用突击走访、实地考察，借助专家的工作、数据分析技术等手段，对该事件进行更加深入的挖掘举证，通过新思路收集更多的审计证据，以寻找异常模式或异常趋势。常见的方式是，频繁地抽样、扩大审计范围、改变现场审计时间或地点等，以确保涵盖更多的可能存在问题的领域。

此外，审计师还可以与公司内部的风险管理团队、法务部门等合作，共同制定更为创新的审计程序。例如，进行线索调查、实地观察，或者与公司员工进行更深入的交流，以获取更多的内部信息。我们将这样的"突击"方式称为"增加审计的不可预见性"。

总体来说，审计师在面对潜在的舞弊风险时，保持灵活性和创造性是非常重要的。审计师可以根据具体情况调整审计程序，以更好地达到审计目的。

2.2 审计甲乙方的"爱恨情仇"

2.2.1 "感谢您对我们的信任"——审计独立性

一般情况下，会计师事务所除审计业务之外还会接受税务、财务咨询等业务。假设一家事务所同时为某公司提供审计服务和咨询服务，涉及公司的财务系统改进。如果审计师直接参与了公司的财务系统改进项目，就可能会面临"既是运动员又是裁判员"的情况，即审计师本人将对自己设计的财务系统作出评价。很多时候，我们都希望自己做出来的东西被予以更好的评价。所以在这种情况下，审计师可能会难以对公司的财务报表提供公正和客观的评价。

为了维护审计独立性，事务所需要将审计服务和其他咨询服务分开。也就是说，要确保参与审计项目的团队与参与咨询项目的团队相互独立，这有助于确保他们保持对公司财务报表的独立和客观的立场。

试想，如果审计师不能够保持独立、客观的立场，仅凭个人喜好、心情就决定某家公司的经营质量，那审计的意义是什么？现假设你是以下几个利益相关方，审计独立性受损时会对你造成什么样的影响呢？

当你是股东和投资者时，你可能无法信任审计报告的真实性，从而无法准确评估公司的财务状况。

你可能会考虑抛售股票或撤回投资，那么公司的股价就会因此受到负面影响。因为审计师给出的审计报告让你无法相信，直接体现就是你会怀疑自己所得到的分红款项的核算不准确。

一旦投资者信心受损，便会停止投资，这对于公司的资金、名誉都会有非常大的影响。

当你是债权人（如银行等）时，发现债务人的审计报告出现了独立性受损的情况，第一反应便是怀疑审计报告、公司经营情况的真实性，进而对公司的信用评级和偿债能力产生疑虑，因为你无法确保审计报告的独立性和真实性。这不仅可能会导致企业债务融资成本上升，也有可能被以强制措施要求偿债，严重的后果便是变卖资产、资金链断裂，这对企业的生产经营会产生不良的影响。

当你是管理层时,在独立性受损的情况下,你可能会因为不正当的压力,如业绩压力等,期望审计师发表更积极的审计意见,于是会选择隐藏一些财务问题。这可能会提高公司的内部控制和财务报表的不准确性。

当你是监管机构(企业在经营过程中会受到很多监管机构的监督,包括但不限于税务、环保、工商、证监会等)时,一旦审计独立性缺失,你可能会对公司进行更频繁和深入的审计。如果审计师因为与公司有利益关系而未能披露某些违规行为,监管机构就可能会错过对公司违规行为进行监管的机会,从而影响市场的公正运行。

假设你所生活的区域有一家公司,每年除了创造大量的就业机会和财政收入之外,还向当地居民宣传他们承担了该地区环境治理的责任,因此,这家公司在你们当地的声誉和名望都很好,甚至有很多年轻人都以在该公司工作为傲。直到有一天,该公司被曝光其审计师可能与公司高层有利益往来,导致之前出具的审计报告可能存在审计独立性受损的情况。作为当地民众,直接反应就是不再相信该公司在经营过程中做过那么多有益于大家的好事,公众对公司的信任度下降,因为他们无法确定审计报告是否客观、真实,可能会怀疑公司是在隐瞒问题。这样一来,便会直接导致当地其他同类企业的声誉或相关类目商品的销售状况出现问题,政府等监管机构也将花费大量的时间、资金和人力安抚民众,深入调查该事件,该公司的市场和产品在一定时间内会不再稳定。

由此可见,如果审计师因某种利益关系而不愿揭示公司存在的潜在风险,公众就可能会在发现问题时措手不及,从而损害市场的稳定性。

这些例子强调了审计独立性对于维护财务市场的公正、透明和信任度的重要性。独立审计是确保各利益相关方都能够基于可靠的信息做出明智决策的关键要素。

审计独立性体现在审计师在履行其职责时能够保持中立、无偏的状态,远离与被审计对象及其他利益相关方的影响,以确保对财务报表的评价是公正和客观的,如表2-4所示。

表2-4 审计独立性的体现方式

要素	解读	举例
审计师与被审计单位的关系	审计师应该远离与被审计单位及其管理层的密切关系,以避免产生利益冲突	审计师不应与被审计单位有亲属关系、财务关系或其他可能影响独立性的关系

续表

要素	解读	举例
审计师与公司的业务往来	审计师应避免与被审计单位有过于密切的业务往来	不应同时提供审计和咨询服务,因为过多的业务关系可能会导致审计师难以保持中立
审计师的财务独立性	审计师应保持财务独立性,即不受到与被审计对象相关的经济利益的干扰	审计师不能持有被审计单位的股票或与被审计单位有其他金融利益,以确保不因被审计单位的经济状况而受到影响
审计师的职业道德	审计师需要遵循职业伦理和行为准则,确保决策和行为符合审计职业的道德标准	包括对客户的诚实、透明、公正的态度
审计师的独立判断	审计师需要独立思考并做出独立判断,不受到外界压力或干扰的影响	应该依据事实和证据,而非个人或利益关系做出审计决策

  为了保证审计独立性,审计师和被审计单位应当充分理解各方应当有的责任和态度。除了避免上述利益往来、业务往来之外,双方还需要加强对对方的理解和信任。

  审计师和被审计单位应该保持开放、透明的沟通。审计师应清晰地解释审计目的、范围和计划,以及期望从被审计单位获得的信息。被审计单位应提供准确、完整的信息,同时及时解答审计师的疑虑和问题。审计师可以在审计开始前与被审计单位的管理层开会,明确审计的目标和流程,同时被审计单位可以提前准备相关文件,并在审计过程中保持主动沟通,解释公司的业务运作和财务状况。

  审计师通常会在审计项目开始前提供独立性声明,确保自己在执行审计工作时不会受到任何可能影响独立性的压力或干扰。这有助于被审计单位理解审计师的中立立场。发布审计报告时,审计师可以提供独立性声明,明确说明自己与被审计单位之间的任何潜在利益冲突,以及保持独立的承诺。

  双方需要以合作的精神进行工作,而不是将审计看作对被审计单位的一种检查。审计师和被审计单位可以共同努力,以确保审计过程既可以符合法规和准则,又可以对被审计单位的运营产生积极影响。双方可以定期开会,共同讨论审计进展、问题和可能的改进机会。审计师可以分享最佳实践,提供对内部控制的建议,从而帮助被审计单位提升运营效率。

双方需要相互尊重对方的职责和立场，并理解对方的工作需求。审计师应尊重被审计单位的业务机密性，而被审计单位也应该理解审计师在履行职责时需要获取的信息。审计师在收集信息时可以采用谨慎的方式，只获取必要的信息，并在审计报告中对获得的信息进行保密处理，以确保被审计单位的商业机密得到尊重。

审计师需要遵循职业伦理和行为准则，确保自身行为不会损害审计的独立性和公正性。审计师可以在整个审计过程中遵循行业标准和准则，保持中立、公正，以确保审计结果的可靠性。

通过这些方式，审计师和被审计单位可以建立起互信的关系，从而确保审计过程的有效性和审计结果的可靠性。这样的信任关系有助于促进合作，提高审计的质量，同时满足各方的期望。

2.2.2 审计的意见有多重要

看懂审计报告的前提是了解审计意见的类型。在前面的部分我们提到过，审计工作是一项标准化与创造性相结合的工作。而审计意见的类型就是标准化与创造性的结合。

（1）无保留意见（Clean Opinion）：这是理想的审计意见，表示审计师认为财务报表真实、公正，并且符合相关的会计准则和法规。这是对被审计对象高度信任的表达。

（2）保留意见（Qualified Opinion）：意味着虽然财务报表整体上是真实的，但在某些方面存在问题或存在不确定性。审计师在报告中会具体说明问题的范围和影响，并提供相应的合理解释。

（3）否定意见（Adverse Opinion）：表示审计师认为财务报表存在重大的不准确性，且不能被依赖。这通常意味着财务报表的错误或不合规性非常严重。

（4）无法发表意见（Disclaimer of Opinion）：当审计师无法获取足够的审计证据，无法对财务报表发表意见时，就会选择发表无法发表意见。这可能是由重大的不确定性、限制审计工作的条件等原因造成的。

（5）强调事项（Emphasis of Matter）：当审计师认为需要强调报告中的某些事项，但这些事项不足以影响整体的审计意见时，他们会选择强调事项。这是一种提醒报告使用者关注特定事项的方式。

> **Tips**
>
> 审计报告中的这些意见类型，反映了审计师对财务报表审计过程中所发现的问题或情况的不同评价。审计师在发表意见时会根据自己的审计工作得出的结论来选择适当的表达方式。值得注意的是，所有审计师在发表意见时都会用以上标准的文字来阐述，这是为了让报表的使用者能够从各个维度上对审计意见有准确的理解，避免出现理解偏差。

这些烦琐的文字可能仍然无法让你很好地理解审计的成果及其作用，没关系，我将通过下面这个角色扮演的例子帮助你理解审计的成果。

假设你正在审计一家玩具制造商。该公司每年都会发布一份财务报表，现在让你来确保这份报表是真实可靠的。

第一，无保留意见。你打开了玩具公司的财务报表，发现所有的账目都井然有序，财务记录和实际情况一致，没有任何迹象表明存在错误或问题。你可以写下"我确信这份报表是真实可靠的，没有发现任何问题。大家可以放心"。

在看到这份报告时，股东、投资者和员工会感到高兴。他们可以相信玩具公司的财务报表是可靠的，公司经营得很好，有望盈利。这有助于增强他们对公司未来的信心。一方面投资者可能会追加投资，而另一方面想要和公司合作的其他人也会坚定合作信心，为公司提供设备、资金、渠道等资源。这能够促进公司持续地正向发展，创造更多的财富。

第二，保留意见。在审计过程中，你发现玩具公司的库存账龄较长，这可能会导致库存价值的不确定性。你选择保留意见，但同时强调公司的其他方面是正确的。针对这一情况你给出的结论是"报表中的大多数信息是准确的，但由于库存问题，我保留了一些意见。请注意库存可能会对公司的财务状况产生影响"。

看到此保留意见，股东和投资者可能会感到一些担忧，特别是关于库存问题的影响。他们可能会谨慎一些，但同时也能够理解公司的其他方面是正常的。管理层会努力解决库存问题，以改善公司的财务状况。

第三，否定意见。你发现玩具公司在报表中故意夸大了销售额，违反了会计准则。这是一个非常严重的问题，导致你不能相信报表的真实性。因此你的意见是"很遗憾，我无法相信这份报表。公司故意夸大了销售额，这违反了会计准则，我提出了否定意见"。

看到此否定意见，股东和投资者可能会受到严重的冲击，因为公司被指责故意夸大销售额。股价可能会下跌，投资者可能会出售股票。对公司声誉的影响可能会导致员工和客户失去信心。

第四，无法发表意见。如果在审计过程中，公司没有提供足够的文件和信息，甚至不允许你到玩具库房查看库存，以至于你无法对报表的真实性提供充分的保证。因此，你公开发表的意见是"由于公司未提供足够的文件和信息，我无法对报表发表意见。这是一个无法发表意见的情况"。

看到无法发表意见，股东和投资者可能会感到困扰，因为他们无法获取有关公司真实状况的准确信息。公司的信誉可能会受到影响，投资者可能会对继续持有股票产生疑虑，监管机构可能会要求公司提供更多信息。

第五，强调事项。虽然玩具公司的财务报表本身没有错误，但你注意到公司最近经历了一次大规模的经营战略变革——由原本的内销改为出口，这可能会对未来的收入、业务分布等产生影响。你认为这部分情况对于报表使用者来说是一个值得关注的信息，怕它藏在报告中没法引起大家注意，所以你选择强调这一点，提醒报表使用者注意"尽管财务报表本身是准确的，但我想强调公司最近的重大变革，这可能会对未来产生影响。请注意这一点"。

由此，利益相关方可能会注意到公司的战略变革，可能会对未来产生一些不确定性。股东和投资者可能会谨慎一些，但也可以理解公司正在努力适应变化。员工可能会感到一些不安，但也能够理解公司的努力。

通过这个生动的故事，你可以更好地理解在不同的情况下审计师会选择不同类型的审计意见，以反映他们对被审计对象的评价。

几乎所有的审计报告都逃不开以上几种审计意见类型，这就是标准化的体现，用统一的语言来帮助审计报告的使用者了解审计结果。

> **Tips**
>
> 审计意见形成的过程则是审计创造性的体现。审计师在工作过程中，除了实施常规审计程序之外，还需要创造一些方法来提高审计意见的准确性和团队的工作效率。

比如，审计师在通过实地走访并不能发现某项资产、在建工程是否存在的情况下，可能会采取其他的措施，如走访周围的居民，询问是否在某时间段看到有资产运输、工程开工。又比如，审计师在通过往来询证函不能了解某些交易信息时，可能会以其他的办法获取交易信息。同时，在某些数据基本是由系统计算的情况下，审计师需要搭建一个计算程序来验证被审计单位计算程序的合理性和准确性，这个过程就是审计师发挥创造性的过程。

在由多种方式、多种渠道验证后的结果都指向同一个结果时，审计师才能放心大胆地给出标准无保留意见。

2.2.3 站在上帝的视角看财报——独立第三方

上文中我们提到了审计师的甲方是被审计单位，审计师需要保持独立性，审计意见会给审计报告的使用者带来很多决策性的影响。相信很多朋友已经逻辑混乱了：既然是被雇用来实施审计的，为什么会是独立的？既然要保持独立，那为什么还要收取费用？既然是"服务"于被审计单位，那为什么会对审计报告使用者的决策产生影响？出钱的是被审计单位，被查的还是被审计单位，这难道不会产生矛盾吗？

这些疑惑，可以通过审计的五大要素进行解释。审计的五大要素分别是：审计业务的三方关系人、财务报表、财务报表编制基础、审计证据和审计报告。本小节主要阐述审计业务的三方关系人，其余要素将在后续章节进行介绍。

审计业务的三方关系人如图2-1所示。

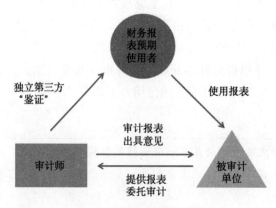

图2-1　审计的三方关系人

在审计业务中，涉及的三方关系人主要包括以下角色。

（1）审计师。审计师是审计业务的核心从业者，负责评估被审计单位的财务报表，确保其真实性、公正性和合规性。审计师需要具备专业知识、独立性，以及遵守职业道德和准则的能力。

（2）被审计单位（客户）。被审计单位是指接受审计服务的企业或组织。这些单位希望通过审计获得对其财务报表的独立、公正的评价，以向利益相关方提供可信赖的财务信息。被审计单位需要向审计师提供准确、完整的财务信息和协助。

（3）预期使用者（利益相关方）。利益相关方包括公司的投资者、债权人、员工、监管机构、供应商、客户，以及社会公众等。他们对公司的财务状况、经营成果和现金流量感兴趣，并依赖审计报告来获得对公司财务状况的信任。审计师的报告对利益相关方的决策和信任至关重要。

> **Tips**
>
> 三方关系人之间的互动对于一个有效的审计过程至关重要。审计师需要与被审计单位保持透明、合作的关系，以获取必要的信息并理解企业运营。同时，审计师需要向利益相关方提供真实、客观的审计报告，以满足社会公众和市场对财务信息透明度和可信度的期望。被审计单位需要理解并配合审计师的工作，提供审计师所需的信息，并积极响应审计师的建议。这三方关系人的互动和合作有助于确保审计过程的顺利进行，提高审计结果的可信度，从而最终维护财务市场的透明度和公正性。

下面让我们通过一个例子来感受三方关系人互动的过程。

假设你的朋友为你介绍了一个相亲对象。该相亲对象在本案例中就代表"被审计单位的管理层"，你代表"预期使用者"。

你们之间各有想法，对方希望你了解他的真实性格、收入等情况。在这个过程中，为了吸引你的注意，他免不了会对某些情况有所隐瞒和夸大。当然，你也不傻，不可能轻易地相信他的一面之词。这时候，你的相亲对象为了获得你的青睐，主动提出找一个"独立第三方"来对自己的真实情况进行调查。这个独立第三方的调查结果与你们二人是否能够相亲成功没有任何利益关系，于是这场调查活动就开始了。

经过一段时间的观察，第三方告知你以下信息：相亲对象每天兢兢业业地工作，提供的工资收入证明属实；每周回家探望父母，父母身体健康、家庭关系良好；周末会约见几个固定的朋友，社交关系健康；没有出现过不礼貌、暴力、欺骗等不良行为。

拿到报告之后，作为预期使用者的你，自然会对你的相亲对象产生更多的好感和信赖。至少在调查期间，他并没有出现任何的问题，于是你决定接受他的好意，尝试交往。你们之间相亲成功，对于企业和预期使用者来说便是合作成功。

在这个例子中，你、相亲对象和调查人之间的关系是相互依存的。审计师（调查人）需要获取相亲对象（被审计单位管理层）的合作委托以完成审计（调查），被审计单位管理层（相亲对象）需要审计师（调查人）的专业评估来提供可信赖的个人信息，而利益相关方（你）依赖审计师（调查人）的报告来做出决策。各方的合作和积极性对于确保审计的顺利进行和结果的可信度至关重要。

本章小结

审计师和被审计单位（即甲方）的关系不同于常规的商业甲乙方关系。从本质上来说，二者属于委托—服务的关系。但由于审计业务的特殊性，审计的成果（即审计报告）不仅单纯地服务于被审计单位，也服务于大众、利益相关方。

审计结论具备双向的作用，好的审计结论能帮助公司正向发展，而不好的、有缺陷的审计结论则有可能会摧毁某个公司。但是如果管理层使用得当，将其当成一份体检报告，并能够积极配合"治疗"，那么企业也可能会发展得越来越好。

审计师受雇于被审计单位，却又服务于包括但不限于被审计单位的其他方。

在这样鱼龙混杂、信息爆炸的商业社会中，信息真真假假，为了减少交易成本和合作风险，审计师需要在大量的信息和事实面前保持自己的职业怀疑态度、清楚的逻辑、专业独立性等，不断甄别信息、整理信息，尽可能地让商业合作更加透明，减少交易成本，创造更公开、公平的商业环境。

这项工作"隐秘而伟大"，总有很多审计师在为减少风险、降低信息差而奔波、加班。

第 3 章

审计的世界——审计概念

理解审计、使用审计的关键在于，认识审计中那些晦涩难懂的语言和概念。无论是在与审计师的沟通过程中还是报表使用者在阅读审计报告时，都需要理解审计工作和审计语言。本章将结合生活中的案例来讲解常用的基础概念和具体程序，以方便读者理解。

3.1 自我保护和契约精神

3.1.1 知己知彼——初步业务活动

假设你的父母准备为你挑选对象，决定举办一场"比武招亲"。但是在此之前，你的情况需要公布于众，方便媒婆们帮你寻找对象。在这个过程中，你就是被审计单位，你的父母就是被审计单位的高层管理者，媒婆就是审计师，参加"比武招亲"的对象就是审计报告的使用者。

在"比武招亲"开始前，你的父母召集了大量的媒婆进行会议，确定"比武招亲"的时间、参加活动的人员范围、给媒婆的费用，等等。同时也需要将你的基础情况告知各位媒婆，包括你的长相、品德、收入情况等，方便她们评估你是否能够匹配上那些参加相亲的对象，同时也要考核与你相亲成功之后是否会出现难以承受的风险等。

这其实就是审计的初步业务活动。只不过当被审计单位为企业时，"媒婆"（也就是审计师）需要提前考虑的东西则跟公司情况相关：确认审计范围、计划时间表以及审计费用；审计团队成员对公司的财务状况进行初步分析，关注关键业务指标，并与内部控制专家合作进行初步的内部控制评估；数据分析专家使用工具对财务报表进行初步分析，以识别潜在的异常；审计助理负责整理公司的财务文件，并协助审计团队对一些账务进行初步的核实，如确认银行账户余额；审计合伙人领导着整个审计过程，审计团队成员、内部控制专家、数据分析专家和审计助理共同参与初步业务活动，各自负责不同的任务，以确保审计的有序进行和审计计划的制订。

> **Tips**
>
> 审计的初步业务活动是指审计师在正式审计之前所进行的准备性工作，目的是确保审计过程的有序进行。审计的初步业务活动是一个知己知彼的过程，主要解决的问题就是，"我"是否接受该客户的委托开展审计工作。表3-1中列举了审计的初步业务活动需要完成的主要工作。

表3-1 初步业务活动的主要工作

主要工作	具体要求
接受审计委托	审计师首先需要接受被审计单位的审计委托。包括与客户就审计服务的范围、费用、时间表等达成协议，并签署审计合同
理解被审计单位	审计师需要深入了解被审计单位的业务性质、行业背景、组织结构、财务状况等。包括收集公司的经营计划、内部控制手册、上一年度的财务报表等资料
进行风险评估	审计师需要评估被审计单位的潜在风险，包括了解可能影响财务报表真实性的内外部因素。这有助于确定审计程序的重点，以应对潜在的风险
制订审计计划	审计师基于对被审计单位的理解和风险评估制订审计计划。计划包括审计的时间表、审计程序的安排、参与审计的团队成员等
与被审计单位沟通	审计师与被审计单位的管理层和董事会进行初步的沟通，以确认审计计划、获取对公司经营活动的更深入理解，并了解是否存在特殊的审计要求或关切点
评估内部控制	审计师对被审计单位的内部控制进行初步评估，了解内部控制的设计和实施情况。这有助于确定是否可以依赖于内部控制进行审计程序
确定团队成员	审计师需要确定参与审计的团队成员，并分配任务。这个过程中要确保审计团队具备适当的技能和经验，以应对不同领域的审计需求
准备审计文件	审计师需要准备审计文件，包括审计计划、风险评估、内部控制的初步评估等。这些文件为审计过程提供了指导，也是审计工作的记录
进行初步分析	审计师对财务报表进行初步分析，以识别可能的异常或潜在的问题。这有助于调整审计计划，使其更有针对性
制定审计程序	审计师根据风险评估和初步分析制定具体的审计程序，包括检查账目、核实交易、确认账户余额等步骤

第3章 审计的世界——审计概念

初步业务活动为审计过程奠定了基础，确保审计师在正式进行审计时能够有序、高效地进行工作，并提供可信赖的审计结果。为了完成前期"知己知彼"的任务，不同成员都需要出一份力，表3-2中罗列了可能参与审计初步业务活动的一些关键成员及其具体工作。

表3-2 初步业务活动的参与方及其工作

人员	具体工作
审计合伙人/项目经理	负责与被审计单位签署审计合同，确保合同中包含所有必要的条款和条件。同时负责领导审计团队，制定审计计划，并与被审计单位的高层管理层进行初步沟通
审计团队成员	参与初步的风险评估、内部控制评估和制定审计计划。他们可能分别负责特定领域或账务的初步分析，以识别潜在的风险和审计关键点
内部控制专家	在初步业务活动中，内部控制专家负责评估被审计单位的内部控制体系，包括了解内部控制的设计和实施情况。他们可能会提出初步的内部控制评价，以决定是否可以依赖于内部控制进行审计程序
数据分析专家	进行财务报表的初步分析，使用数据分析工具和技术来检测异常或潜在的问题。数据分析专家可能会关注财务指标、趋势、异常变动等，以帮助审计师在审计计划中调整重点
审计助理/实习生	协助团队成员进行数据收集、文档整理和初步的事实核实。他们可能负责整理公司的文件、准备审计工作底稿，以及协助进行初步的财务检查

当了解了对方，双方谈妥价格、时间、范围之后，审计业务也来到了下一个步骤：签约。

3.1.2 契约精神——业务约定书

在审计师和被审计单位谈妥，并准备接受审计业务时，双方需要签署一份合同。

一般的商业合同包含的合作范围、价格、各方权利责任、免责条款、违约行为及措施等，都会体现在审计师的合同中，但是会用审计三方约定人均能理解的方式撰写。同时也由于审计业务"独立性"的特征，合同中会增加很多内容。

这份合同在审计的世界里有一个专有名词——审计业务约定书。审计业务约定书是指在审计开始之前，审计师与被审计单位之间达成的正式协议，其中包括审计的范围、条件、费用、时间表等关键条款。这份文件是确保双方在审计过程中理解和遵循相同规定的重要文件。

以下是审计业务约定书可能包含的主要内容。

（1）业务的性质和范围。描述审计的性质，如为财务报表审计、合规审计、内部控制审计等。确定审计的具体范围，包括审计的时间期间和涉及的业务活动。

（2）费用和支付条件。规定审计费用的结构，可能包括计费方式（按小时、按项目、按阶段等）。确定支付条件，包括付款的时间表和方式。

（3）报告期限和交付审计报告。确定审计报告的交付截止日期。描述审计报告的形式和内容，包括可能的附加文件或说明。

（4）保密性和机密性。强调双方对审计过程中涉及的信息的保密义务。规定哪些信息可以被公开，哪些信息必须保持机密。

（5）责任和义务。明确审计师和被审计单位各自的责任和义务。描述可能的合同违约情况下的解决方案。

（6）审计师的独立性。强调审计师必须保持独立性，并避免与被审计单位产生潜在的利益冲突。描述在审计过程中可能引起独立性问题的情况，以及如何处理这些问题。

（7）审计计划和程序。确定审计计划的大致时间表和重点领域。描述审计师计划使用的审计程序，以及可能需要被审计单位协助的方面。

（8）其他特殊约定。包括任何可能影响审计过程的特殊约定，例如，与被审计单位的内部审计团队的合作、涉及的特殊项目等。

（9）合同的终止条件。描述在什么情况下合同可以被终止，以及终止合同后的相关责任和处理方式。

（10）法律适用和争议解决。规定在发生争议时适用的法律和解决争议的程序。

签订审计业务约定书的目的是确保审计过程中的透明度、合作和遵循规定。它为双方提供了一个清晰的框架，规定了各自的权利和责任，有助于确保审计过程的顺利进行。由于业务约定书是审计师和被审计单位之间的文件，对外披露的可能性极小，因此很难获得业务约定书样本。大家只需要明白业务约定书是以书面形式存在的一份"合同"即可。

值得注意的是，审计业务约定书中会专门强调业务的性质和范围。也就是要对哪些部门、哪些子公司、哪几个业务板块进行审计、审阅等。这决定着审计师在后续工作中需要执行哪些审计程序、有权获得哪些信息，这是审计师后续工作内容的基础和保障之一。当业务约定书中约定的审计师有权接触的某些数据得不到被审计单位的配合，在严重的情况下可以据此给出非无保留意见，甚至可以解除约定。

同时，细心的朋友也会发现，审计业务约定书中也对审计师的独立性提出专门的要求。这个部分强调审计师必须保持独立性，并避免与被审计单位产生潜在的利益冲突。例如，审计师不应当持有被审计单位股票，不能够与被审计单位的关键人员有密切关系，等等。同时，这个部分还会描述在审计过程中可能引起独立性问题的情况，以及如何处理这些问题。

当然，保密性的强调也是业务约定书当中的一个特殊存在。因为审计师在审计过程中会接触到被审计单位大量的内部信息，这些信息或涉及被审计单位未来股价的走势，或涉及被审计单位接下来的商业计划。总之，这些信息属于商业机密，正是因为有了审计业务，审计师才有机会接触到这些数据、信息，而一旦不遵守保密原则，就会在某种程度上打破商业平衡，对被审计单位造成不可挽回的损失。因此，每一位审计师都应当严格遵守保密条款。

最后，大部分商业合同仅会规定双方达成协议，而具体的操作和项目落地的计划很少会出现在合同中。但审计业务约定书中却会专门提及审计计划和程序，但不会提及具体如何实施。这个部分通常包括对审计计划和程序的明确规定，以确保审计的有序进行。其中涉及审计师与被审计单位之间对审计过程的详细商定结果。当然，这也要求审计团队在接受审计业务前，就要对这个业务有策略、有计划。这对审计师的业务熟练程度、初步业务活动的细致程度、整体风险评估和应对方式等有着既长远、又宏观的要求。

3.1.3 百战不殆——总体审计策略和具体审计计划

做任何事情之前，都需要做好准备和计划。在审计项目的执行中同样需要有策略、有计划。虽然业务约定书中已经提及审计计划，但业务约定书中的计划和程序的细致程度并不足以支撑整个审计项目的完成。所以，整个审计团队还应当制订总体审计策略和具体审计计划。

1. 总体审计策略

总体审计策略是在审计开始之初，审计师制订的一个高层次的计划，涉及整体的审计方法和战略，重点包括以下 5 个。

（1）风险评估：审计师需要对被审计单位的业务环境、内外部风险进行评估，确定可能对财务报表真实性产生影响的风险因素。

（2）内部控制评估：审计师需要评估被审计单位的内部控制体系，确定哪些领域的内部控制可以依赖，并决定是否需要进行相应的测试。

（3）审计程序的确定：审计师需要确定适用于整个审计过程的审计程序的总体框架。包括确定关键领域、审计程序的性质和范围，以及可能需要的审计技术和工具。

（4）确定审计资源和时间表：审计师需要确定参与审计的团队成员、其专业技能和分工，并制定整体的审计时间表。

（5）确定沟通渠道和报告形式：确定与被审计单位管理层和董事会的沟通渠道，明确报告的形式和内容。

总体审计策略的目标是确保审计能够有序进行，适应被审计单位的特定情境，并在整个审计过程中提高效率。

2. 具体审计计划

具体审计计划是指在总体审计策略制定后，更详细地规划审计过程，主要包括以下7点。

（1）审计程序的详细制定：将总体审计策略中确定的审计程序进一步详细化，明确每个审计程序的具体步骤、测试点、样本大小等。

（2）分配任务和责任：将具体的审计任务分配给审计团队的各个成员，确保每个团队成员都清楚自己的职责和任务。

（3）进一步进行风险评估：在总体审计策略的基础上，对具体领域进行更深入的风险评估，调整审计计划中的重点领域。

（4）确定审计程序的时间表：制定审计程序的具体时间表，确保在审计期限内完成所有必要的审计程序。

（5）准备工作底稿：包括审计程序的文件、测试的结果、工作步骤的详细说明等，以便审计工作的记录和复核。

（6）实施审计程序：根据具体审计计划，实施各项审计程序，包括对财务报表的验证、内部控制的测试、样本抽查等。

（7）持续沟通和调整：持续与审计团队和被审计单位沟通，及时调整审计计划，确保适应审计过程中可能发生的变化。

总体来说，总体审计策略和具体审计计划相辅相成。前者为审计提供了整体的框架和指导，后者则在更细致的层面上指导具体的审计操作。这两项工作有助于确保审计的全面性、有效性和准确性。

3. 举例

如果你是一名审计师，需要为一个新签约的某公司制定一个总体审计策略和具体审计计划，你会写什么内容？

（1）总体审计策略旨在确保审计工作的有效性和效率，主要包括以下内容。

首先，风险评估。确定某公司可能面临的风险，如市场变化、经济不确定性等。通过纵览某公司所在行业的状况、经营模式等数据资料，从宏观和中观（即从市场和行业角度）了解该公司，从而通过总体审计策略识别可能影响某公司财务报表真实性的风险。通过对风险的评估，制定相应的应对策略，调整审计计划中的重点领域。

其次，内部控制评估。了解某公司的内部控制体系，确定可能可依赖的内部控制，以及是否需要进行测试。有了大概的了解，才能预估需要的审计人员数量、工作量、时间等，这将有助于协调团队成员的工作，确保审计任务的高效执行。

最后，审计程序的确定。制定总体审计程序的框架，包括关注的领域、审计程序的性质和范围，从而为后续的具体审计计划提供指导。你还可以在此基础上进一步详细制定具体的审计程序。

（2）具体审计计划为审计团队提供了详细的操作指南，包括每个审计程序的执行步骤、需要收集的证据等。这有助于审计团队高效地进行具体的审计工作。

因此，你需要在计划中将具体的审计任务分配给审计团队的各个成员，确保每个团队成员都清楚自己的职责和任务。

另外，你需要在总体审计策略的基础上，对具体领域进行更深入的风险评估，调整审计计划中的重点领域，以适应实际情况的变化。

风险评估的更新和对具体领域的深入分析有助于调整计划，确保审计工作的准确性和全面性。

Tips

综合而言，总体审计策略为审计项目提供了整体的指导和框架，而具体审计计划则在执行层面上提供了更为详细的操作计划，使审计团队能够有序、高效地完成审计任务。两者相互补充，确保了审计项目的成功实施。

3.1.4 自我保护——声明书

为了让审计项目不受限制地按照计划推进,审计师通常需要签署或向被审计单位获取一些"声明书"。常见的声明书包括但不限于:审计独立性声明、管理层声明等。

正如本小节的标题一样,声明书的签署是审计师进行自我保护的方式之一。你可以简单粗暴地理解为在某些情况下审计师阐述清楚了自己的责任范围和已完成的工作,在此范围之外,审计师按要求完成工作后未发现的异常情况不再是他的责任。

虽然声明书可以作为审计师自我保护的方式之一,却不能因为已发表声明书而完全不承担任何责任。具体事项和责任划分还需要根据具体情况考虑。

1. 审计独立性声明

审计师的独立性声明是一份文件,审计师会在其中明确表达其在执行审计工作过程中保持独立和公正的承诺。独立性声明的主要内容如表3-3所示。

表3-3 独立性声明的主要内容

要素	内容
确认独立性	审计师明确表示将在整个审计过程中保持独立,并不受被审计单位或其他利益相关方的影响
阐述独立性原则	概述审计师应当遵循的独立性原则,包括但不限于审计师不能与被审计单位存在利益冲突、不能接受由被审计单位提供的不适当的礼物或酬金等
确认合规性	确认审计师将遵守相关的法规、法律和审计准则,以确保独立性的合规性
声明无利益冲突	审计师明确表示在审计期间不存在可能影响其独立性的利益冲突,或者如有存在,已采取适当的措施进行管理和披露
承诺遵循道德规范	审计师承诺将遵循相关的职业道德规范,以确保审计工作的公正性和诚实性

独立性声明更像是一份保证书,大家也许会问:单方面的保证有约束作用吗?审计师为什么需要签署和发布独立性声明?独立性声明有什么作用?

(1)维护审计质量。正如前面的内容讲述的,审计工作是以"独立第三方"的身份开展的,因此独立性是审计的基石,它有助于确保审计报告是客观和可靠的。审计师的独立性声明强调了审计师在工作中将保持独立的承诺，有助于维护审计质量。

（2）提升信任度。独立性声明作为一份保证性文件，需要进行披露。签署这样一份文件代表的是所有参与审计项目的审计师都将保证自己会遵循独立性原则，简单理解就是"发誓"。因此，独立性声明可以提高被审计单位和其他利益相关方对审计师的信任。这有助于确保审计结果的公正性，加强审计报告的可信度。

（3）合规性保证。独立性声明表达了审计师遵守法规和法律的承诺，确保审计工作符合规定的法规和标准，在整个审计过程中，审计师都将按照法律法规或已经约定的审计程序开展工作，保证自身在工作过程中不会违反各项规定，以降低法律风险。

（4）自我保护作用。独立性声明可以在审计师面临争议或法律纠纷时起到一定的自我保护作用。如果争议涉及独立性问题，审计师便可以依据独立性声明来证明其遵循了相关的独立性准则。

假设审计师在审计项目中发现了被审计单位的高管存在财务不当行为，高管试图通过行贿、威胁等方式向审计师施加压力，要求审计师不披露这些问题，那么审计师便可以依据独立性声明坚持保持独立，诚实地报告发现，以确保审计结果的真实性。由此可见，独立性声明有助于审计师在面对潜在的压力或冲突时维护其独立性。

2. 管理层声明

不同于独立性声明，管理层声明是由管理层向审计师提供的书面陈述，用于确认他们在审计期间对审计师提供的信息的真实性和完整性。管理层声明是财务报表审计中审计师必须获取的信息，也是审计证据的重要来源。管理层声明书主要包括以下4点内容。

（1）财务报表真实性：管理层确认被审计单位的财务报表反映了真实的财务状况、经营成果和现金流量。

（2）内部控制有效性：管理层确认对内部控制的评估，并表示相信内部控制的设计和运作是有效的。

（3）提供所有必要信息：管理层承诺向审计师提供所有必要的信息，包括相关方交易、法律事项等。

（4）法定代表人签署：通常由公司法定代表人或授权人签署，以确保声明的权威性和合法性。

管理层声明书是审计师必须获取的书面文件之一，具有重要的作用。它不仅为审计师提供了关于财务报表和内部控制有效性的管理层的观点，增强了信息的权威性；还明确了管理层对于提供准确和完整信息的责任，有助于确保审计的顺利进行。

如果审计师在审计过程中发现了被审计单位的内部控制存在缺陷或者财务报表有误，而管理层在声明书中提供了与实际情况不符的陈述，审计师就可以依据管理层声明书维护自己的独立性和责任。

如果管理层未能提供或提供的声明书内容不符合要求，就有可能会引起严重的后果。例如，审计延迟，审计师可能需要额外的时间来获取必要的信息；增加审计风险，由于缺乏管理层的声明支持，审计师可能认为信息的可靠性受到威胁；影响审计报告，如果审计师无法获得足够的证据来支持财务报表的真实性和内部控制的有效性，就有可能会对审计报告产生重大影响，包括发出保留意见或无法表示意见。

综合而言，管理层声明书在审计过程中对于提供准确信息、明确责任以及维护审计师独立性都具有重要作用。审计师需要密切关注管理层声明书的内容，确保其真实性和完整性。

> **Tips**
>
> 虽然管理层声明书是重要的审计证据，但它却不为它所保证或陈述的任何事项提供充分、适当的审计证据。也就是说，不能因为管理层保证了某些事项，审计师就不对这些事项执行应当执行的审计程序，来获取充分且必要的审计证据。当然，这也不意味着管理层已经签署了管理层声明书就可以不再配合审计师的工作。管理层声明书的签署不影响审计师履行其应当履行的审计责任，也不影响管理层提供必要的资料和配合。

3.1.5 最终产品——审计报告

在第 2 章中，我们了解到审计的最终成果就是审计报告。审计报告是以书面形式呈现的，通常情况下，还会附上已经审计的财务报表。这么做既是为了方便财务报表使用者理解和使用审计报告，也是为了防止被审计单位替换、修改已审计的财务报表。注意，审计的最终产品是审计报告，即使后附已审计的财务报表，审计财务报表也并不属于审计的成果。

第3章 审计的世界——审计概念

1. 审计报告的主要内容

（1）报告标题：通常以"独立注册会计师的审计报告"或类似的标题开头。

（2）报告对象：明确报告的受众，通常是被审计单位的董事会、股东或其他利益相关方。

（3）审计对象：确定被审计单位的财务报表，包括资产、负债、权益、收入、支出等。

（4）审计期间：指明审计师对财务报表进行审计的时间范围。

（5）审计准则：说明审计师采用的审计准则，通常是国际审计准则或相关的国家审计准则。

（6）审计方法：对审计师采用的审计程序和方法进行概括性说明，包括对内部控制的评估等。

（7）主要审计事项：突出报告中的主要审计事项，即审计师认为对财务报表真实性有重大影响的事项。

（8）审计发现：对审计过程中发现的重要问题、异常或对内部控制的建议等进行陈述。

2. 审计报告中的关键要素

（1）审计意见：审计报告的核心，反映了审计师对被审计单位财务报表真实性的观点。常见的审计意见包括无保留意见、保留意见、无法表示意见等。

（2）审计师签名和日期：明确审计师对审计报告负责，并注明报告发布的日期。

（3）会计师事务所信息：包括审计师所在事务所的名称、地址、注册号码等信息，以确保审计师的身份清晰可辨。

（4）报告说明段：提供对审计发现、审计方法和重要审计事项更详细的解释，帮助读者更好地理解审计报告的内容。

（5）其他事项：除上述要素外与审计有关的其他事项，如报告的限制、假设、不确定性等说明。

> **Tips**
> 审计报告是对审计师工作过程、工作内容、工作结果的总结展示。虽然文字内容很少，但字字句句都是精华。要看懂一份言简意赅的审计报告，就要知道报告中每一个要素的含义和背后的故事。

审计报告对于被审计单位和其他利益相关方了解审计师的观点、审计发现以及对财务报表真实性的评价至关重要。因此，审计师在撰写时要遵循相关的审计准则和规范，确保报告准确、清晰和透明。

3.2 用证据说话——审计证据

我们常在私下开玩笑说"千万不要和审计师谈恋爱"，因为他们对于证据的敏感度很强，并且能够从细微的证据中层层串联，逻辑性强到让你难以反驳。

不同于律师、警察在工作过程中对于实物证据的收集、处理，是为了证明被告或嫌疑人是否有罪、是否需要承担风险，审计证据的收集和处理只是为了支撑审计师给出审计结论，并不存在"定罪"。其目的是证明被审计单位经营情况和所提供的信息是否真实、完整、准确。

3.2.1 审计证据从哪来？

收集审计证据是审计师在执行审计程序时的核心活动之一。审计师一般通过以下方法有效地收集审计证据。

（1）了解被审计单位。在开始审计工作之前，审计师应该对被审计单位的业务、内部控制环境、经济行业背景等进行充分了解，这将有助于明确审计的重点和风险领域。

（2）制订审计计划。根据对被审计单位的了解，审计师应该制订详细的审计计划，明确审计的目标、范围、方法和时间表。

（3）选择审计程序。根据审计计划，审计师会选择适当的审计程序，可能包括检验、询问、确认、观察、回顾等。

（4）进行检验和复核。审计师通过检查被审计单位的账户、文件、记录等，获取书面或电子形式的证据。这可能涉及对财务报表、交易文件、合同等项目的详细检查。

（5）询问相关方。审计师与被审计单位的管理层、内部员工、律师、银行、供应商等相关方进行沟通，以获取口头或书面的陈述和回答。

（6）确认外部信息。审计师可能需要向外部第三方（如银行、法律机构）确认被审计单位提供的信息的真实性，一般可以通过确认函或其他方式完成。

（7）观察业务活动。审计师通过实地观察被审计单位的业务活动、内部流程等，获取直接的印象和证据。

（8）分析数据和比较。审计师对被审计单位的财务数据进行分析，比较历史数据、行业数据或其他相关信息，以发现异常或潜在的风险。

（9）使用专业工具和技术。审计师可以利用审计工具和技术，如数据分析软件、模拟测试、抽样方法等，来提高审计效率和精度。

（10）记录和整理证据。审计师需要详细记录收集到的审计证据，确保其完整性、准确性和可追溯性。证据的整理有助于形成最终的审计结论。

（11）持续监控。审计师在整个审计过程中需要不断监控审计证据的充分性和适当性，确保覆盖审计的关键领域。

通过以上方法，审计师能够系统地收集、分析和评价审计证据，为形成针对被审计单位财务报表的审计结论提供有力支持。可以说审计师大部分的工作量都是围绕着收集和整理审计证据展开的。

被审计单位和审计师之间的良好合作，是确保有效获取审计证据的关键。那么双方在合作方面需要做哪些工作呢？

1. 被审计单位

（1）提供文件和记录。被审计单位应当主动提供审计师所需的所有相关文件和记录，包括财务报表、会计凭证、合同、发票、银行对账单等。这有助于审计师对财务状况进行全面审计。

（2）协助开展内部检查。被审计单位需要协助审计师进行内部检查，包括允许审计师进入公司进行实地观察，了解业务流程、内部控制环境以及会计制度。

（3）提供对审计程序的支持。被审计单位应提供对审计程序的理解和支持，协助审计师理解公司的内外部环境，业务流程，以便更好地进行审计工作。

（4）及时回应审计师的询问。被审计单位需要及时回应审计师的询问，提供准确的信息。及时沟通有助于避免延误审计进度，并确保审计师能够及时解决问题。

（5）解释会计处理方法和政策。被审计单位可能需要解释其采用的会计处理方法和政策，以便审计师能够充分理解并准确评估这些处理是否严格遵循了会计准则和相关的法律法规。

2. 审计师

（1）清晰沟通审计计划。审计师需要在审计开始前与被审计单位进行充分的沟通，解释审计计划和过程，确保被审计单位理解审计的范围、目标和时间表。

（2）提前通知审计需求。审计师在需要被审计单位提供文件和记录时，应提前通知，以便被审计单位能够准备好相应的文件，并确保审计工作的流畅进行。但部分涉及"突击检查"的内容除外。

（3）协调内部检查安排。如果需要进行实地观察和内部检查，审计师应提前与被审计单位协调安排，确保能够在适当的时间和地点进行观察。

（4）清楚说明审计程序。审计师需要清楚说明执行的审计程序，包括对被审计单位提出的询问和要求，以确保被审计单位能够理解并协助执行审计程序。

（5）灵活应对变化。审计师应该灵活应对审计过程中的变化，如新的发现或额外的需求。及时与被审计单位沟通，并根据实际情况调整审计计划。

> **Tips**
> 良好的合作关系和有效的沟通，有助于确保审计证据的获取顺利进行，最终确保审计结论客观、独立、可信。

当然，审计师还应该根据具体情况和审计目标，灵活运用不同的收集方法。而且，需要收集什么样的证据、怎么收集审计证据，和审计证据的性质相关：只有符合审计证据性质的那些证据，才有足够的论证支撑力，支持审计师得出的最终审计结论。

3.2.2 对于审计证据的判断——审计证据的性质

审计证据是审计结论的基础，用于支持审计报告中的观点和意见。审计证据应具备一系列特征，包括充分性、适当性、可靠性和相关性。

接下来，我们通过一个简单的审计项目感受下审计证据四个性质的作用。

假设你是一家零售公司雇用的审计师，正在审计该公司的销售收入。为了证明销售收入的数据在财务报表中的体现是全面、准确的，你需要获取什么样的审计证据？公司那么多凭证、合同、人员，哪些数据、凭证、人能提供给你信息，用于证明销售收入数据是被全面、准确地记录在报表中的？

假设你可以选择的范围包括：人力资源部主管、销售部主管、收款凭证、人员工资明细。相信你会选择询问销售部主管而非人力资源部主管；当然，你也会选择优先重点检查收款凭证而不是人员工资明细。

这两方面内容与你要达成的"证明销售收入被准确、完整记录"的目的关联性更大。同时，你的选择已经包含了关于审计证据性质的逻辑。

（1）充分性（Sufficiency）。你决定对公司的销售记录进行抽样检查，以确保审计证据的充分性。由于时间有限，你没办法逐笔检查公司若干销售收款记录，此时，你选择从每个月的销售记录中随机选择一定数量的交易，并对这些交易进行仔细审查。此处需要注意，经过审查的审计证据的数量必须足够充分、详尽，要能够支持审计师对财务报表的审计结论。

由此可见，充分性意味着采集的证据量足够，能够支持对销售收入审计的结论。抽样也是要遵循一定规则的，后文将详述。

（2）适当性（Appropriateness）。整个公司有大量的收款内容，但与收入相关的仅是其中一部分。你明确了自己的审计目的，所以你不会检查与销售收入无关的收款，同时你不仅通过抽样检查了销售记录，还确认了销售合同、发票和客户订单等相关文件。这确保了审计证据的适当性，即与审计目标一致。

由此可见，适当性要求审计证据是与审计目标相关的，符合审计标准和程序。此处通过对不同来源的文件进行审查，你确保了审计证据的适当性。

（3）可靠性（Reliability）。在确认销售记录时，你特别关注了记录的来源的可靠性。首先你会确保这笔销售记录是由公司内部系统生成的，且程序合规，你甚至会发送询证函询问交易对方是否真实地采购了这批货物，以此获得可靠性支持。

由此可见，可靠性强调审计证据的来源的可信程度，涉及证据的来源、制备方法以及可能存在的风险等因素。

（4）相关性（Relevance）。为了确保审计证据的相关性，你在抽样时考虑了销售额的分布情况，包括不同产品类别和不同销售渠道的销售交易。所以，在刚才的选择中，你知道人力资源部提供的信息与销售部提供的信息相比，销售部提供的信息与你的目标关联性更强。

由此可见，相关性就是要确保证据对审计目标的解释和解决具有价值。

在上述例子中，我们还需要知道，审计证据的性质之间是存在一定的关联性的。

充分性强调数量，适当性强调质量。当质量不符合要求时，再多的数量也无法拯救。也就是说，只有在优先考虑适当性的情况下，数量的堆积才能起到真正的作用。在本案例中，通过对销售记录的抽样检查，才能同时保证证据的充分性和适当性。

可靠性强调来源的可信度，相关性强调与审计目标的关联性。也就是说，当你拿到一些可靠性欠缺的审计证据时，相关性自然也存疑。造假的销售记录当然无法证明销售收入审计的目标。所以在案例中，你会关注销售记录的来源是否合理，是否经过审批，客户是否承认有这批货物的采购，这样能够提高证据的可靠性和相关性。

3.2.3 审计证据的作用

审计证据的收集是审计师工作中的关键步骤之一，它直接体现了审计师的工作价值。收集审计证据的过程需要被审计单位的配合。前面的内容我们也提到了，很多被审计单位的员工在接待审计师的时候都感觉"头疼"，因为审计师会询问他们，并且需要他们整理大量的凭证和信息以供审计检查，这在无形中会增加很多工作量。上文中也提及，被审计单位与审计师之间的沟通配合是确保审计证据四项性质能够被满足的前提。

1. 审计证据收集体现了审计师的工作价值

（1）保障财务报表准确性。审计师通过收集充分、适当、可靠和相关的证据，确保财务报表准确地反映了被审计单位的财务状况和业绩。这保障了公司的财务报告对内外利益相关方的可靠性，为公司的决策提供了基础。

（2）发现潜在问题和风险。通过对审计证据的详细检查和分析，审计师能够发现潜在的会计错误、欺诈行为或其他财务风险。这种及早发现问题的能力为公司提供了预警，使其能够采取纠正措施，防范潜在的财务危机。

（3）评估内部控制。审计证据的收集不仅用于评估财务报表的准确性，还用于评估被审计单位的内部控制体系。审计师通过观察、测试内部控制，会提供关于公司内部控制有效性的专业评价，为公司提供改进建议。

（4）支持审计报告。对审计证据的充分收集，是形成审计报告的基础。审计师根据对证据的分析和综合，最终形成明确、准确的审计结论，并在审计报告中表达对财务报表真实性的观点。这直接关系到审计师的专业判断和责任感。

（5）提高公司声誉。审计师通过专业的证据收集和审计工作，将提供关于公司财务报表的独立、公正的审计意见。这有助于提高公司的声誉，增强投资者和其他利益相关方对公司财务状况的信心,促进公司的业务发展。

(6)履行法定职责。审计师的工作是受法律法规监管的,通过充分地收集审计证据,审计师能够履行其法定的审计职责,确保公司的财务报表符合相关法规和会计准则的规定。

> **Tips**
>
> 总体而言,审计证据的充分收集和逻辑串联,体现了审计师在保障财务报表准确性、发现潜在问题和风险、评估内部控制等方面的专业能力和价值。审计师通过独立、客观的审计工作,为利益相关方提供了可信的财务信息,为公司的稳健经营和决策提供了有力的支持。

2. 审计证据的主要作用

审计证据在审计过程中起着关键的作用,它是审计师对财务报表真实性和完整性进行评价和形成审计意见的基础。以下是审计证据的主要作用。

(1)支持审计结论。审计证据为审计师提供了关于被审计单位财务报表的信息,可以帮助他们形成对财务报表真实性和完整性的评价。审计结论的形成依赖于对充分、适当、可靠和相关的审计证据的分析和解释。

(2)确认财务报表的准确性。审计证据能够帮助审计师确认财务报表中的各项数据的准确性。通过检查相关文件、确认账户余额、核实交易等手段,审计师能够验证财务报表的数值是否反映了被审计单位的真实财务状况。

(3)发现潜在的错误和欺诈。审计证据有助于审计师发现财务报表中可能存在的错误、遗漏或欺诈行为。通过详细的审计程序,审计师能够识别不符合会计准则的交易、虚构的收入、资产负债表项目错误等问题。

(4)评估内部控制的有效性。审计证据不仅用于评价财务报表的真实性,还用于评估被审计单位内部控制制度的有效性。审计师通过观察、测试内部控制,可以确定其是否能够有效地保护公司资产、确保财务信息的准确性。

(5)支持审计报告。最终,审计证据直接影响审计报告中的审计意见。审计师根据对审计证据的综合分析,会选择适当的审计意见,如无保留意见、保留意见、无法表示意见等,以向用户提供对财务报表的审计结论。

(6)提高审计质量和可靠性。充分、适当、可靠和相关的审计证据有助于提高审计质量和可靠性。审计师通过严谨的审计程序和综合性的证据分析,确保审计过程是充分的、符合规范的，从而提高审计结论的可靠性。

审计证据在审计过程中起着确保审计质量和提供可靠审计报告的重要作用。它是审计师对财务报表进行独立、客观评价的基础，为各方提供了对被审计单位财务状况的可信信息。

3.3 数字以外的责任——内部控制审计

3.3.1 内部控制是什么？

内部控制是组织内部设立的一系列制度、政策、程序和措施，旨在促使企业达到其业务目标、防范风险、确保财务报告的准确性和合规性。内部控制涵盖组织内的各个方面，旨在保护企业的资产、确保财务信息的可靠性，以及推动业务有效和高效地运作。

1. 内部控制的主要目标

（1）确保财务报告的可靠性：确保企业的财务报告真实、准确、完整，符合会计准则和法规的要求。

（2）资产保护：通过合理的控制措施，防范和降低资产损失的风险，包括防范欺诈、盗窃等。

（3）业务目标的实现：确保企业能够有效地达到其制定的业务目标，促进业务的顺利运作。

（4）合规性和法规遵守：确保企业的运作符合适用的法律法规，遵循商业道德和行业标准。

（5）提高效率和效益：通过合理的内部控制，提高业务的效率和效益，优化资源利用，减少浪费。

2. 内部控制的五大组成要素

内部控制通常使用的框架为COSO（Committee of Sponsoring Organizations of the Treadway Commission）框架，主要包括以下5个组成要素。

（1）控制环境（Control Environment）：企业内部创造和维护的对内部控制的整体氛围，包括公司文化、管理层的态度、员工激励机制等。

（2）风险评估（Risk Assessment）：企业对潜在风险的识别、评估和应对，以确保合理的风险管理。

（3）控制活动（Control Activities）：具体用于执行内部控制的政策、程序、技术和实体控制措施，包括审计、审批、对账等。

（4）信息与沟通（Information and Communication）：确保及时、准确的信息流动，以及有效的沟通渠道，促使信息共享和决策的准确性。

（5）监督（Monitoring）：对内部控制系统的评估和监督，以确保其能够适应变化的环境，并持续有效地运作。

> **Tips**
> 内部控制是企业治理的重要组成部分，有助于提高企业的经营效率，降低风险，为利益相关方提供信心。

下面我们通过一个案例来感受内部控制在企业经营中的具体作用。

假设你是一家地产公司的销售员，像你这样的销售员有十几位。你们的地产项目非常受消费者欢迎，且房源很紧俏，因此整个售楼部每天都在热火朝天地进行销售。由于住宅房产牵扯金额大、数据多等，很多消费者在决定购买时非常谨慎，后续的手续也需要地产公司协助办理，所以在销售过程中必须做到忙中有序。此时，内部控制的有效实施可以确保销售交易的准确性、合规性和完整性。以下是销售过程中内部控制的具体体现。

（1）销售订单和合同控制。地产公司规定销售合同和订单需要经过特定层级的审批。例如，个人购买5套以内住宅时须经销售经理审批，个人购买5套以上住宅时需要追加楼盘经理审批。由于涉及金额大，因此需要更严格的审批以确保订单的真实性和合规性。

公司实施了订单确认的程序，确保销售订单的准确性。当你和同事们销售住宅房产时，都需要一再向客户确认其所要购买的住宅信息，并在公司系统中按照标准模板完成这些信息的填写，包括房屋位置、楼层、面积、单价等关键信息。这么做的目的是保证公司交付准确、记账准确。

（2）库存控制。内部控制可确保库存系统与销售系统的匹配，以防止库存记录和销售记录之间不一致。由于前期你和同事们都按照要求填写了销售订单确认表，公司就能清楚地统计整个楼盘中哪些住宅已售、哪些尚未销售，作为销售人员，你们就能依靠这个信息精准地向客户推荐，而公司也能够精准地把控库存。

定期进行库存物理盘点，以核实实际库存与系统记录的一致性，就可以降低库存差异的风险。在本案例中，你们公司在每个月末会开展库存盘点，要求财务人员和销售人员一起，确定未售住宅的"在库"情况，做到账实相符，以防止出现一房多售或多房误售的情况。

（3）发货和交付控制。交房当日，公司要求员工与房主一一签字确认合同信息。除此之外，公司还实施交付确认程序，包括已售住宅钥匙交付追踪、房屋内装修确认、水电设施使用情况确认等，以确保产品按照客户的要求和合同条件进行交付。

（4）销售收入控制。公司制定了相应政策，确保销售收入的确认遵循会计准则，包括收入识别原则。对于地产开发企业，财务入账确认收入的流程更为复杂，包括但不限于考虑银行贷款的期限、房屋交付时间等。除此之外，还要进行发票和账单审查，包括审查销售发票和账单，确保金额、产品描述和客户信息的准确性。

（5）客户账户和应收款管理。公司制定了审查客户账户的程序，包括对逾期账款和异常交易的监控，以减少坏账的风险。同时，实施催收程序，确保逾期账款及时得到催收和处理，以维护良好的应收款管理。

（6）销售报告的监控和分析。内部控制可确保公司对销售绩效进行适当的监控和分析，包括销售趋势、客户满意度等。同时公司需要确保销售报告的及时生成和传递，以支持管理层对销售业绩的监控和决策。

通过这些内部控制措施，公司可以提高销售过程的透明度、准确性和合规性，降低潜在的风险，并确保销售活动符合公司政策和法规要求。

3.3.2 内控审计的必要性

进行内部控制审计是为了评估和验证一个组织内部控制体系的有效性，确保其能够达到既定的目标和要求。你肯定会问：既然我们已经通过财务报表审计验证了财务报表的真实性、完整性和准确性，为什么还要进行内部控制审计呢？

1. 进行内控审计的原因

（1）风险管理。内部控制审计有助于识别和评估组织面临的各种风险，包括财务、运营、法律合规性等。通过审计，可以发现潜在的风险，并提出改进建议，帮助组织更好地管理和控制风险。通过内部控制审计，可以检测和防范潜在的欺诈行为和错误。审计帮助确定是否存在不当的会计处理、资产侵占、虚假报告等问题,并提出改进建议以加强控制。

(2)提高财务报告的可靠性。通过进行内部控制审计能够帮助审计师更好地了解被审计单位的内部控制情况。有效的内部控制能够为财务报表的结果提供相对扎实的制度基础,完善的制度在很大程度上能够降低财务报表发生错报的可能性,因此,进行内部控制审计,能够佐证财务报告的真实性、完整性及合规性。在这样扎实的内部控制环境中产出的财务报告对于投资者、债权人、管理层等利益相关方来说非常重要,因为他们依赖于这些报告来做出决策。内部控制审计确保组织的运作符合适用的法律法规和行业规定。合规性审计有助于防止组织因未遵守法规而面临的罚款、法律诉讼等风险。

(3)资源的有效利用。有助于评估组织内部流程和程序的效率。通过内部控制审计,可以发现并解决资源浪费、低效率的问题,提高组织运作的效益。同时,内部控制审计不仅是一次性的活动,也是组织实现连续改进的手段。审计的结果和建议可以用于制定和实施改进计划,提高组织内部控制的水平。内部控制审计有助于评估组织是否能够有效实现其业务目标。审计帮助识别可能影响业务目标达成的问题,并提供改进建议。

(4)监管的要求。对于上市公司来说,内部控制审计是证券交易所和监管机构要求的一项重要义务。通过展示内部控制的有效性,公司能够增强投资者对其经营状况和财务报告的信心,提高公司的信誉度。

Tips

总体而言,内部控制审计是一种管理工具,可以帮助组织识别、评估和管理各种风险,确保组织的运作和财务报告达到高标准,并为组织的长期成功提供支持。

2. 不进行内控审计可能带来的负面影响

结合上面的地产销售案例,如果不进行内控审计,对于管理者来说可能对销售收入的确认造成影响,同时也会对销售收入的审计造成一系列负面影响。

(1)风险无法充分评估。内控审计有助于识别和评估与销售收入相关的风险,如收入确认的不当等。当内控缺失时,可能在确认时间上出现错报,导致收入确认的提前或推后。举个例子,假设该公司没有与销售收入相关的内部控制制度(即无人监管),则可能出现楼盘在当期10月1日完成销售时直接将销售额计入收入,但当期 12 月 31 日该楼盘仍未达到交付标准。这并不符合收入的确认要求,但由于内控缺失,无人对此进行监督,直接确认收入会使得当期收入虚增,这与实际情况并不相符。所以,如果没有内控审计,审计师可能无法全面了解并评估这些潜在风险,从而增加审计的不确定性。

(2)财务报告真实性难以确保。内控审计可以确保销售收入的准确性和真实性。缺乏内控可能导致销售收入的虚增或虚报,从而影响财务报表的真实性。这可能误导投资者、债权人和其他利益相关方对公司财务状况的判断。举例来说,当上市公司因内部控制缺失而出现当期收入虚增现象时,部分公司会提前发布公告,宣称当期收入有显著增长,这一信息在证券市场上往往被众多投资者误读为"积极信号",从而引发投资追加。然而,这一增长与实际经营状况并不吻合,投资者在不知情的情况下可能被误导,进而面临财产损失的风险。内控审计作为一项来自独立第三方的监督行为,在审计过程中有助于确保公司遵循适用的会计准则和法规,尤其是与收入确认相关的政策。如果缺乏内控审计,公司可能会难以证明其收入确认政策的合规性,进而导致违规行为。

(3)透明度和可追溯性减弱。内控审计有助于建立销售收入相关交易的透明度和可追溯性。没有内控审计,审计师可能难以追踪销售收入的来源和处理过程,从而降低审计的可追溯性。例如,在地产销售的案例中,由于内控缺失,极端情况下可能出现销售记录和单据均无人签字、审核和记录的情况。销售人员为了完成业绩利用这一漏洞虚构消费记录,消费者在真实购买了地产后没有任何有效单据导致后期交付出现漏洞。这对于企业管理的透明度和可追溯性是有很大影响的。同时,完善的内部控制可以为审计提供指导,帮助审计师了解公司销售收入相关的内部程序和控制环境。缺乏这些指导可能导致审计师在审计中缺乏有效的方法和方向。

综合而言,内控审计在销售收入审计中扮演着重要角色,有助于提高审计的可靠性、准确性和有效性。如果忽略内控审计,审计师可能无法全面了解和评估与销售收入相关的各种风险和问题,从而影响对财务报表的审计质量。

3.3.3 逻辑游戏——内控审计流程

1. 内控审计的一般步骤

为了保证内部控制审计的执行井然有序,审计师可以参考以下步骤实施内控审计。

步骤一：制订审计计划。

审计师需要获取有关公司内部控制环境、销售收入流程、风险评估的信息，包括组织结构、销售政策、内部流程图等。然后确定审计的范围、目标和重点，制订详细的审计计划，包括内部控制测试的具体程序。

步骤二：了解控制环境。

审计师需要通过面谈、文件审查等方式，了解公司的控制环境，包括管理层的态度、公司文化、内部道德标准等，并评估其对销售收入的影响。

步骤三：风险评估。

审计师需要了解有关销售收入的风险，包括欺诈风险、错误风险等。然后进行风险评估，通过分析历史数据、了解公司业务模型等方式，确定可能影响销售收入的风险因素。

步骤四：设计测试程序。

审计师需要了解公司的内部控制政策、程序和文件，包括销售订单、发货单、发票等。根据风险评估和内部控制信息，设计相应的测试程序，以验证内部控制的有效性。例如，审计师可以测试销售订单的审批程序、库存与销售记录的匹配情况等。

步骤五：进行内部控制测试。

审计师需要根据设计好的内控测试方案实施内部控制测试。例如，通过随机抽样检查销售订单、审查发货和发票的匹配情况等。在这个过程中，审计师需要获取或记录执行测试过程中产生的数据和文件作为审计证据，必要时还要获取被审计单位内部员工的书面确认以评估内部控制的有效性。

步骤六：收集证据并形成结论。

审计师需要收集所有与内部控制相关的证据，包括测试结果、文件审查、面谈记录等。然后通过综合各项测试结果和证据，形成关于内部控制有效性的结论，确定是否存在问题或是否有需要改进的地方。

步骤七：报告和建议。

审计师在执行完内控审计程序后应当将审计结论和意见形成审计报告。在报告最终披露前，审计师需要与管理层进行充分的沟通，沟通内容包括但不限于审计发现、对公司内部控制的总体评价，必要时就需改进之处向管理层提出具体建议。然后结合两者，出具最终的审计报告。

通过以上流程，审计师可以全面了解关于销售过程的内部控制情况，发现潜在的问题并提出改进建议，以提高公司内部控制的有效性和财务报告的可靠性。

2. 内控审计的意见类型

内部控制审计报告通常包含不同类型的审计意见，这些意见反映了审计师对被审计单位内部控制有效性的评价。以下是一些常见的内部控制审计意见类型。

（1）清楚无误的意见（Unqualified Opinion）：这是最理想的情况，表示审计师认为被审计单位的内部控制在所有重要方面都是有效的。

示例："我们认为，在所有重要方面，公司的内部控制在审计期间结束时是有效的。"

（2）有限保留意见（Qualified Opinion）：表明审计师认为绝大多数内部控制是有效的，虽存在一些问题，但不足以影响整体内部控制的有效性。

示例："在我们的审计中，我们发现公司的内部控制在大部分方面是有效的，但在某些特定方面存在限制，这并未影响整体内部控制的有效性。"

（3）重大缺陷的意见（Adverse Opinion）：表明审计师认为被审计单位的内部控制存在重大缺陷，这可能会导致财务报告中的错误。

示例："我们认为，由于存在重大的内部控制缺陷，公司的内部控制在审计期间结束时是无效的。"

（4）无法表示意见（Disclaimer of Opinion）：表明审计师由于某些原因无法发表对内部控制的意见，可能是由于无法获取足够的审计证据。

示例："由于某些限制，我们无法对公司的内部控制发表意见。"

（5）无法检测的意见（Not Applicable Opinion）：表明由于某些原因，内部控制的审计工作无法进行，通常是因为被审计单位未能提供必要的信息。

示例："由于未能获取必要的信息，我们无法对公司的内部控制进行审计工作。"

在实际审计工作中，审计师的目标是提供客观、可靠的意见，以帮助利益相关方了解被审计单位的内部控制状况。

Tips

内部控制审计对财务报表审计有着重要的影响。一个有效的内部控制系统可以树立审计师在审计财务报表时所需的信心，同时也有助于确保财务报表的真实性、准确性和合规性。

3. 内部控制审计的结果对财务报表审计的影响

（1）提升可靠性和可信度。如果公司在销售过程中实施了严格的销售订单审批和发货确认流程，审计师就可以更有信心地依赖这些内部控制来确认销售收入的准确性。有效的内部控制系统可以减少财务报表中的错误和欺诈风险，增强财务报表的可靠性和可信度。

（2）确定风险评估和焦点区域。如果内部控制审计中发现了与销售收入相关的内部控制缺陷，审计师可能会将销售收入识别为审计的高风险领域，加强对销售收入的审计程序。由此可见，内部控制审计可以帮助审计师更好地了解被审计单位的风险环境，从而确定审计的焦点区域。

（3）提高审计效率。如果公司有一套健全的库存控制系统，审计师就可能会依赖这一系统，减少对库存的详细检查，提高审计效率。有效的内部控制可以为审计师提供设计审计程序的线索，减少对全面审计的需求，提高审计效率。

（4）减少对销售收入的测试。如果审计师测试了销售订单的审批过程，并确认其有效性，那么他们可能会在财务报表审计中依赖这一控制，减少对销售收入的详细测试。内部控制审计本身是对内部控制系统的测试，旨在由审计师评估其有效性，进而判断这些控制措施是否值得信赖和依赖。

（5）提高财务报表的合规性。如果公司在财务报表编制中实施了合规性审查程序，审计师就可以依赖这一过程来验证财务报表的合规性。由此可见，内部控制审计有助于确保公司在编制财务报表时遵循适用的会计准则和法规，提高财务报表的合规性。

3.4 警钟长鸣——风险

提到"风险"的时候，很多人对这两个字感到既陌生又熟悉。熟悉是因为它在哪都能出现，我们无论谈论什么都会把"风险"挂在嘴边；陌生是因为当我们具体定义这两个字时，又觉得概念很模糊。

我认为风险就是发生某件事的可能性。而这件事一旦发生，很可能会造成一定程度的损失，因此我们总要提前布局，想办法识别风险、应对风险。但风险本身是不能被完全消除的。

本节将通过案例和一些故事来讲解审计风险是什么、如何识别和应对，并简单讲解审计中常提及的"舞弊"概念。

3.4.1 审计风险

审计风险是指审计师在履行审计职责时面临的潜在风险和不确定性，这些风险可能会导致审计师无法在财务报表中识别和纠正重大错误。

审计风险通常分为以下三个主要组成部分。

1. 固有风险（Inherent Risk）

固有风险属于客观存在的风险，风险大小与行业本身的性质有关。例如，在新兴科技领域，可能存在更高的风险，如技术的变革、市场的不确定性等。这些风险是固有存在的，不会因为该企业堆叠层层审批的内控制度就消除，也不会因为公司不断扩大生产销售而消除。

这类风险源于行业本身的特性，与被审计单位的业务性质、行业环境和财务报表的性质相关。例如，目前如火如荼的新能源汽车行业，所有公司都面临着技术换代、政策紧缩等可能性，而一旦这些事件发生，就有可能影响该行业所有企业的生产成本、研发支出、销售利润等，进而影响财务报表的准确性。

2. 控制风险（Control Risk）

控制风险是指由于被审计单位的内部控制系统无法有效防范或检测错误而导致的风险。即使存在内部控制，如果其效力不足，审计师也可能无法依赖这些控制来降低审计风险。

试想，如果公司的内部控制系统出现严重的漏洞，例如，对销售订单入账的审批，不足以防范错误：公司允许销售人员在不提供任何销售凭证、单据时就上报财务完成入账。那么审计师就可能会面临控制风险，需要加强对销售收入的审计程序。

3. 检查风险（Detection Risk）

检查风险是指审计师在执行审计程序时无法检测到财务报表错误的风险。

试想，如果审计师在执行完所有审计程序，甚至已经完成了不可预见程序，依旧没有发现被审计单位存在销售订单造假的情况，未能充分检测销售收入的准确性，就有可能会面临检查风险。

> **Tips**
> 审计风险的管理涉及审计师在审计计划和程序中的谨慎选择。审计师会根据对被审计单位的了解和对潜在风险的评估,采取相应的应对策略,以确保审计能够获得足够的保证。

总的来说,审计师通常通过以下方式应对审计风险。
(1)增强风险意识,了解被审计单位的业务环境和风险因素。
(2)设计和实施相应的审计程序,以降低检测风险。
(3)评估被审计单位的内部控制系统,确定其有效性,以降低控制风险。
(4)不断更新审计计划,根据实际审计进展和新的信息,调整风险评估和应对策略。

通过综合考虑这些风险因素,审计师可以更有效地提供审计服务,提高审计报告的可靠性和质量。

3.4.2 风险评估与应对

审计风险评估是审计师在执行审计项目前的关键步骤,它涉及对被审计单位的业务、内部控制和外部环境进行全面的评估,以确定潜在的审计风险。一旦风险被识别,审计师就可以采取相应的措施来降低风险水平。

以下是进行审计风险评估和应对的一般步骤。

1. 审计风险评估——评价风险发生的可能性

步骤一:了解被审计单位的业务环境。

对于一家企业,理解其所处行业的竞争状况、市场趋势和关键风险,例如,原材料价格波动、技术变革等,一般可以通过查阅行业报告、解读政策、对比行业内其他企业等方式进行。除此之外,由于在现实商业社会中,很多公司跨地区、跨国经营,因此在了解被审计单位的业务环境时也需要将这些地区因素考虑进去。

步骤二:了解内部控制系统。

在这个步骤需要注意,被审计单位的内部控制系统涉及企业管理的方方面面,而审计师一般在执行该步骤时,除了要了解被审计单位的内部控制环境之外,还需要重点关注与财务报表审计相关的内部控制,典型的有存货收发的内部控制、销售收款的内部控制、采购与付款的内部控制等。

在了解的过程中,审计师不仅要关注这些内部控制是否存在,还需要关注这些内部控制的运行是否有效。如果内控措施无效,就起不到任何风险防范的作用。

步骤三:评估外部环境因素。

宏观经济状况、行业法规变化、汇率波动等因素,对公司财务报表的潜在影响,也是需要审计师评估的。

步骤四:识别潜在风险。

潜在风险包括过度依赖少数客户、销售合同条款模糊、上游供应商提供的原材料价格过高等。

步骤五:确定风险的重要性。

对每个识别到的潜在风险进行定性和定量分析,确定其对财务报表的重要性。

2. 应对审计风险——尽可能地处理已发现的风险

步骤一:调整审计计划。

如果与某个科目相关的潜在风险被认为是高风险,审计师就可能会加强对这些科目的审计程序。

步骤二:扩大审计程序的深度和广度。

针对高风险科目,审计师可以扩大审计的范围,提高审计的严格程度。例如,某地区由于自然灾害,可能会导致存货出现风险,那么可以在当期审计时将针对该地区存货的盘点由抽样盘点改为全部盘点,同时在盘点后追加已订货未发货存货的函证程序,严格审核该地区各个仓库的存货损毁、灭失的情况并进行严格的估值。

步骤三:加强内部控制测试。

如果内部控制系统中存在缺陷,审计师就可以加强对相关内部控制的测试,以确认其有效性。如果发现内部控制运行无效,审计师就应当在实质性程序当中进行更严格的审计。

步骤四:采用专业意见。

如果某个科目(如存货)存在超出审计师专业范畴的存货类别,如生物资产、化学制剂等,审计师就可能会咨询专家的专业意见。

步骤五:加强与管理层的沟通。

与管理层沟通发现的潜在风险和建议的改进措施,确保管理层与审计师对于沟通事项的了解保持同步。

步骤六：更新审计计划。

根据实际审计进展和新的信息，审计师可以随时更新审计计划，调整风险评估和相应的应对策略。

通过以上步骤可以确保审计师提供可靠的财务报告，并降低可能存在的错误未被识别的风险。

3.4.3 舞弊责任

舞弊责任是指审计师在履行审计职责时对于检测和揭示潜在舞弊行为的责任。

舞弊（Fraud）通常是指故意误导、操纵或欺骗，旨在产生对财务报告的虚假陈述。

审计师有责任通过审计程序检测可能导致财务报表舞弊的迹象，并在有充分证据的情况下报告。

审计师的舞弊责任通常分为设计审计程序以检测舞弊和获得对舞弊风险的理解和评估两个方面。

审计师在面对可能存在的舞弊风险时，如被审计单位的销售收入呈现异常的增长趋势，且远超行业平均水平，应对方法如下。

（1）设计相应的审计程序。面对可能出现的销售舞弊行为，审计师可能会选择更详细地审查公司的销售合同，验证销售收入的真实性，并检查与客户的交往是否与合同一致。

通过对关键销售交易的详细审计，审计师可以更全面地了解销售收入的性质，以检测是否存在潜在的舞弊行为。

（2）评估舞弊风险。审计师需要调查公司的销售政策、内部控制程序，以及了解管理层对于销售收入增长的解释。如果审计师发现与销售收入有关的内部控制存在缺陷，或者公司无法提供合理的解释，就可能会增加对舞弊风险进行评估的程序。

审计师在面对潜在舞弊行为时，通过设计合适的审计程序和评估舞弊风险，可以保障审计的独立性和报告的可靠性。

3.4.4 内控风险

内控风险是指公司内部控制体系可能无法有效防范或检测错误、欺诈，无法遵守法规的风险。这些风险可能会影响公司财务报表的准确性、可靠性和合规性。审计师在审计过程中需要评估内部控制体系，识别潜在的风险，并采取相应的应对措施。

我们通过一些案例来理解内控风险。

（1）授权和审批流程不足。假设你们家的财政大权掌握在你母亲手上，一般情况下你和你父亲需要购买大件商品时都要经过你母亲的审批同意，可是你母亲本人需要购入大件商品时却不需要你和你父亲的同意，这样就很有可能造成你母亲乱花钱购入了很多不必要的大件商品。

同理，若公司的授权和审批流程不足以防范错误或欺诈，就可能会导致未经授权的交易，或者重要交易未经适当审批。例如，普通销售人员在销售审批时需要层层上报，但公司管理层的销售订单则不需要更高层的审批，导致公司管理层可能会以低于市场均价的价格水平将公司重要存货对外出售，从中获取个人利益，使公司遭受损失。

面对以上情况，审计师可能会加强对关键交易的审计程序，以验证其是否经过了适当的授权和审批。

（2）内部控制缺陷。以刚才的事件为例，你母亲本人需要购买大件商品时不需要审批，而你和你父亲则需要审批，这本身就存在一定的管理缺陷。同理，企业经营过程中的同类事件也被视作公司内部控制系统的设计或运行可能存在缺陷，无法有效防范或检测错误，因此可能会导致财务报表的虚假陈述。

面对内部控制存在缺陷的情况，审计师需要评估内部控制系统，确定存在的缺陷，并调整审计程序以弥补这些缺陷。

（3）员工欺诈。你和你父亲在某些时候，为了从你母亲的钱包里"赚取"更多的零用钱，可能会谎报商品价格、伪造交易记录等。那么在企业中，员工也可能通过操纵财务记录、资金盗用或其他手段进行欺诈活动，而内部控制未能及时发现。

对此，审计师可能会进行关于员工操纵的审计程序，并对与财务报表相关的重要控制进行测试。

（4）会计政策不恰当。公司可能会采用不当的会计政策，以虚增收入、利润或资产，而内部控制未能纠正这些错误。

对此，审计师需要审查公司的会计政策，并确保其符合相关会计准则，同时会加强与管理层的沟通，了解其选择的背后逻辑。

（5）技术安全存在漏洞。若公司的信息技术系统存在漏洞，就可能会导致未经授权的访问、数据泄露或其他安全问题，从而影响财务报表的完整性。

对此，审计师可能会评估公司的信息技术系统的安全性，尤其是与财务报表相关的关键系统。

审计师在评估这些风险时需要综合考虑公司的业务环境、内部控制的设计和运行情况，以确保审计程序能够充分应对潜在的内部控制风险。

那么，内控风险会对财务报表审计产生什么影响呢？

假设一家制造公司的内部控制手册规定：销售订单需要经过销售部门的审批，由财务部门核实客户信用额度。然而，由于公司规模较大，销售订单数量庞大，审批流程相对烦琐，导致在高峰期间，销售订单的审批可能会出现滞后或遗漏，这些情况可能会导致以下后果。

（1）错误和虚假陈述。由于销售订单审批流程的滞后或遗漏，存在订单未经适当审批就被处理的风险。这可能会导致企业存在未经授权的交易，收入的确认不准确等，从而影响财务报表的准确性和真实性。

（2）收入确认的风险。如果销售订单的审批滞后，那么公司可能会在未完成销售时确认收入。这可能会导致虚增收入，既违反会计原则，又影响财务报表的真实性。

（3）客户信用风险。由于审批流程滞后，公司可能会无法及时核实客户信用额度，增加了未收到款项的风险。这可能会导致应收账款的虚增，进而影响资产负债表的准确性。

为了应对以上可能出现的情况，审计师会采取以下措施。

（1）加强对销售订单审批的审计，包括对审批文件的抽样检查、与实际销售情况的比对等，以确认订单是否符合公司的内部控制政策。

（2）调整审计计划。鉴于内部控制存在缺陷，审计师可能会调整审计计划，更加重视销售订单和相关收入确认的审计程序，确保对关键领域进行更深入的审计。

（3）报告内部控制缺陷。审计师可能会在审计报告中披露发现的内部控制缺陷，提醒管理层注意并建议改进审批流程，以提高内部控制的有效性。

Tips

内部控制不足对审计产生的潜在影响是广泛的，可能会涉及多个会计科目。因此，审计师需要通过综合运用不同的审计程序，灵活调整审计计划，以更全面地应对内部控制风险，确保审计报告的质量和准确性。

3.5 工作留痕——审计底稿

3.5.1 审计底稿是什么？

审计工作底稿是审计过程中的一种记录和存档工具，是审计师在执行审计任务时用来记录工作进展、收集证据、发现问题、形成结论的文件。这些底稿通常以电子或纸质形式存在，是审计师对被审计单位财务报表进行审计的详细记录。除了包含被审计单位的数据、信息外，还涉及审计师工作交接、流转的过程。

一般情况下，审计工作底稿的内容包括4个重要部分。

（1）程序和测试：记录执行的审计程序和测试，包括检查内部控制的有效性、验证财务报表项目的准确性等。

（2）发现的问题：记录审计师在审计过程中发现的问题、异常、潜在的舞弊迹象等，以及审计师对这些问题的反应。

（3）工作底稿编号：为了方便组织和检索，审计师通常会为每个底稿分配一个唯一的编号。

（4）注释和说明：为了确保其他审计师或审计机构能够理解底稿，审计师通常会添加注释和说明，解释底稿的目的、发现和结论。

> **Tips**
>
> 审计工作底稿是审计师的重要工具，有助于确保审计工作的严密性和可追溯性。在审计报告中，审计师通常会引用底稿中的信息，以支持其对被审计单位财务报表的审计意见。

3.5.2 做一份漂亮的底稿——格式、要素和范围

现在都是电子化办公，所以大部分情况下审计工作底稿都是以电子形式存在的，其中Excel的形式较为常见。这就要求审计师能够熟练使用Excel，并且能够用容易理解、方便分析的形式将大量繁杂的数据放置在表格中。

你可能很难想象审计师的Excel有多复杂，在我作为审计师工作的几年时间内，我的电脑除了被审计单位提供的各种信息之外，只保存了审计工作底稿，并且底稿也不保存在本地硬盘中。为了方便工作，我会将这些底稿上传至公司

的云端系统，以方便同项目组的其他同事调阅。在这期间，我的电脑因为处理这些数据和底稿，申请维修无数次，直到彻底无法开机而换新。这并不是个例，我的同事们或多或少也遇到过电脑因为审计底稿数据过大、处理过载而进行维修或换新的情况。可见，一个审计项目的审计工作底稿内容有多么繁复。

> **Tips**
>
> 底稿的具体要素、格式和内容，会因审计机构的内部规定、项目性质以及审计师个人偏好而有所不同。一般情况下，底稿内容丰富繁杂，因此，需要审计师对大量的内容进行整理、分类。

虽然审计工作底稿可能会由于事务所的管理规定、项目组的要求、审计师的个人习惯等而有不一样的格式，但它必须包含表3-4中罗列的常见要素、格式和内容。

表3-4 审计工作底稿的常见要素

要素	具体内容和作用
工作底稿编号	为每个底稿分配一个唯一的编号，以便组织、归档和检索
项目信息	包括审计项目的名称、审计师的姓名、底稿的创建日期等基本信息
审计程序和测试	明确执行的审计程序和测试，包括检查内部控制的有效性、验证财务报表项目的准确性等
发现的问题	记录审计师在审计过程中发现的问题、异常、潜在的舞弊迹象等。当然，未发现问题也需要进行记录
注释和说明	为了确保其他审计师或审计机构能够理解底稿，审计师需要在底稿中添加注释和说明，解释底稿的目的、发现和结论
证据	记录收集到的审计证据，包括文件、查询、确认函等
结论和建议	归纳审计工作的结论，并提出对被审计单位的建议
审计师签名和日期	标明审计师对底稿的审核并签署姓名，记录底稿的创建日期

1. 格式

（1）清晰简洁：底稿应具有清晰的结构和简洁的表达，确保信息易于理解。

（2）标准格式：使用审计机构规定的标准格式，确保一致性和统一性。

（3）电子化：大多数审计机构采用电子化底稿管理系统，底稿通常以电子形式存档，方便查阅和共享。

2. 内容

（1）关于工作的详细记录：底稿应反映审计师执行的每一个步骤和程序，以便追溯审计工作过程。

（2）关于问题的描述和分析：对于发现的问题，底稿应包含详细的描述和分析，以及审计师对问题的初步判断。

（3）关于证据的记录：详细记录收集到的审计证据，确保证据的充分性和可靠性。

（4）明确的结论：底稿应明确表达审计师对被审计单位财务报表的结论，包括对所有重大问题或潜在风险的说明。

作为新人审计师，在"创造"一份审计底稿时，只要保证底稿中清晰明了、逻辑严谨地包含了以上内容，或留白能够添加以上内容就可以了。

3.5.3 审计底稿的编制逻辑

审计底稿的编制需要用清晰的、环环相扣的逻辑将所有要素信息串联起来，就像讲故事一样，使看底稿的人能够通过一个 Excel 文件，就清晰地了解某个科目从无到有给出结论的审计过程。

换句话说，审计工作底稿的编制就是串联一个完整的证据链，每一步都能为下一步直至得出结论提供强有力的证据支撑。

对于新人来说，掌握编制底稿的逻辑和步骤是非常重要的。

在编制审计底稿时，你需要不停地反问自己：我为什么要做这份底稿？为了验证这个报表数字，我需要了解哪些背后的故事？我要得出这个结论，需要获取哪些证据支持？我现在拿到的证据能够得出什么样的结论？我是否还需要其他的证据来佐证我的结论？

假设目前你需要审计的科目是某零售门店的货币资金，目前财务报表数据显示，该科目期末余额为 1000 万元，其中包含银行存款 900 万元，现金资产 100 万元。用以上的逻辑，你会如何将货币资金这个科目数字背后的故事向你的读者讲述清楚呢？

以下是关于基本的审计底稿编制逻辑的概述。

1. 理解审计目标和范围

首先你要跟经理说明，你需要验证这 1000 万元资金是真实存在的，并且所有权确实归属于该门店。当然，你也一定会好奇，一家小小的门店为什么会拥有如此庞大的货币资金储备，所以你需要了解这家门店的整体财务状况、业务状况，看看到底是什么因素让这家门店拥有庞大的资金储备。然后，你需要将了解到的内容作为"故事背景"记录在底稿当中，为下一步进行佐证。

在编制底稿之前，需要充分理解审计的目标、被审计单位的业务和财务状况，以及审计的范围。这包括了解审计的目的，需要审计哪些财务报表项目，以及有关被审计单位的背景信息。

2. 制定审计程序

通过了解，你得知该门店位于市中心，人流量巨大，并且连续 3 年都是整个集团下辖所有门店的销售冠军。

根据以上信息，你认为该门店作为"集团销冠"，拥有庞大资金储备的结果合理。

接下来你需要制定一些审计程序来进一步验证你的想法：你可能会实地走访该门店，观察其是否确实位于市中心黄金地段并拥有大量的人流和销量；你可能会考虑向银行发送询证函，目的是验证该门店的银行账户中确实有账面记录的货币资金；你可能会到该门店进行现金盘点，以验证该门店现金资产的准确性。诸如此类，你会制定一些方案和方法来验证你的想法。

由此可见，在审计底稿的编制过程中，审计师需要根据审计目标和范围，制定具体的审计程序。审计程序是用来获取审计证据以支持审计意见的一系列步骤。审计师应确保审计程序充分覆盖了被审计单位的关键财务报表项目和内部控制。

3. 执行审计程序

完成了以上两步，你开始执行你制定的程序：你在 1 月 1 日向该门店的开户银行发送了一份询证函，并于 1 月 3 日收到银行回复，对方告知你该门店在本行确实有 900 万元整存款。你将这份函证的内容记录于底稿中。

你在 1 月 3 日来到该门店所在地，通过观察发现该地段处于市中心黄金地段，开业一个小时内接待客户 100 人，其中有 50 人都进行了购买，大部分人选择现金支付。你将观察内容记录于底稿中。

同一天下班后，在门店经理、财务、出纳等人的协助下，你盘点了当天门店的现金，结果与现金日记账数据相符。你将这些内容记录于底稿中。

在执行审计程序的过程中，审计师需要详细记录每个步骤的执行情况。包括执行的时间、地点、涉及的人员、所采用的方法等。同时，还要记录发现的问题、异常情况以及采取的相应措施。

4. 整理和分类审计证据

自此,你几乎获取到了想要的所有审计证据。但是由于时间关系,这些内容的记录稍显凌乱,你需要将它们整理分类:

银行存款 900 万元——银行询证函回函相符——佐证该存款真实存在且准确记录;

现金资产 100 万元——现金盘点记录准确——佐证现金资产的管理和记录准确;

实地探访——门店位置极佳且销量可观——佐证该门店有能力拥有庞大的资金储备。

审计证据是支持审计意见的基础,因此需要对其进行整理和分类,这可能包括文件、查询、确认函等。要确保每一项证据都能清晰地与相应的审计程序和被审计单位的财务报表项目相关联。

5. 发现和描述问题

在整理的过程中你发现,虽然大部分客户在该门店购物时选择了现金支付,但依旧存在通过电子支付的客户,由此,你不禁开始疑惑,当日电子支付的款项是如何结算的?店家将这部分款项如何记账?于是你将疑惑记录于底稿中,并在开会时提出了疑惑,得到的解释是电子结算的收入直接计入银行存款账户。经过你的验证,发现该情况属实,你同样将其记录在底稿中。

对于发现的问题、异常情况或潜在风险,审计师需要在底稿中进行详细的描述。包括问题的性质、影响、可能的原因以及审计师对问题的初步判断。

6. 结论的明确

在完成以上步骤后,你认为该门店关于货币资金科目的数据记录无异常,能够证明该科目的计量准确、完整并且款项真实存在。

底稿应明确表达审计师对被审计单位财务报表的结论,包括对财务报表项目的合规性和准确性的评价,以及对内部控制有效性的评估。

7. 注释和说明

为了方便经理检查你的底稿,并理解你所做的工作,你为发现问题——产生疑惑——解决问题——得出结论的整个过程添加了合理的注释。

你解释道：

由于该门店开户银行在异地，因此选择了寄送函证；

由于1月1日及1月2日是节假日，门店不营业，因此你选择在1月3日进店观察；

由于营业期间款项并未停止收付，因此你选择在下班时间进行现金盘点。

为了确保其他审计师或审核机构能够理解底稿，审计师需要在底稿中添加注释和说明，解释底稿的目的、发现和结论，以确保信息的透明性和可理解性。

8. 审计师签名和日期

最后，底稿需要经过审计师的审核、签署，并记录底稿的创建日期。这是对底稿的最终确认，也是质量控制的一部分。

在实际操作中，审计师还需要根据具体项目和审计机构的要求进行适度的调整。新人在编制底稿时应当仔细、认真，并随时寻求经验丰富的审计师的指导。

3.5.4 底稿的作用和保存

很多时候，编制底稿的工作会占据审计师工作的很大一部分时间。你可能会问：既然这项工作任务那么重，那不做它不就好了？既然审计师已经收集到审计证据了，何必还要整理成"底稿"呢？那是因为底稿有多种重要的作用。

1. 底稿在审计过程中的作用

1）追溯和记录

底稿记录了审计师在审计过程中执行的所有程序、测试、问题、发现以及结论，为审计工作提供了详细的历史记录。如果审计师在审计过程中发现了财务报表项目的异常，底稿中的记录能够追溯到具体的检查步骤和测试，为后续的审计程序提供依据。

2）支持审计意见

底稿是形成审计意见的依据之一，通过详细的记录和收集的证据，支持审计师对被审计单位财务报表的意见。如果底稿中详细记录了对某一财务报表项目的反复检查、测试以及得出的结论,那么将有助于审计师形成对该项目的审计意见。

3)助力沟通和团队合作

底稿为团队成员和审核机构的其他人员提供了了解审计进程和发现的途径,促进团队之间的沟通和协作。当其他审计师需要了解某一审计程序的执行情况时,可以通过查阅底稿得知具体的步骤和测试方法。

4)建立历史记录

底稿形成了审计工作的历史记录,为将来的审计提供了基础,有助于审计师、审计机构和其他利益相关方理解过去审计的情境和结论。当审计师在下一年度对同一被审计单位进行审计时,底稿中的历史记录可以为审计师提供关于过去问题和解决方法的信息。

5)监督和质量控制

底稿是对审计工作进行监督和质量控制的依据,相关方可以通过对底稿的审查来确保审计工作的质量和合规性。审计机构的质量控制团队可以通过审查底稿来确保审计程序的执行符合规定,发现问题后得到了适当处理。

这些作用使得审计工作底稿成为审计过程中不可或缺的工具,有助于提高审计工作的透明度、可追溯性和质量。

6)对审计师进行保护

(1)法律防护:假设审计师在审计中发现了潜在的舞弊迹象,但被审计单位未能采取适当的措施。如果后来舞弊被揭露,审计师可以通过底稿证明自己已经履行了审计程序,并提出了相关问题。

Tips

当审计师面临法律责任时,底稿可以作为证据,证明审计师在执行审计程序时严格遵守准则要求,并且合法合规、尽职尽责地完成了审计工作。

(2)内部争议解决:如果审计师在底稿中记录了对某一财务报表项目的详尽检查,但其他团队成员提出异议,那么审计师便可以依据底稿为自己的决策辩护,说明自己的审计程序是符合规范和标准的。

> **Tips**
> 在审计机构内部存在不同意见或纠纷时，底稿可以为审计师辩护，证明他们的决策和行为是基于合理的审计判断。

（3）审计质量控制：审计机构内设有质量控制部门，对审计项目进行审查。审计师通过底稿清晰地记录了每个审计程序的执行过程和结果，以便在质量控制审查时证明工作的合规性。

> **Tips**
> 当审计工作受到质量控制审查时，底稿可以作为审计师工作的透明记录，证明审计程序的合规性和质量。

（4）外部审查支持：客户可能会对审计师的某一决策提出疑问，审计师可以通过底稿展示相关审计程序的执行过程和取得的证据，以证明决策的合理性。

> **Tips**
> 在外部审计机构、监管机构或客户对审计工作进行审查时，底稿可以为审计师提供辅助材料，以支持审计结论并回应可能的质疑。

在这些情况下，审计工作底稿作为审计师工作的详细记录和证据，为审计师提供了自我保护的依据，确保其在法律、内部、质量控制和外部审查中的权益和合法性。

2. 底稿对会计师事务所的作用

审计工作底稿除了能够帮审计师厘清思路之外，对于会计师事务所也同样具有重要的作用，主要包括4个方面。

（1）提升审计团队的绩效：底稿记录了审计师执行审计程序的过程和结果，有助于确保审计工作的质量和合规性。审计机构可以通过审查底稿来评估和提升审计团队的整体绩效。

（2）促进团队协作和沟通：底稿是审计团队之间沟通的重要工具，有助于团队成员了解审计工作的进展和发现的问题。审计师可以共享底稿，促进团队成员之间的协作和交流。

（3）助力质量控制审查：会计师事务所内部的质量控制团队可能会对审计项目进行审查。底稿是对审计程序的详细记录，可作为质量控制审查的依据，确保审计工作符合行业标准和法规要求。

（4）维护事务所的合法权益：底稿是审计师在执行审计程序时的详细记录，可在面对法律争议或监管审查时作为证据，维护审计师和事务所的合法权益。

3. 底稿的保存

因为审计底稿对于会计师事务所具有重要的作用，因此，事务所有义务和责任对审计底稿进行保存，审计师也应当遵循事务所的工作底稿保存要求。

关于保存审计工作底稿，会计师事务所可以考虑以下5个措施。

（1）电子存档：将底稿以电子形式存档，使用专业的审计工作底稿管理系统。这有助于提高底稿的可访问性、可搜索性和整体管理效率。

（2）备份和安全措施：定期进行底稿的备份，确保底稿数据的安全性。同时，采取适当的安全措施，以防止信息泄露和未经授权的访问。

（3）版本控制：在审计工作的不同阶段，定期保存底稿的版本。这有助于追踪底稿的变更和修改，确保工作的连续性和一致性。

（4）合规性要求：针对法规和行业标准的要求，确保保存的底稿符合相关的合规性和法规要求。

（5）培训和文档化：对团队成员进行培训，确保他们了解正确的底稿保存流程。文档化底稿保存的标准和规程，以便团队成员参考。

综合来说，审计工作底稿是会计师事务所管理和维护审计质量、合规性以及法律责任的关键工具。合理而安全地保存底稿，对于事务所的长期成功和可持续发展至关重要。

3.6 环境影响成果——财务报表编制基础

本节内容将讲述审计五大要素之一：财务报表编制基础。

1. 财务报表编制基础对审计有着至关重要的作用

财务报表编制基础为被审计单位财务报表的编制定下了标准和基调，被审计单位的财务报表编制就是在其"规定"的环境中进行的。因此，只有营造一个良好、合规的总体环境才能使财务报表的结果输出更加合规。

（1）可靠的审计依据：财务报表编制基础为审计提供了可靠的审计依据。审计师依赖于被审计实体正确、全面、准确地编制财务报表，以便在审计过程中进行验证和核实。

（2）审计证据的来源：财务报表编制基础是审计证据的主要来源之一。审计师通过审查财务报表的编制过程、会计政策和估计方法，获取审计证据，用于支持对财务报表的审计意见。

（3）内部控制评估：在财务报表编制的过程中，审计师会评估被审计实体的内部控制体系，包括财务报告流程中的控制措施。这有助于审计师确定哪些领域需要更详细的审计程序。

（4）财务报表真实性和公正性的保障：财务报表编制基础对于保障财务报表的真实性和公正性至关重要。被审计实体需要依据相关会计准则和法规，正确应用会计政策，使得财务报表能够准确地反映企业的财务状况和经营绩效。

（5）降低审计风险：财务报表编制基础的质量直接影响审计的风险。如果被审计实体在编制财务报表时存在严重的错误或缺陷，那么将增加审计师发现问题的难度，同时也将提高审计风险。

（6）审计程序的指导：财务报表编制基础既有助于审计师对被审计实体业务和财务状况的理解，也有助于指导审计程序的设计和执行。审计师可以根据对财务报表编制基础的了解来确定审计重点和风险领域。

综合而言，财务报表编制基础直接影响审计的可信度和有效性。被审计实体需要遵循相关会计准则和规定，提供完整、准确的财务信息，以支持审计师对财务报表的审计工作。

2. 如何理解"财务报表编制基础"？

财务报表编制基础是指企业在编制财务报表过程中所依据的一系列规章制度，包括会计准则、法规、会计政策、会计原则等。这些基础构成了财务报表编制的法定和规范框架，为企业提供了合理、一致和可比的财务报告。

（1）会计准则和法规：企业在编制财务报表时需要遵循国家或地区制定的会计准则和法规。例如，在美国，企业需要依据美国公认会计准则（Generally Accepted Accounting Principle，GAAP）或国际财务报告准则（International Financial Report Standard，IFRS）编制财务报表。

（2）会计政策：企业需要明确采用的会计政策，包括会计估计方法、计量基础、确认和计提的原则等。例如，存货的出入库方法、固定资产折旧的方法等。这些政策应当符合会计准则和法规的规定，以确保财务报表的准确性和公正性。

（3）会计原则：企业在编制财务报表时需要依据会计原则进行核算，包括权责发生制、货币计量、成本原则等。这些原则为企业提供了在财务报表中如何识别、计量和报告经济交易的指导。

（4）会计核算制度：企业根据不同的行业和法规可能会采用不同的会计核算制度，如单独核算制度、合并核算制度等。这决定了企业在编制财务报表时对多个实体是合并报告还是单独报告。

（5）财务报表格式：企业需要按照规定的财务报表格式进行报告，以确保报表的结构和内容符合会计准则和法规的规定。财务报表通常包括资产负债表、利润表、现金流量表等。

举例来说，一家上市公司在美国如果需要遵循美国 GAAP，那么该公司的财务报表编制基础包括：遵循 GAAP 的会计原则和准则；采用合适的会计政策，如采用历史成本法、确认收入的准则等；遵循美国证券交易委员会（United States Securities and Exchange Commission，SEC）的规定，以满足上市公司的披露要求；采用要求的报告格式，如 10-K 和 10-Q 表格。以上这些构成了该公司财务报表编制的基础，确保了其报表的透明度、一致性和合规性。

3.7 下班别走——完成审计工作

3.7.1 结束审计工作阶段

结束审计工作阶段通常指的是审计师完成了实质性审计程序，收集了足够的审计证据，并就审计发现与被审计实体进行讨论后，开始审计整理工作，准备最终的审计报告的时期。这个阶段通常发生在审计师已经完成了对被审计实体财务状况的核实和评估，但还未发表正式审计意见。我们可以通过图 3-1 直观感受具体的时段。

第 3 章 审计的世界——审计概念

图 3-1 结束审计工作阶段

1. 结束审计工作阶段需要完成的工作

在结束审计工作阶段，审计师需要持续关注以下问题，并执行相应的工作。

（1）审计调整：审计师可能在审计过程中发现需要进行的调整，例如，纠正会计错误、调整估计或应对潜在的财务报表问题。对此，审计师需要与被审计实体就这些调整进行协商和确认。

（2）审计报告准备：审计师在结束审计工作阶段将着手准备审计报告。这包括整理审计发现、准备审计报告的文字表述、总结审计程序和结果，以及确保报告符合相关法规和审计准则的要求。

（3）法定文件的完备：审计师需要确保所有审计工作的法定文件（Working Papers）都得到了完备和妥善保存。这些文件包括审计程序的设计、执行和结果，以及审计证据的收集和分析等。

（4）与管理层沟通：审计师需要与被审计实体的管理层进行最终的沟通，确保他们理解审计发现，解释可能的调整，并确认最终的审计结果。

（5）法定报告的发表：审计师在结束审计工作阶段将向被审计实体发表审计报告。这是审计师对财务报表真实性和公正性的独立意见，对利益相关方具有重要的信息价值。

（6）遵循审计准则：审计师需要确保其工作符合相关的审计准则和法规，审计报告的发表需要遵循专业的道德规范和法律法规的规定。

结束审计工作阶段是审计过程的关键时刻，审计师需要保持专业的态度，确保审计报告准确、完整和符合法规地发表，以为被审计实体和利益相关方提供有关财务报表可靠性的重要信息。

2. 结束审计阶段会对审计意见产生影响的事件及解决方式

由于在结束审计阶段，有一些事项的发生可能会对审计师的工作或审计意见产生影响，审计师需要采取适当的措施来应对。

以下是一些可能会产生影响的事项以及应对方式。

（1）未解决的争议或调整。如果审计师与被审计实体管理层就财务报表的调整或其他重要事项存在争议。例如，我曾经遇到过完成审计后，审计合伙人坚持在审计报告中添加强调事项以提请报表使用者注意被审计单位资产负债率过高的情况。而被审计单位考虑到一旦该事项被披露，很可能会对其后续融资、借款产生不良影响，因此拒绝披露该事项。双方就此事僵持不下，开展了多日的沟通和会议，导致审计报告的发表时间逾期。

关于类似事件，审计师需要与管理层进行沟通，尽量达成共识，或者在审计报告中透明地披露这些争议。

（2）财务报表调整。如果在结束审计阶段发现需要进行重大的财务报表调整，那么审计师需要评估这些调整对财务报表的影响，并确保调整是合理和合规的。并且在审计报告中应透明地说明这些调整。

（3）未解决的法律事项。例如，潜在的诉讼或法律责任等，这些可能会对财务报表产生重大影响。审计师需要评估这些事项的可能影响，并考虑是否需要在审计报告中做出相关披露。

（4）重大事件或存在不确定性。例如，在该时期遭遇重大自然灾害，导致被审计单位的厂房、机器设备等严重损毁，也就是重大资产减值、业务停滞或未来业绩不确定等。审计师需要评估这些事项对财务报表的影响，并确保在审计报告中透明地披露这些重大事件或不确定性。

（5）管理层拒绝提供必要的信息，包括但不限于"管理层声明"，可能会对审计师的工作产生负面影响。审计师应该与管理层进行沟通，说明信息的必要性，并在必要时考虑向相关监管机构报告。

（6）被审计实体违反合规要求。如果被审计实体在审计报告期间违反了合规要求，审计师就需要评估这些违规行为对财务报表和审计报告的影响，并在审计报告中做出适当的披露。

在面对上述事项时，审计师的应对方式应该包括与管理层充分沟通、收集必要的证据、透明地披露相关信息，以及在需要时在与法律、道德准则一致的框架下采取适当的行动。审计师的独立性和专业判断是确保审计报告准确和可靠的关键因素。

3.7.2 期后事项

如图 3-2 所示,审计的期后事项是指在完成财务报表审计并发表审计报告后的一系列工作和注意事项。

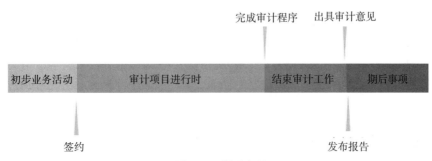

图 3-2 期后事项

1. "期后事项"阶段需要完成的工作

这一阶段仍需要审计师执行一些重要任务,以确保审计的全面性、准确性和合规性,举例如下。

(1)审计文件整理和保存。审计师需要整理和妥善保存所有审计文件,包括工作底稿、审计程序和结果、审计证据等。这是为了满足审计准则的记录保存要求,同时为未来可能的审计、法务要求或监管调查提供支持。

(2)审计报告传递。审计师需要将最终的审计报告传递给被审计实体的管理层、董事会以及其他相关方。通常包括一份签署的审计报告、可能的附注和其他解释性材料。

(3)法定文件的归档。审计师需要按照法律法规的要求,将相关的法定文件进行归档。这可能包括审计合同、审计计划、法定文件的备份等。

(4)与管理层的最终沟通。审计师需要与被审计实体的管理层进行最终的沟通,确保他们理解审计意见的内容和影响,并解答可能存在的问题。

(5)监测事件的发展。审计师在期后会继续监测与被审计实体相关的事件和情况,尤其是那些可能会对财务报表有重大影响的事件。这有助于审计师了解审计报告后发生的重要事项。

(6)与监管机构的合作。审计师可能需要与相关监管机构进行合作,提供与审计有关的信息,回应可能的监管查询或调查。

(7)客户满意度调查。一些审计事务所可能会进行客户满意度调查,以了解客户对审计服务的满意程度，收集反馈，并持续提升服务质量。

（8）学习与总结。审计师在期后也会对整个审计过程进行学习与总结，评估审计中的挑战和成功之处，以提高未来审计项目的效率和质量。

> **Tips**
>
> 审计的期后事项有助于确保审计全面、完整地落地，同时维护审计师的独立性和专业性。这一阶段的工作对于事务所的声誉和客户关系的维护也具有重要意义。

2. "期后事项"阶段会对审计意见产生影响的事件

在审计的期后事项中，监测事件的发展是一个重要的任务，以确保审计报告后发生的事件不会对已发表的审计意见产生负面影响。以下是一些可能会产生影响的事件。

（1）财务状况调整。如果被审计实体在审计报告后进行了重大的财务状况调整，就可能会影响到之前的审计意见。例如，可能需要进行重大的资产减值调整或重估，这可能会导致审计师需要重新评估其审计报告中的观点。

（2）法律纠纷或诉讼。如果被审计实体在审计报告后涉入新的法律纠纷或诉讼，就可能会对财务报表产生重大影响。审计师需要监测这些事件的进展，评估其潜在影响，并决定是否需要对之前的审计报告进行调整或进行相关披露。

（3）业务停滞或发展。被审计实体的业务发展或停滞可能会导致其财务状况发生变化。审计师需要关注行业动向、市场变化以及被审计实体的经营计划，以及这些因素对财务报表的可能影响。

（4）会计政策变更。如果被审计实体在审计报告后更改了会计政策，就可能会对之前的审计意见产生影响。审计师需要评估新会计政策的合理性，并确保之前的审计报告中对原有会计政策的观点仍然适用。

（5）新的审计发现。如果在期后发现了之前未被发现的重要审计问题或错误，那么审计师需要评估这些问题对财务报表的影响，并决定是否对之前的审计报告进行调整。

以上事件的发生可能会导致审计师需要与被审计实体及其管理层重新沟通，并考虑是否需要发表修订后的审计报告或对以上事件进行相关披露。审计师应保持对这些事项的敏感性，及时获取相关信息，并与被审计实体保持有效的沟通，以处理潜在的影响。

3. 审计师的应对方案

审计师应在这些情况下保持审慎和专业的判断，并与被审计实体的管理层进行有效沟通。根据具体情况，审计师可能需要与法律专业人员、会计师事务所领导层等进行讨论，并在确保遵守审计准则和法规的前提下，采取适当的行动。透明的沟通和及时的反应是处理这些事件的关键。

假设在审计报告发表后，被审计实体突然卷入一场涉及公司知识产权的法律纠纷。这场纠纷可能会对公司的财务报表产生重大影响，可能会导致巨额赔偿或其他财务损失，那么审计师就需要采取适当的沟通和应对方案。

（1）沟通方案。审计师首先应该立即与被审计实体的管理层进行紧急沟通，了解纠纷的性质、程度和可能的影响；其次需要要求被审计实体提供与法律纠纷相关的详细文件，包括起诉文件、法院裁决、律师信函等，以便评估潜在的财务影响；最后应该与审计事务所的法务专业人员协商，确保对法律纠纷的理解和评估是准确和全面的。

（2）应对方案。审计师首先需要重新评估法律纠纷对财务报表的潜在影响，包括可能的赔偿数额、法定责任等。其次应与被审计实体协商，确定是否需要对财务报表进行调整，以反映法律纠纷可能带来的影响；如果潜在影响被认为是重大的，审计师还应在审计报告中透明地披露这一事件，以确保利益相关方充分了解法律纠纷对财务报表的影响。

审计师的目标是确保审计报告的准确性和公正性，维护审计独立性，并清晰、全面地揭示法律纠纷对财务报表的潜在影响。

4. "期后事项"与"结束审计工作阶段"的区别

表3-5所示为"期后事项"和"结束审计工作阶段"分别涉及的审计的不同阶段和任务。

表3-5 期后事项与结束审计工作阶段

区别	结束审计工作阶段	期后事项
时期	审计过程的一个关键阶段，通常发生在审计师完成对被审计实体财务报表的审计工作后	发生在完成审计工作阶段之后，即在审计师已经发表审计报告之后

续表

区别	结束审计工作阶段	期后事项
内容	在这个阶段,审计师已经进行了所有必要的审计程序,收集了足够的审计证据,并形成了对财务报表的意见。审计师会对审计工作进行总结,确保所有审计程序都已经完成,并准备好发表审计报告	主要涉及审计师在审计报告后需要关注和处理的事项,例如,可能会对审计意见产生影响的新发现、法律纠纷、业务变化等
任务	包括整理审计文件、传递审计报告给被审计实体及其他相关方、完成审计报告的签署,以及进行期后事项的准备	包括监测潜在对审计报告有影响的事项、与被审计实体沟通、与法务专业人员协商、根据需要调整审计报告或进行相关披露

总体而言,结束审计工作阶段是审计过程中的一个主要节点,标志着审计师对财务报表发表意见的准备工作已经完成。而期后事项则强调了审计师在审计报告发表后仍需关注可能会影响报告的事项,以保证审计报告的准确性和透明度。

Tips

结束审计工作阶段和期后事项的时间长度和时间线是相对灵活的,取决于具体的审计项目、被审计实体的特点,以及可能出现的事件和发展。

3.8 借力打力——审计沟通和利用他人工作

3.8.1 与治理层的极限拉扯

审计师与治理层之间通常是一种合作与监督的关系,但也可能存在一些潜在的矛盾。

1. 双方关系

(1)合作性质。审计师与治理层之间的关系应该是合作性质的,旨在共同确保财务报表的真实性和合规性。审计师需要依赖治理层提供的信息和配合,而治理层也期望审计师对其财务报表提供专业的审计服务。

(2)监督角色。审计师在审计过程中扮演了一个监督的角色,负责独立、客观地评估被审计实体的财务报表。这意味着审计师可能需要对治理层的陈述和做法提出疑问,并在发现问题时进行适当的调整或披露。

(3)信息透明。双方应该倡导信息透明,确保沟通畅通,这样审计师才能获取必要的信息,治理层才能理解审计师的疑虑和要求。

2. 双方矛盾

(1)财务报表真实性。审计师的首要责任是确保财务报表的真实性,而治理层有时候可能有诱因希望美化公司的财务状况,这可能会导致双方观点的不一致。

(2)信息提供。治理层需要提供全面、准确的信息,而审计师可能会认为在获取信息时受到限制,这可能会导致对关键事项的审计难度提高。

(3)审计费用。治理层可能会对审计费用提出疑问,认为费用过高。审计师则需要确保其费用是合理的,以维护审计独立性和质量。

(4)财务报表调整。当审计师发现财务报表需要调整时,治理层可能会不满,尤其是当这些调整会对公司形象产生负面影响时。

(5)审计程序干扰。治理层可能会认为审计程序对公司的正常运营产生了干扰,而审计师则需要保持审计程序的独立性和客观性。

在实践中,通过良好的沟通、较高的透明度和相互理解,审计师与治理层之间的关系可以保持协调,以确保审计的顺利进行,同时维护财务报表审计的独立性和专业性。

3. 审计师与治理层的沟通

审计师与治理层的沟通是审计过程中至关重要的一环。这种沟通涵盖了多个方面,包括审计计划、审计进展、审计发现、意见形成等。那么审计师要如何与治理层开展沟通呢?沟通的时间、范围和程度又该如何把握呢?

(1)沟通审计计划。在审计开始之前,审计师应与治理层进行沟通,明确审计的范围、目标和计划。该阶段需要向被审计单位充分解释审计师的职责,让其明确审计的目的是对财务报表的合理保证,而不是对业务运营的全面保证。

(2)更新进度。定期向治理层提供关于审计进展的更新,确保治理层了解审计工作的进展情况。透明地沟通可能导致审计进展延迟的问题,以及采取的解决措施。

(3)报告发现的问题。在审计过程中发现的任何重大问题或异常,都应及时向治理层报告。提供详细的信息和解释,帮助治理层理解问题的本质、影响和可能的解决方案。

（4）阐明信息需求。向治理层阐明审计师进行财务报表审计所需的相关信息，并在需要时提供明确的说明。确保治理层理解其在提供信息方面的重要角色，并要求其尽可能提供准确、完整的信息。

（5）讨论审计结果。在审计过程中，与治理层讨论可能的审计结果，包括对财务报表的任何潜在调整和可能形成的审计意见。解释审计师对治理层提供的信息和解释的依赖程度。

（6）发表审计报告前的确认。在发表审计报告之前，审计师应与治理层确认关键事项，并确保双方对审计结果的理解一致。包括详细解释可能包括的审计意见类型和对公司财务报表的观点等。

（7）就法律和道德问题进行沟通。如果审计师在审计过程中发现任何涉及法律或道德问题的情况，应立即与治理层进行沟通，有可能的话，还需要与法务专业人员合作。

这些沟通实践有助于审计师与治理层之间建立信任关系，确保审计过程的顺利进行，并最终实现发表准确、透明的审计报告的目标。

4. 与治理层沟通关键审计事项

就关键审计事项进行沟通，是审计师与治理层之间的一项关键任务，旨在确保治理层充分了解审计师认为对财务报表的真实性和公允性具有重大影响的事项。以下是在沟通关键审计事项时的一些建议。

（1）明确定义关键审计事项。在审计计划初期，明确定义可能被视为关键的审计事项。这些事项可能涉及财务报表中的特殊账户、交易、估计等。

（2）及时沟通。在审计过程中，及时与治理层就关键审计事项进行沟通。沟通方式包括定期召开会议、电话沟通或书面报告，以确保信息的及时传达。

（3）提供详细解释。对于每个关键审计事项，包括问题的本质、涉及的金额范围、可能的风险和审计师的处理方法，审计师应使用清晰、简明的语言提供详细的解释，以确保治理层能够理解关键要点。

（4）共同讨论解决方案，包括进一步的审计程序、需要提供的额外信息，以及可能的调整或披露。

（5）保持透明度和开放性，鼓励治理层提出问题或疑虑。审计师应当认真对待治理层的疑虑，并提供解除疑虑的解释。

（6）遵守法规和准则。强调关键审计事项的沟通是为了确保审计遵守相关法规和审计准则。

（7）沟通记录。记录关键审计事项的沟通过程，包括沟通的时间、方式、涉及的人员等信息。这有助于确保审计文件的完整性和可追溯性。

（8）与董事会的沟通。审计师还应与公司董事会进行沟通，向其提供关键审计事项的信息，这有助于董事会履行其监督和治理职责。

> **Tips**
> 通过良好的沟通，可以加强审计师与治理层之间的合作，确保审计师对潜在风险和重大问题的理解与治理层一致，并最终达成对财务报表的共同理解。

5. 利益矛盾和影响因素

审计师与治理层之间的有效沟通对于审计结果的理解和透明度至关重要。然而，由于双方拥有不同的职责和利益，有时可能会存在一些潜在的利益矛盾。可能影响审计结果的因素以及潜在的利益矛盾如下。

（1）信息透明度。

审计师利益：期望获得足够的透明度，以便全面评估公司的财务状况。

治理层利益：担心公开过多的信息会对商业竞争或股价造成不利影响。

（2）内部控制评估。

审计师利益：关注公司的内部控制，以确保其有效性。

治理层利益：有时可能会对审计师提出的改进建议产生抵触，认为公司已经采取了足够的控制措施。

（3）会计估计和公允价值。

审计师利益：负责审查公司的会计估计，确保其合理性。

治理层利益：可能希望保留灵活性，以反映公司的业务和未来预期。

6. 解决冲突的策略

针对审计师和治理层之间的利益冲突，可采用以下策略来有效化解。

（1）明确沟通渠道。审计师和治理层应确立清晰的沟通渠道，促进及时、充分的信息交流。定期会议和报告可以帮助双方理解对方的期望和关切。

（2）协作和合作。双方应以合作和协作的态度对待审计过程，共同努力确保审计能够顺利进行，以达到公司和审计师的共同目标。

（3）遵循专业准则。审计师应坚持专业准则和道德标准，保持独立性和客观性，确保审计结果真实、公正，同时与治理层合作以解决潜在的分歧。

（4）解释审计过程。审计师有责任清晰地解释审计过程、方法和发现，向治理层解释审计的目的和价值，帮助他们理解审计的必要性和正面影响。

（5）合理权衡。在利益冲突方面，审计师和治理层需要进行合理的权衡，找到满足法规要求和公司业务需求的平衡点。

（6）合同和合规要求，是明确审计程序和责任的依据。通过制定清晰的合同，明确各方的权利和责任，减少不必要的分歧。

在审计师与治理层之间，开放、透明、诚实的沟通是解决潜在利益冲突的关键。通过建立良好的合作关系，审计师和治理层可以共同努力，确保审计过程顺利进行，最终达到提高公司治理水平和财务报告质量的共同目标。

3.8.2 "修罗场"——前任和现任

"前任"审计师通常指的是在当前审计师接手之前曾经为同一公司或组织提供审计服务的审计师。换句话说，前任审计师是在过去一段时间内负责对被审计单位进行审计的专业团队或个人。

在商业和组织环境中，审计通常是一个定期进行的活动，每年都会进行一次。公司可能会选择同一家事务所，也可能在一段时间后选择更换事务所；可能会选择同一个审计师，也可能会更换审计师。这种更换可能是公司内部决策、竞标程序、审计服务质量问题等原因引起的。审计师的更换通常需要一定的程序，要确保审计过程的连续性和适当的审计质量。新的审计师团队需要了解公司的财务状况、内部控制体系，并与前任审计师进行合作以获得必要的信息。

> **Tips**
>
> 现实商业社会中，企业选择审计师通常是通过公开招投标的方式，当前任审计师卸任后，企业就会通过符合法律法规、公司章程要求的程序发起招标。此时，会有大量的事务所参与这场竞标活动，前任审计师此时并不会将所有投标的事务所都视为自己的"后任"，它们只会将已经中标并且可能接受委托的事务所作为"后任"，这样的"后任"才有资格和前任坐下来进行沟通。后任审计师负有主动发起沟通的义务，但这样的沟通需要取得被审计单位的同意。

第 3 章 审计的世界——审计概念

当你中标该审计项目但还未决定是否接受委托时，你有必要主动发起与前任的沟通，沟通的主要目的是确定自己是否接受委托。在这个过程中，你需要重点关注的问题有：前任审计师提供的更换事务所的原因与被审计单位提供的原因是否相符？前任审计师与被审计单位是否存在会计、审计问题方面的重大分歧？前任审计师是否发现被审计单位存在不诚信的问题？前任审计师向被审计单位的治理层通报过哪些管理层舞弊、违反法律法规以及值得关注的内部控制缺陷？

一般情况下，前任审计师在被审计单位同意的情况下，会展开与后任审计师的沟通，他们有必要向后任审计师就所询问的事项做出充分的答复。

你肯定会问，既然以上事项对于后任审计师是否接受委托至关重要，那如果被审计单位不同意，后任审计师该怎么办？

当前任审计师因为自身顾虑而不给出详细答复时，前任审计师应当告知后任"答复有限"并阐述原因。当被审计单位不同意时，后任审计师有理由怀疑被审计单位存在诚信方面的问题。如果没有问题，就不会拒绝后任与前任沟通了解情况。

所以，在这样的情况下，后任审计师应当拒绝接受审计委托。除非有充分的证据表明被审计单位的财务报表审计风险水平非常低。

接下来，假设我们已经决定接受委托了，在实施审计项目时，我们还有必要与前任进行沟通吗？如果需要持续沟通，那么较为有效的沟通方式是什么？在这个阶段与前任进行沟通要达到什么样的目的呢？

接受委托后的与前任沟通属于非必要程序，也就是说，我们可以根据自己的需求考虑是否沟通。其实较为常用的沟通方式是查阅审计工作底稿。

查阅前任的工作底稿就像翻看前任的日记本一样，涉及他人"隐私"，所以，查阅工作底稿也是有前提的。

（1）被审计单位同意；

（2）保证不会将底稿内容公布或用作其他用途；

（3）保证不会在审计报告中表明，给出的审计意见全部或部分地依赖于前任审计师的审计报告或工作。

Tips

对于后任审计师来说，前任的沟通结果、工作内容和结果已经成为过去，因而不应当对后任本期的工作结果负责。

对于前任来说，它需要在此做出的决定有：是否同意后任查阅、复制或摘要工作底稿内容；向后任获取确认函，以打消后任对于工作底稿使用目的、范围和责任等方面的顾虑，双方对此达成一致。

与前任沟通的故事随着时间的推移还在继续，在翻阅前任工作底稿的过程中你会发现，前任审计的财务报表可能存在重大错报。这势必会对前任的工作、你本期的工作结果、被审计单位的财务报表产生影响，那么你又该如何做呢？

此时如果你知情不报，则有违背你的职业道德；如果上报，那么是直接上报给被审计单位还是上报前任审计师？针对这类事件，审计准则给到的答复是：同时告知，也就是安排三方会谈。

你需要告知被审计单位存在此类问题，由被审计单位联系前任审计师，并安排三方会谈。

三方会谈会出现被审计单位或前任审计师拒绝安排或参加的情况。此时，你需要对此保持职业怀疑：这种情况是否会对当前审计业务产生影响，是否需要就该事件出具恰当的审计报告？是否需要退出当前审计业务？

作为明事理的审计人，你自然觉得前任和被审计单位都会配合沟通活动，可现实商业社会中因为前任或被审计单位拒绝沟通而导致本期审计报告意见类型受到影响的案例很多。

在我参与审计工作的第一年就遇到了类似的事件。当时我们接受委托，对一家汽车销售集团新收购的一个门店进行审计。由于是当年的新收购项目，这家新门店由本年开始必须按照集团要求接受我们团队的统一审计，而此前该门店的审计师也就因为收购问题变成了前任。

在进现场开展审计工作的过程中，我们发现前任审计师的工作底稿不仅做得非常粗糙，而且毫无逻辑性，对于我们了解被审计单位期初数据等情况造成了很大的困扰。同时被审计单位内部控制也不够细致、完善，导致我们团队负责人怀疑上期数据可能存在错报。

因此根据程序，我们将该情况提请了被审计单位，希望由他们出面安排三方会谈，以方便我们向前任审计师就他们的审计结果，也就是我们需要的期初数据做出更详细的了解。谁知被审计单位和前任审计师都认为这项工作"很麻烦"，于是拒绝了我们的要求。被审计单位还认为上期结果不应该影响本期，因此态度非常强硬地拒绝沟通。

事实上，由于公司经营具有连续性，审计数据的获取和分析也应当是建立在这样的连续性上的,一旦上期结果出现重大错报,本期数据也很有可能受到影响,包括但不限于出现计算不准确、分析不准确等情况。

由于沟通受限,我们的工作处于停滞状态。在团队负责人等不停地商议、沟通之后,我们决定继续按照集团的委托执行审计,但在这家门店的审计报告中给出了"无法表示意见"的审计结论。

> **Tips**
>
> 前任和后任的身份并不是固定的,我们常说"流水的审计师,铁打的被审计单位",因此每一个审计师都有可能既是前任也是现任。前后任审计师的沟通除了能够让审计项目推进得更加顺利之外,也是审计师之间的互相沟通、监督、学习的过程。

3.8.3 与内部审计师的友好合作

内部审计和外部审计是两个不同但相互关联的审计领域,通过表3-6中的要素我们可以理解双方的区别。

表3-6 内部审计和外部审计的区别

要素	内部审计	外部审计
独立性和对象	内部审计是由组织内部的专业团队执行的,其目标是为组织提供独立的评估和建议,以改进内部控制、风险管理和业务流程	外部审计由独立的外部审计师或会计师事务所执行,其目标是对组织的财务报表进行独立的审计,以确认报表的准确性和合规性
范围和焦点	内部审计的范围更广泛,涵盖了组织内的各种方面,包括运营、合规性、风险管理等。其焦点是提供对整个组织管理方面的评估和建议	主要关注对财务报表的审计,其范围通常限定在财务信息的准确性和合规性上
执行者和报告对象	内部审计人员是组织的员工,直接向组织的管理层或董事会报告。内部审计报告通常用于组织内的管理和决策	外部审计由独立的审计师执行,其报告主要面向股东和其他外部利益相关方。审计报告是公开的,附加到组织的财务报表中
周期性和目的	内部审计通常是连续的、日常的活动,其目的是为组织提供定期的、实时的反馈,以改善内部流程和控制	外部审计通常是按年度进行,其目的是对一定时期内的财务报表进行审计,以确保其准确性和合规性

（1）双方的配合与协同。内部审计和外部审计在一定程度上需要相互配合。内部审计的发现和建议可以为外部审计提供重要信息，而外部审计的发现可以促进内部控制的改进。

（2）双方具有共同的目标。内外审计虽然关注的方面有所不同，但共同的目标是确保组织的合规性、透明度和有效性，以形成良好的治理和经营环境。

> **Tips**
>
> 综合来看，内部审计和外部审计在保障组织的财务健康和经营效率方面发挥着不同但互补的作用。内部审计有助于组织内部管理，而外部审计则为外部利益相关方提供独立的保证。合理协调和协同两者的工作，有助于提高整体的审计效益。

1. 外部审计利用内部审计工作的考虑因素

外部审计师通常可以利用内部审计的工作，这种协同可以提高审计效率和质量。然而，在利用内部审计工作时，需要考虑以下因素。

（1）前提条件。外部审计师需要确保内部审计部门具有足够的独立性和专业判断，以保证其提供的工作是客观、中立且可靠的。

（2）范围和程度。外部审计师既需要了解内部审计的工作范围，明确哪些方面被内部审计覆盖，以及哪些方面可能未被涉及；也需要了解内部审计的深度和详尽程度，以确定其可利用的程度。部分利用或完全利用可能取决于内部审计工作的质量和全面性。

（3）协同和沟通。外部审计师和内部审计师之间需要建立有效的协同机制，确保信息的流畅和共享，避免信息断层和误解。定期的沟通和会议有助于确保外部审计师了解内部审计的最新工作，并有机会提出特定的需求和期望。

（4）审计独立性。外部审计师在利用内部审计工作时需要保持审计独立性，以确保自己的判断和结论不受到内部审计的影响。

（5）审计风险评估。外部审计师需要评估内部审计的质量，包括方法、程序和报告的准确性。如果存在质量问题，就可能会影响外部审计的决策。

（6）合规性和法规要求。外部审计师需要确保内部审计工作符合适用的合规性要求和法规，以确保审计的整体合规性。

（7）审计证据。外部审计师需要追踪和验证内部审计工作的相关审计证据，以确保审计过程的透明度和可审计性。

（8）风险和控制。外部审计师应该对内部审计工作的风险评估进行独立评估，以确保自己对潜在风险的理解与内部审计一致，或者能够进行更深入的审查。

（9）信息共享。外部审计师和内部审计师需要共同考虑和处理敏感信息，确保在信息共享中遵循适当的机密性和隐私保护措施。

在利用内部审计工作时，外部审计师需要保持谨慎，并在确保审计质量和独立性的前提下充分利用内部审计的工作成果，以提高审计的效率和全面性。密切的合作和明确的沟通是确保内外部审计师协同工作的关键。

2. 利用内部审计工作时如何保证审计的质量、独立性和合规性？

当外部审计师考虑是否利用内部审计工作时，需要实施一系列必要的审计程序以确保审计的质量、独立性和合规性。

（1）审计计划调整。外部审计师可能需要调整其审计计划，以反映对内部审计工作的考虑。这可能包括资源分配、时间表和关注点的调整。

（2）内部审计工作评估。对内部审计工作的全面评估，包括审计范围、方法、程序、报告和质量。这有助于外部审计师了解内部审计的可靠性和适用性。

（3）沟通与协调。与内部审计团队进行定期的沟通和协调，以确保双方对审计目标、重点和时间表的理解一致。沟通有助于解决潜在的不一致，提高合作效率。

（4）审计风险评估。对内部审计工作的风险评估，可以确保外部审计师了解潜在的审计风险和控制环境，以便在审计计划中予以充分考虑。

（5）审计程序设计。根据对内部审计工作的评估结果，设计相关的审计程序，以验证和确认内部审计的发现，并确保符合审计标准和法规要求。

（6）审计证据审查。对内部审计提供的相关审计证据进行审查和验证，确保其可靠性、充分性和可核查性。外部审计师可能需要重新执行一些程序，以确认或补充内部审计的工作。

（7）独立性维护。采取适当的步骤来确保外部审计师的独立性，避免过度依赖内部审计的工作并保持对审计对象的客观判断。

（8）合规性检查。确认内部审计工作符合适用的审计准则和法规要求，以确保审计的合规性。

（9）内部审计工作文件审查。对内部审计工作的相关文件进行审查，了解其组织结构、文件记录和审计程序，确保其符合审计标准和最佳实践。

（10）审计报告比对。对内部审计报告进行比对，确保对同一主题的审计发现和建议之间的一致性,并查明任何可能的差异。

(11)问题追踪和解决。追踪和解决在内部审计工作中发现的问题,确保这些问题得到适当的处理和解决。

(12)审计委员会沟通。如有必要,可与审计委员会沟通,分享对内部审计工作的评估和利用情况,确保审计委员会对审计程序的合理性和适切性有清晰的认识。

通过以上审计程序,外部审计师能够更有效地利用内部审计工作,同时保持审计的质量和独立性。审计程序的具体执行将根据内外部审计师之间的协作和特定审计项目的情况而有所变化。

3. 内部审计人员直接提供协助时,外部审计师需要考虑的因素

除了能够利用内部审计的工作之外,外部审计师在某些情况下可能会寻求内部审计人员的直接协助。但在这个过程中需要考虑多个因素,以确保合规性、独立性和透明性。

(1)合规性和法规要求。外部审计师需要确保自己的行为符合适用的法规和审计准则。某些法规可能限制了外部审计师与内部审计人员的直接协助方式。

(2)审计独立性。外部审计师应确保自己的独立性不受到内部审计人员的干扰。直接协助的方式应当不会影响外部审计师对审计对象的客观判断。

(3)授权和批准。外部审计师在寻求内部审计人员的直接协助前,可能需要事先得到相关授权和批准。这可能会涉及与组织管理层或审计委员会的沟通。

(4)透明度和沟通。在协助过程中,外部审计师需要保持透明度,清楚地沟通自己希望内部审计人员提供的协助内容、程度和时间安排。

(5)工作底稿和文件处理。内部审计人员提供的工作底稿和文件可能需要被外部审计师视为审计证据的一部分,这些文件应当得到适当的标识、归档和处理。

(6)归属权和责任。在直接协助的过程中,外部审计师和内部审计人员需要明确彼此的责任和任务划分,以避免混淆和冲突。

(7)机密性和隐私保护。外部审计师需要确保在协助过程中处理的信息能得到隐私保护,以防止敏感信息泄露。

(8)合作和协调。与内部审计人员的合作应该是协调一致的。双方需要明确目标,确保合作的顺利进行,同时保持工作的高效性。

> **Tips**
>
> 在直接协助的情况下，内部审计人员提供的工作底稿和文件通常被视为合作的一部分，而非外部审计师独立的工作底稿。归属权通常取决于协议中的相关规定。

总体而言，直接协助需要在透明度、合规性和独立性的框架内进行，并通过充分的沟通和协商来解决涉及的问题。这有助于确保协助的过程是透明和合法的。

内外部审计师的合作有助于提升审计全面性、准确性和可靠性，扩大审计深度。内部审计的工作成果可以为外部审计提供更多的审计证据，增强审计的综合效果。

但双方不合理的合作可能会导致信息不一致、独立性受损等问题。如果合作不得当，可能会减弱审计的独立性，从而影响审计结果的可信度。

内部审计师和外部审计师的合作在提高审计效率和质量方面具有重要作用。但双方需要以透明、独立和合规的方式进行合作，以最大限度地发挥各自的专业优势。

3.8.4 援手——外部专家

由于审计师会面对各行各业的被审计客户，正如古话所说："隔行如隔山"，审计师仅为会计、审计领域的专家，对于其他行业的认识和专业程度总是不如其他行业的专家的。

我曾经参与过水利行业的审计、金属行业的审计、化工行业的审计等。在面对这些领域时，即使我听说过某个原材料、某个计量单位、某种机械设备，我也很难用自己有限的知识判断面前的某个物品是否是"价值连城"，某个设备是否就是当下较为新型的款式……

> **Tips**
>
> 在"时间紧，任务重"的情况下，审计师不可能放下一切工作恶补其他领域的专业知识，方便、高效的方式一定是寻找该领域的一个专业人士进行咨询。当然，为了独立性考虑，这个专业人士不能是被审计单位内部的员工，因此，一般情况下是寻求外部专家的帮助。

1. 外部专家的定义

审计师可以利用外部专家的工作，以提高审计的质量和深度。外部专家在审计中通常被定义为具有特定领域（除会计、审计方面外）专业知识和经验的独立个体或组织。审计师寻求帮助的外部专家必须具备以下条件，缺一不可。

（1）专业知识。外部专家通常在特定领域（除会计、审计领域外）具有深厚的专业知识，如税务、法律、信息技术、环境等。

（2）经验和资格。外部专家通常具备相关领域的丰富经验和专业资格，能够为审计项目提供专业的技术支持。

（3）独立性。外部专家通常是独立的第三方，不受被审计对象的影响，有助于提供客观和中立的意见。

在我的从业生涯里，曾参加过某基建材料公司的审计。由于该公司有大量库存原材料，包括但不限于砂石料、水泥、填充制剂等。这些原材料或散装堆放，或标准化储存，同一原材料在规格、用途和密度等方面都有不同。而这个项目的审计过程必然是要求我们对这些我们专业领域之外的原材料进行估值，以判断其是否是准确入账的。因此，在该项目中我们利用了专家的工作。

2. 利用外部专家工作的内容

既然外部专家是除了审计和会计领域的专业人士，那么审计师在哪些内容可以利用外部专家的工作呢？

（1）专业知识。外部专家可以提供对复杂技术问题或特殊领域的专业知识，帮助审计师更好地理解和评估相关事项。

（2）风险评估。在审计风险评估阶段，外部专家可以提供对特定风险的深入分析，帮助审计师确定审计程序和关注点。

（3）法律和合规事项。对于涉及法律问题和合规性问题的审计，外部法律专家可以提供法律意见和法规解释，确保审计的合规性。

（4）特殊领域审计。在特殊领域，如信息技术审计、环境审计等，外部专家可以提供深入的技术审计和专业意见。

（5）独立的第三方意见。外部专家的参与可以增强审计报告的可信度，因为他们是独立的第三方，提供独立的专业意见。

（6）审计程序的设计。外部专家可以协助审计师设计和执行审计程序，确保审计的全面性和准确性。

（7）解决问题的建议。在审计过程中，外部专家可以提供关于解决问题的建议，特别是在遇到复杂或有争议的问题时。

（8）培训和知识分享。外部专家可以向审计团队提供培训，分享最新的行业趋势、法规变化等信息，提高审计团队的专业水平。

在上述基建公司的审计过程中，我们向外部专家咨询了原材料的各种相关知识，包括其价值、质量等，同时也向专家获取了这些材料投放市场后是否会因为环境保护、基建要求的法律法规而产生风险、纠纷的信息。

> **Tips**
> 利用外部专家的工作有助于审计师更全面地考虑审计对象的复杂性和风险，提高审计项目的质量和可信度。在利用外部专家的过程中，审计师需要保持独立性，并充分沟通、协调各方的期望和任务。

3. 如何确定是否能够利用外部专家的工作？

审计师在确定某一外部专家的工作是否足以实现审计目的时，可以采取以下步骤。

（1）明确定义专家工作的目的、范围、性质并达成一致。审计师首先需要明确定义审计的具体目的和需要外部专家提供的支持，明确审计的焦点和关键领域，以获取书面证明。

（2）评估外部专家的资质（专长领域）。审计师应当评估外部专家的资质和背景，包括专业领域的经验、相关证书和资格等，以确保外部专家具备必要的专业知识和技能。

（3）参考过往合作经验。如果有可能，审计师可以参考过往与外部专家的合作经验，了解外部专家在类似项目中的表现和成果，以评估其实际能力和可信度。

（4）调查外部专家的信誉（独立性要求）。审计师可以通过调查外部专家的信誉和声誉，了解业界对其工作的评价。关于这一点，可以通过参考业界报告、客户评价、专业协会等渠道进行。

（5）制定明确的合作协议。在确定使用外部专家之前，审计师应与外部专家制定明确的合作协议，明确双方的责任、工作范围、成果要求、保密协议等关键事项。

（6）进行面谈或召开会议。如有必要，审计师可以与外部专家进行面谈或召开会议，进一步了解其工作方法、沟通能力和专业素养。

通过以上步骤，审计师可以更全面地评估外部专家的适用性和能力，确保他们的工作足以满足审计项目的要求。这有助于最大程度地利用外部专家的专业知识，提高审计项目的质量和效益。

4. 评价外部专家的工作

即使外部专家参与审计工作，审计师也不能当一个"甩手掌柜"，仍然需要采取一系列措施来评价专家的工作结果，以确保其符合审计项目的标准和质量要求。

（1）明确期望和标准。审计师在与外部专家合作前应明确期望和审计标准，包括明确的工作目标、交付物要求、报告格式等。

（2）定期沟通和反馈。制定定期沟通机制，确保审计师和外部专家之间保持畅通的沟通。定期的会议或进度更新有助于及时发现和解决问题。

（3）监督和审查工作过程。审计师应监督和审查外部专家的工作过程，确保其符合审计标准和方法。这包括审查审计程序的执行情况、工作底稿的准确性等。

（4）与内部审计团队的工作对比。将外部专家的工作结果与内部审计团队的工作进行对比，以确保一致性和协调性，这有助于避免信息不一致和冲突。

（5）检查文档和工作底稿。审计师应检查外部专家提供的文档和工作底稿，以确保其质量、完整性，并符合审计要求。

（6）进行独立审核。在可能的情况下，进行独立的审核。这包括审计师对外部专家的工作进行二次审查，确保审计项目的准确性和可靠性。

（7）向其他审计团队成员征求意见，了解他们对外部专家工作的看法，这有助于综合各方意见，形成更全面的评价。

（8）评估交付物的质量。审计师需要评估外部专家提供的交付物，包括报告、分析、建议等，以确保这些交付物符合审计项目的要求和质量标准。

（9）反馈和改进机制。与外部专家建立反馈机制，接受其关于审计工作的反馈意见。同时，也要为外部专家提供改进的建议，以提升其工作水平。

（10）总结经验教训。在与外部专家合作完成后，总结经验教训，包括对合作的效果、问题和成功因素进行总结，为未来合作提供指导。

最后，关于利用外部专家的工作，还需要明确以下"边界"。

既然参与了审计项目，外部专家在项目中的工作就应该遵守审计相关的职业道德标准和保密条款。由于外部专家对于审计师来说也是独立第三方，因此，在参与项目过程中，外部专家不受事务所质量控制准则和相关政策程序的约束。审计师需要独立对被审计单位财务报表的审计结果负责，不能因为外部专家的参与而减轻这种责任。外部专家在工作中留下的工作底稿的归属权属于专家本人，只有在专家同意时，这些底稿才能被包含在审计底稿中。

> **本章小结**
>
> 　　审计作为一门独立学科，涉及的工作内容覆盖面广且细。为了使不同事务所的审计师能够沟通顺畅，同时也为了审计标准的制定，为了提升审计工作的效率和审计成果的质量，我们在开展审计工作前必须对审计这个学科所涉及的各个细节和概念做好定义。这些定义穿插在审计工作的各个阶段，同时也指导着审计师的工作。
>
> 　　审计相关的各个定义如同渔网上的各个节点，只有每一个节点上的工作内容都得到了清晰的界定，每一个节点上的工作内容都得到了有条理的执行，才能使审计这张渔网的编织更加牢靠，从而保障审计工作的质量。
>
> 　　本章将审计工作中会涉及的概念进行了解读。从时间维度考虑，审计工作的前、中、后阶段，分别需要获取不同的审计证据，同时也需要关注不同的事件，当然也会在每个阶段利用其他方的工作。从任务角度考虑，审计工作的最终目的是完成审计报告、给出审计意见、得出审计结论。为了实现最终的目的，我们需要与各方沟通、获取审计证据、编制审计工作底稿，本章中以案例的形式向读者讲解了每一个任务的目的、原因以及任务未完成会导致的后果。
>
> 　　将任务环节的"点"用审计逻辑的"线"串联起来，才能编织好审计这张大网。也就是说，审计结论是由任务和各个小结论的环环相扣形成的，每一个步骤得出的结论、获取的信息都能支撑下一个环节需要执行的工作。同时，为了在更换审计师等环节方便前后任审计师沟通，标准化的审计概念的运用显得尤为重要。

第二篇

用数字讲故事

审计师在审计的过程中难免要面对极其庞大的数据，这些数据是组成财务报表的基础。Excel 就是我们为了对这些数据进行各种维度的计算、核对、分析而常用的办公软件。

对这些数据的处理过程和处理结果也为审计结论提供了佐证。每一个数字背后都代表着一笔交易、一个事项，因此，审计师需要充分挖掘数据背后的故事，并对其进行评估审核，最终形成审计意见。

第 4 章

和报表恋爱——审计的逻辑

数据之间可以是相互独立的,也可以是相互关联的,复式记账法就体现了这样的关联。单个数字能佐证的事项较少,如果能将众多数字串联起来,就能形成一个完整的故事。

本章将通过审计师常用的一些逻辑方式向读者介绍审计逻辑在审计过程中起到的佐证作用。并且这些逻辑思维应当贯穿于整个审计过程的始终,为最终的审计结论提供支撑作用。

4.1 做好自己——审计师的职业道德

审计师需要遵守各种各样的职业道德要求,而这也是成为一名合格的审计师的基础。当然,只有在这样的思维和道德标准当中才能发挥审计的功能、体现审计存在的意义。因此,在本章开始前,我们应当先了解,作为一名审计师,做每一个计划、做每一件事的前提都是做好自己——保持自身的职业道德标准,并且严格遵守。

4.1.1 独立性要求

在前面的内容中,我们通过大量的篇幅讲述了审计师作为"独立第三方"存在,并且也强调了独立性的要求和重要性。

1. 审计独立性的重要性

(1)保障审计质量。独立性是保障审计质量的关键因素之一。审计师在执行审计工作时,需要独立于被审计单位和其管理层,以确保审计结果是客观和可信的。

（2）提高审计可靠性。独立性有助于确保审计师对被审计单位的财务报表进行客观、无偏的评价。这样的独立性提高了审计报告的可靠性，使其更有说服力。

（3）防范潜在利益冲突。审计师可能会受到各种潜在利益冲突的影响，例如，与被审计单位存在经济关系或个人关系。通过保持独立性，审计师能够避免这些潜在冲突，确保自己的决策不受外部影响。

（4）维护公共信任。独立性是维护公众对审计行业信任的关键。公众、投资者和其他相关方相信审计师是独立的第三方，能够提供公正、中立的审计服务，这有助于维护金融市场的稳定性和透明度。

（5）符合法规和职业标准。大多数国家的法规和职业标准都要求审计师保持独立性，这是审计职业的基本准则，违反独立性原则可能会导致法律责任和职业道德等方面的问题。

（6）支持审计报告的真实性。只有在审计师能够独立地进行审计工作时，审计报告才能真实地反映被审计单位的财务状况和经营绩效。

（7）防范欺诈和错误。如果审计师受到被审计单位的影响，就可能会忽视或掩盖问题，从而损害审计的有效性。而保持独立性有助于审计师发现潜在的欺诈或错误。

总体而言，审计师的独立性是维护审计行业声誉和保障财务市场有效运作的重要因素。只有在独立性的基础上，审计师才能履行其公共责任，确保审计报告的质量和可靠性。

2. 丧失审计独立性的后果

丧失审计独立性可能体现为以下一系列行为和事件。

（1）亲属或亲密关系的涉入。审计师本人、其家庭成员或关系密切的朋友与被审计单位或其管理层存在直接经济利益关系，可能会导致审计师在执行审计工作时产生利益冲突，失去对被审计单位的独立判断。

（2）受到财务利益的影响。审计师拥有被审计单位的股票或与被审计单位有其他金融利益关系，因此可能会因自身财务利益而失去对被审计单位的客观性，从而影响其独立性。

（3）业务和雇佣关系。审计师或其事务所与被审计单位有其他业务关系，例如，提供咨询服务或者是被审计单位的前雇员，导致利益冲突，使审计师难以保持对被审计单位的独立性。

（4）礼品和款待。被审计单位或其工作人员向审计师提供大额礼品或其他经济利益，导致审计师被影响，进而影响其对被审计单位的独立判断。

（5）合同和关联方交易。审计师或其事务所与被审计单位存在合同关系，或者与被审计单位有关联方交易，可能导致利益冲突，使审计师难以保持对被审计单位的客观性和独立性。

（6）就业机会的影响。被审计单位或其关联方向审计师提供就业机会，或者审计师正在寻求被审计单位或其关联方的就业机会，使审计师难以在审计工作中保持客观性，因为他们可能会希望获得被审计单位的好感。

以上这些情况都有可能会导致审计师失去独立性，导致审计报告失真，从而对金融市场和投资者产生负面影响。审计机构和监管机构通常会采取措施来监督和防范这些潜在的问题，以确保审计师在履行其职责时保持独立性。

3. 审计独立性的运用环节

审计师的独立性要贯穿于审计项目的始终，尤其是在一些关键环节。

（1）评估是否接受客户。审计师应该仔细评估是否有潜在的利益冲突，以决定是否接受或保留特定客户。如果审计师在这个阶段未能正确评估利益冲突，就可能会导致在后续审计工作中无法保持独立性，损害审计质量和可信度。

（2）理解被审计单位。审计师需要深入了解被审计单位的业务、财务状况和内部控制，以有效进行审计。如果审计师在理解阶段未能保持独立性和客观性，就可能会影响对被审计单位的准确评估，导致审计结论不可靠。

（3）制订审计计划。审计师应独立制订审计计划，确保审计工作能够充分覆盖重要领域。如果审计师在计划阶段未能独立制订计划，就可能会导致审计时遗漏关键领域，从而影响审计报告的完整性。

（4）收集审计证据。审计师需要独立地收集、分析和评估审计证据，以形成审计意见。如果审计师在证据收集阶段未能保持独立，就可能会导致对被审计单位的评估不准确，使审计结论失去客观性。

（5）发表审计报告。审计师需要在发表审计报告时表达独立的意见，清楚地说明审计结果和所得结论。如果审计师在发表报告时未能保持独立，就可能会导致失信于公众、投资者和其他相关方，损害审计师的声誉和职业操守。

如果在以上任何一个环节丧失独立性，都可能会导致审计报告的失真、质量不佳，最终影响到金融市场的透明度和投资者信心。此外，丧失独立性还可能会引发法律责任和职业操守等方面的问题，对审计师及其事务所的声誉产生长期的不良影响。

4. 事务所如何保障审计独立性？

会计师事务所会采取一些措施来应对可能出现的独立性问题，而这些措施需要事务所所有员工共同遵守和维护。

（1）制定独立性政策。制定和实施明确的独立性政策，确保所有从业人员都清楚了解独立性要求，并在实践中遵循这些规定。

（2）培训与教育。提供定期的培训，使审计师了解独立性的重要性，以及如何避免潜在的利益冲突和影响。

（3）审查接受和保留客户决策。成立独立性委员会或制定独立性审查程序，对接受新客户和保留现有客户的决策进行审查，确保审计师能够独立判断。

（4）建立审查机制。建立内部审查机制，定期审查审计工作，以确保审计师在整个审计过程中保持独立性。

（5）限制非审计服务。限制向被审计单位提供非审计服务，减少潜在的利益冲突。

（6）实施独立性确认程序。在每个审计项目开始时，要求审计师确认其独立性，并及时报告任何可能影响独立性的问题。

5. 审计师个人保持审计独立性的措施

审计师个人在参与审计项目时，也应当尽可能地主动"避嫌"，避免让自己陷入独立性风波之中。

（1）审计师应避免与被审计单位及其管理层建立过于亲密的关系，以防止可能的影响。

（2）审计师应避免持有被审计单位的股票或与被审计单位有其他金融利益关系，以确保审计师对被审计对象的独立性。

（3）审计师应谨慎处理来自被审计单位或其员工的礼品和款待，以防影响审计师的独立性。最好的做法是一律拒收并上报项目组被审计单位存在该行为。

（4）审计师应避免与被审计单位或其管理层有亲属关系，以防止潜在的利益冲突。

（5）审计师应及时报告任何可能影响独立性的潜在冲突，以便事务所能够采取适当的措施来解决问题。

（6）审计师在审计过程中应保持客观和中立，不受外部因素的影响，以确保审计结论是基于事实和证据的。

这些措施有助于建立一个良好的审计独立性框架,确保审计师在履行职责时能够保持公正、中立和客观。独立性的维护不仅需要事务所内部的制度支持,也需要每个审计师个体的自觉努力。

4.1.2 胜任与勤勉尽责

审计师的专业胜任能力是指他们在履行审计工作时所需要的技能、知识、经验和素质,以保证审计工作高质量、可靠、有效地完成。

专业胜任能力体现在表4-1中罗列的几个方面。

表4-1 审计师的专业胜任能力

要素	具体表现
知识技能	审计师需要具备深厚的财务、法律、会计、审计等相关领域的专业知识,包括对财务报表、内部控制、审计准则等方面的深入理解
审计技能	审计师应该掌握审计方法、技术和工具,能够有效地执行审计程序,收集、分析和评估审计证据,确保审计工作的准确性和全面性
沟通能力	审计师需要具备良好的沟通能力,能够清晰表达审计发现、问题和建议,与被审计单位及相关方进行有效沟通,并编写清晰明了的审计报告
判断能力和决策能力	审计师需要具备良好的判断能力,能够在审计过程中识别潜在风险和问题,并能够做出正确的决策,确保审计工作的合理性和高效性
独立性和职业操守	审计师应当保持独立的审计思维,不受外部压力影响,能够坚守职业操守,保持公正、中立、诚实
问题解决能力	审计师需要具备解决问题的能力,迅速有效地应对在审计过程中遇到的各种挑战和复杂情况
团队协作	审计师通常在团队中工作,需要良好的团队协作能力,能够与同事、客户、管理层等各方保持良好的合作关系
持续学习	由于审计领域的法规和标准经常变化,因此审计师需要具备持续学习的精神,不断更新自己的知识和技能

综合而言,审计师的专业胜任能力是一个多方面的、综合性的能力体系,需要在不同领域都具备一定的水平。这样的专业胜任能力可以确保审计师在完成审计工作时胜任各种任务,提高审计工作的质量和效率。

审计师的勤勉尽责是指他们在履行审计职责时,以高度的敬业精神、谨慎和负责任的态度对待工作。这一概念涵盖了审计师在整个审计过程中对工作的认真程度、关注细节的能力以及对职业操守和道德规范的严格遵守。表4-2罗列了审计师勤勉尽责的表现。

表4-2 审计师勤勉尽责的表现

要素	具体表现
敬业精神	勤勉尽责体现在审计师对工作的高度敬业精神上,包括对审计任务的全身心投入,愿意付出额外的努力来确保审计工作的质量和完整性
谨慎审慎	勤勉尽责要求审计师对审计过程中的每一个步骤都要审慎谨慎。审计师需要细致入微地分析、核查和验证信息,以确保审计发现的准确性和可靠性
专业判断	勤勉尽责要求审计师在面临复杂情况时,在合理性和符合审计准则的前提下,做出对被审计单位财务状况的准确判断
持续学习	勤勉尽责要求审计师始终保持对行业、法规和审计准则的学习态度。审计领域不断发展,审计师需要不断更新自己的知识,以适应变化的环境
诚实正直	勤勉尽责要求审计师保持诚实、正直的态度,在发现任何问题或潜在的违规行为时,应当诚实地报告,以维护审计工作的独立性和公正性
与客户沟通	勤勉尽责要求审计师与被审计单位的管理层和工作人员保持密切联系,确保对业务的了解充分,并能够及时获取必要的信息
保密责任	勤勉尽责要求审计师严守保密责任。审计师在履行职责的过程中可能会接触到敏感信息,需要妥善处理并确保信息的机密性

总体而言,审计师的勤勉尽责是确保审计工作质量和专业水准的关键要素。勤勉尽责的态度不仅对审计师本身的职业发展有益,同时也有助于维护审计行业的信誉和公信力。

在当今商业环境下,审计师的专业胜任能力和勤勉尽责的要求至关重要。这两者的要求是为了确保审计工作的质量、可靠性和公正性,同时满足审计的目的,维护市场的透明度和信誉。

1. 专业胜任能力的要求

(1)保障审计工作质量。专业胜任能力确保审计师具备必要的知识、技能和经验,能够准确判断和理解被审计单位的财务状况。如果缺乏专业胜任能力,审计师就可能无法正确应用审计准则,从而会导致审计发现的不准确或不完整。

(2)符合法规和标准。专业胜任能力使审计师能够理解并准确应用审计规范。如果审计师未能达到专业标准，审计工作就可能不符合相应规范，从而会给企业和市场带来风险。

（3）提高市场透明度。专业胜任能力有助于提高市场对审计结果的信任度，从而提高市场的透明度。缺乏专业胜任能力可能会导致审计报告不被市场认可，降低市场的透明度，减弱投资者信心。

2. 勤勉尽责的要求

（1）确保审计程序的全面性。勤勉尽责要求审计师仔细、全面地执行审计程序，确保审计工作覆盖所有关键领域。如果不勤勉尽责，就有可能会错过重要的审计细节，影响审计结论的准确性。

（2）避免潜在的利益冲突。勤勉尽责要求审计师识别和处理潜在的利益冲突，确保审计工作的独立性。如果未能勤勉尽责，审计师与被审计单位的关系就有可能会过于亲密，从而影响审计师的独立性。

（3）提高审计报告的可信度。勤勉尽责有助于提高审计报告的可信度，确保审计师对被审计单位提出的问题进行充分的调查和解释。如果未能勤勉尽责，就有可能会导致审计报告缺乏说服力，降低报告的实质性意义。

在商业环境中，专业胜任能力和勤勉尽责的要求是确保审计师在执行审计工作时履行职责、维护市场稳定、保护投资者利益的基本保障。这也有助于促进企业透明度的提升、资本市场的健康发展和经济的稳定。

3. 提高审计师个人专业胜任能力和勤勉尽责水平的方法

（1）持续学习和培训。审计师应定期参与相关专业培训、研讨会和课程，以跟踪最新的法规、标准和行业动态，保持专业知识的更新。

（2）参与行业组织和专业团体。积极参与行业组织和专业团体，与同行分享经验、获取行业最佳实践，拓展专业网络。

（3）定期自我评估和反思。审计师应定期对自己的工作进行评估和反思，识别潜在的改进点，并设立个人发展目标。

（4）参与多元化的审计项目。争取参与多样性的审计项目，拓宽经验范围，提高解决问题的能力和判断力。

（5）培养职业伦理观念。审计师应牢固树立职业伦理观念，保持独立、诚实、公正，充分认识到自己在维护市场信任度方面的责任。

4. **提高会计师事务所专业胜任能力和勤勉尽责水平的管理措施**

（1）制订培训计划。制订完善的培训计划，确保审计师持续学习和提升专业水平。

（2）制定绩效评估标准。设定明确的绩效评估标准，包括专业知识、勤勉程度、独立性等，用于评估和激励员工。

（3）定期进行内部审核和反馈。定期进行内部审核，评估审计项目的执行质量，为审计师提供实时反馈和改进建议。

（4）促进团队合作和知识分享。培育鼓励团队合作和知识分享的文化，通过内部会议、沟通平台等促进员工间的交流与合作。

（5）成立专业委员会。成立专业委员会，负责监督和指导审计师的专业实践，确保其符合业界最佳实践。

（6）制定职业伦理准则。明确事务所的职业伦理准则，强调独立性、公正性等原则，确保审计师在工作中始终遵循伦理规范。

（7）制订员工发展计划。为每位审计师制订个性化的发展计划，明确职业发展路径，鼓励他们追求更高的专业水平。

通过以上个人层面和事务所层面的方法和管理措施，审计师可以提升专业胜任能力和勤勉尽责的水平，从而更好地履行审计职责，确保审计工作的质量和独立性。

4.1.3 保密

审计的保密性是指审计师在履行职责时需要对被审计单位的信息保密，以确保相关信息不会被未经授权的人获知。这是维护客户信任、保护商业敏感信息和履行职业责任的重要内容。

（1）对客户信息保密。审计师需要确保被审计单位的所有信息，包括财务记录、业务战略、内部流程等，都得到了妥善保密。

（2）防范信息泄露。审计师应采取措施，防范信息泄露的风险，包括在团队内部和与客户之间建立明确的信息流通渠道。

（3）限制审计团队内部访问。审计师需要限制审计团队内部对客户信息的访问权限，确保只有需要知道的人才能接触相关信息。

（4）禁止信息利用。审计师不能利用客户的信息谋取个人或团队的私利，以保证对客户的忠诚和诚实。

（5）维护客户隐私。审计师应尊重客户的隐私权，不得将客户的信息用于非法或不当的用途。

为了达成保密性要求，我的"老东家"做出了大量细节性的工作。例如，办公区公用打印机、传真机必须由本人在旁刷卡后才会印出文件，为的是防止审计师打印客户材料时被非本项目组人员获取；笔记本电脑配备电脑锁，任何人在工位上必须将电脑锁好，为的是防止电脑被搬用；进出办公区必须刷卡，非本公司授权人员严禁进入审计师办公区；文件传输必须通过公司系统，严禁使用外网，如遇外部信息传送，必须使用事务所实名登记的硬件设施；废弃文件必须及时销毁；参与任何项目前均须签署保密协议等。这些细节性管理措施看上去似乎很没必要，使得整个事务所看上去大门紧闭，仿佛一个保密单位，但是能最大限度地防止关键信息泄露。

1. 保密性的实现方式

（1）签署保密协议。在与客户建立合作关系之初，签署明确的保密协议，规定信息的使用范围、保密期限等。

（2）限制信息传递。审计师需要确保在团队内部和与客户之间的信息传递受到限制，避免信息的不必要扩散。

（3）控制电子数据。对于电子数据，采取加密、密码保护等手段，确保只有授权人员能够访问。

（4）定期培训。审计师团队应定期进行保密性方面的培训，提高对保密责任的认识，并了解最新的信息安全标准和措施。

（5）隔离审计工作室。在事务所内部，建立专门的审计工作室，确保客户信息受到更为严格的控制和监管。

（6）审查物理文件安全。对于纸质文件，采取措施确保其安全，例如，设定存档室的访问权限、使用安全柜等。

（7）指定保密责任人。指定负责保密事务的专人，监督保密协议的执行，解决信息泄露的问题。

通过以上措施，审计师能够更好地履行保密性责任，确保被审计单位的敏感信息不被滥用或泄露，维护审计过程的公正性和客户的商业利益。

审计有保密性要求的主要原因包括，保护客户的商业敏感信息、维护客户信任、确保审计的公正性和保护各方的权益。在现代商业环境下，如果审计丧失保密性，就有可能会导致如下严重后果。

（1）商业机密泄露。被审计公司的商业机密，如战略计划、新产品研发信息等，可能会泄露给竞争对手，导致商业竞争力下降。

（2）投资者信任丧失。如果投资者对审计过程和结果的保密性产生怀疑，就有可能会导致投资者对被审计公司的信任丧失，影响股票价值和公司市值。

（3）市场不稳定。审计报告中的未公开信息一旦泄露，就有可能会引发市场不稳定，导致投资者的恐慌性卖出和股价暴跌。

（4）法律责任。法规和法律要求审计师对被审计单位的信息保密。丧失保密性可能会导致法律责任，包括对审计师、事务所和相关人员的起诉。

（5）声誉受损。丧失保密性可能会对被审计公司声誉造成严重影响，客户和业务伙伴对公司的信任受损，难以维持商业关系。

（6）内部不和谐。审计过程中的保密性是员工信任和合作的基础。一旦泄露信息，就有可能会导致被审计公司内部不和谐，员工对公司管理层和审计流程的信任下降。

（7）财务市场的恶性循环。由于投资者和公众对审计透明性的信任下降，就有可能会导致财务市场恶性循环，使得更多公司和投资者遭受不公正对待。

Tips

在现代商业环境中，信息是一项极其重要的资产，而审计作为保障信息透明度和财务报告可靠性的工具，必须严格遵守保密性原则，以防止潜在的负面后果。保密性不仅是审计师的职业责任，也是维护商业环境稳定和公平的基础。

2. 审计师个人提高保密性的方式

（1）参加培训和教育。持续参与有关保密性的培训，了解最新的法规和规范，提高对保密性问题的敏感性和意识。

（2）强化密码和访问控制。在处理电子数据时，使用强密码并进行访问控制，确保只有得到授权的人员能够访问相关信息。

（3）遵循保密协议。严格遵守与客户签署的保密协议，确保在合法的框架内使用和处理客户信息。

（4）限制内部信息访问。在审计团队内部限制对客户信息的访问，仅允许需要知道相关信息的人员接触。

（5）培养保密意识。提高自身对保密性的重视，养成良好的保密意识，确保在工作中不轻率地讨论客户的敏感信息。

关于保密性，你一定还有一个疑惑：既要获取信息又要对信息进行保密，审计师如何平衡二者之间的矛盾呢？

（1）建立透明的沟通机制。与被审计单位建立透明、开放的沟通机制，明确审计的目的、范围和保密原则，增强双方的信任。

（2）签署明确协议。在合同中明确信息使用和保密的条款，确保双方对信息的使用和披露有明确的共识。

（3）限制信息披露。仅在必要的情况下披露相关信息，采取措施限制信息的范围和接触人员，减少潜在的信息泄露风险。

（4）定期审计进度报告。提供定期的审计进度报告，说明审计进展和已完成的工作，以增强被审计单位对审计过程的了解和信任。

通过这些方式，审计师个人和事务所可以有效提高对保密性的重视程度和执行力，同时在与被审计单位的合作中找到平衡点，既获取必要的信息又保持信息的保密性。这样将有助于建立良好的合作关系，确保审计过程的顺利进行。

4.2 充满幻想——预期和远见

4.2.1 保证程度

审计的保证程度可以根据审计程序的性质和目的分为三个层次：合理保证、有限保证和无保证。

（1）合理保证：审计师在审计工作中所能提供的最高程度的保证。当审计师根据审计证据得出结论，认为财务报表不存在重大错误或欺诈时，他们会发表合理保证的审计意见。这是审计师能够提供的最高水平的保证。

（2）有限保证：审计师对财务报表提供的较低程度的保证。当审计师无法获得足够的审计证据，或者财务报表中存在限制性项目（例如，资产负债表中的某一项存在限制），他们可能会发表有限保证的审计意见。有限保证意味着审计师对报表的信任度有所保留。

（3）无保证：审计师在无法提供合理保证或有限保证的情况下发表的审计意见。这可能是因为审计师无法获得足够的审计证据，或者存在对报表的重大不确定性。无保证的审计意见表明审计师无法确定财务报表是否存在重大错误。

这三种保证程度反映了审计师对财务报表真实性的不同程度的确信程度。审计师的任务是通过审计程序和获得的证据，尽力提供对财务报表的适度保证，但无法对未来发生的事件进行预测，也无法消除所有可能的风险。

1. 保证程度对应的审计业务

审计、审阅和其他商定业务是三种不同的业务，它们对应的保证程度不同。

（1）审计（Audit）：保证程度是合理保证。审计是审计师对财务报表进行全面而系统的检查，目的是提供合理保证，确保财务报表不存在重大错误或欺诈。审计师会执行详细的审计程序，收集大量审计证据，发表审计意见，以向利益相关方提供高度可信的信息。

例如，一家上市公司聘请审计师对其年度财务报表进行审计，以向投资者、股东和监管机构提供关于公司财务状况的可靠信息。

（2）审阅（Review）：保证程度是有限保证。审阅的保证程度低于审计，审阅师会对财务报表进行较为有限的分析和查询，但不会进行全面的审计程序。完成审阅程序时所需要的审计证据少于审计程序所需要的审计证据，因此可能会存在一些"遗漏"。正是因为审计证据的需求细度、范围、深度的差异，导致审阅的保证程度低于审计的保证程度。

例如，一家小型企业聘请审阅师对其季度财务报表进行审阅，以便向潜在投资者和贷款机构提供一定程度的可靠性保证。

（3）其他商定业务（Agreed-Upon Procedures）：保证程度是无保证或有限保证，具体取决于商定的程序。商定业务是根据各方之间的商定，审计师执行特定的程序，但不提供独立的意见。保证程度取决于商定的程序和报告的范围。

例如，一家公司和其供应商商定由审计师执行特定的程序，例如，检查库存水平、验证销售数据等，以验证合同履行情况。

总体而言，这三种业务反映了审计师提供保证的程度。审计提供最高程度的保证，审阅提供较低的保证，其他商定业务的保证程度则因商定的具体程序而有所不同。

2. 不同业务中的审计意见类型

（1）审计意见（Audit Opinion）：通常分为无保留意见、无保留意见但有重大不确定性、保留意见和否定意见。

无保留意见表示审计师认为财务报表真实、公正，并不存在重大错误或欺诈。有重大不确定性的情况下，审计师可能会发表无保留意见，但会在审计报告中披露相应的事项。保留意见表示财务报表中存在重大错误，而否定意见则表示审计师无法确认财务报表的真实性。

（2）审阅报告（Review Report）：通常分为有限保留意见和否定意见。

有限保留意见表示审阅师对财务报表的保留程度，通常是由于无法获取足够的审计证据。否定意见表示审阅师无法提供任何保证，可能是由于发现了重大错误或者无法获得足够的信息。

（3）其他商定业务报告：具体取决于商定的程序和报告的范围，可能是无保证、有限保证或特定目的的报告。

商定业务的报告类型会根据事先商定的程序和合同范围的不同而有所不同。一般来说，这类报告不提供独立的意见，而是根据商定的程序对特定事项进行陈述。

总体而言，最终的意见类型反映了审计师对财务报表真实性和可靠性的不同程度的信心，从而提供了不同程度的保证。审计意见提供最高程度的保证，而其他业务类型的报告则根据业务性质和合同约定提供相应的意见。而不同的保证程度要求审计师承担不同的职责。

3. 不同保证程度对应的工作内容

（1）审计：进行全面审计程序，包括测试内部控制、检查账户余额、确认相关方信息等。收集足够、适当的审计证据，以形成对财务报表的合理保证。评估财务报表的真实性、公正性，确认不存在重大错误或欺诈。在审计报告中表达审计师的意见，清楚说明审计过程中的观察和结果。

（2）审阅：进行较为有限的分析和查询，但不执行全面审计程序。对财务报表进行整体评估，确定是否重大错误或不一致性。提供有限保证，指明审阅过程中的保留和限制。在审阅报告中表达审阅师的意见，说明对财务报表的有限保证。

（3）其他商定业务：根据合同商定的程序执行特定的审计程序。提供商定的结果和陈述，但不发表独立的意见。在报告中明确商定的程序和发现，不提供整体的保证。

> **Tips**
>
> 总体而言，不同的保证程度对审计师提出了不同的要求。审计要求审计师提供合理的保证，需要进行全面而系统的审计程序。审阅要求审阅师对财务报表进行较为有限的评估，提供有限的保证。其他商定业务要求审计师执行特定的程序，提供商定的结果，但不提供独立的意见。在所有情况下，审计师都有责任遵循专业审计准则，确保审计工作的诚实、公正和专业。

4.2.2 期望差距

审计期望指的是利益相关方对于一次审计所期望的结果和价值。这些利益相关方可能包括公司管理层、股东、债权人、监管机构、投资者等。

期望差距就是利益相关方对于审计结果有自己的期待，而审计结果在某些程度上可能难以完全满足这些利益相关方对于审计结果的期待。

1. 利益相关方可能存在的审计期望

（1）财务报表的真实性和公正性。利益相关方期望审计能够验证公司财务报表的真实性和公正性，没有重大错误或欺诈行为。

（2）内部控制的有效性。利益相关方关注审计评估和报告公司内部控制的有效性。有效的内部控制有助于防范错误和欺诈行为。

（3）合规性。利益相关方期望审计师能够确认公司的财务报表和业务活动符合相关法规和会计准则的要求。

（4）风险评估和管理。利益相关方希望审计能够识别并评估与公司财务状况相关的风险，并报告公司对这些风险的管理措施。

（5）信息透明度。利益相关方期望审计报告能够提供清晰、简洁、准确的信息，使他们更好地理解公司的财务状况和经营绩效。

（6）独立性和专业判断。利益相关方希望审计师能够保持独立性，不受公司管理层的影响，同时展示专业的判断力，对财务报表进行公正的评估。

（7）及时性。利益相关方期望审计能够及时完成，以便他们能够及早获取相关信息并做出决策。

（8）建议和改进意见。利益相关方希望审计师能够提供建议和改进意见，帮助公司改善内部控制和财务管理，提升业务运营效率。

总体而言，审计期望关注审计师在提供审计服务的过程中对公司财务状况和业务运营的全面评估，以满足不同利益相关方的需求，增强市场信心，保障公司财务的透明度和可靠性。

> **Tips**
> 在现实的商业社会中，尽管审计师执行了严谨的审计程序，按照各项要求完成了自己的工作，但由于舞弊的手段和表现形式复杂且多样，因此依旧存在难以被完全发现的被审计单位舞弊的情况。

2. 审计期望和审计最终结果之间的差距

（1）错误或欺诈行为未被发现。审计师可能无法完全排除错误或欺诈的可能性，导致某些问题未被及时发现。原因主要涉及以下几个方面。

第一，在复杂的商业环境中，公司的财务交易和操作可能变得非常复杂，欺诈行为也可能被隐藏得非常巧妙。

第二，欺诈往往是精心策划的，可以通过多层次的操作来掩盖真相，这就增加了审计师发现的难度。

第三，欺诈行为可能涉及虚构的交易或账目，这些虚构的信息在财务报表中被呈现为真实的业务活动。审计师难以识别这些虚构的内容，尤其是当虚构的信息与正常业务活动混在一起时。

第四，在一些情况下，内部人员可能会合谋进行欺诈行为，他们了解公司内部控制和审计程序，有意识地规避审计师的检查，从而使得审计师难以发现欺诈行为。

第五，科技和数据分析技术不足。随着商业环境的发展，涉及大量数据的业务活动变得日益复杂。如果审计师缺乏足够的科技和数据分析技术，就有可能无法充分利用大数据来检测异常模式或发现潜在的欺诈行为。

举例来说，一家公司可能会通过操纵销售数据、虚构收入或将费用错误地分类，从而使得财务报表呈现出过于正面的财务状况。如果公司内部存在内部人员的合谋，他们就有可能采取措施规避审计程序，使得审计师无法及时察觉这些问题。在这种情况下，审计师可能需要更深入地调查和运用先进的审计技术，才能发现潜在的错误或欺诈行为。

（2）对内部控制的评估不准确。审计师对内部控制的评估可能存在误差，导致对公司风险的认识不准确。

（3）未来业务的风险未被充分考虑。审计主要关注过去的财务信息，对未来业务风险的评估可能不够充分。例如，对于上市公司来说，最大的一部分利益相关者是其股票持有者，因此他们希望审计报告中能出现关于被审计单位未来股价的预测。但审计并不对未来事件做出保证，因此审计报告中不会出现这类内容。

（4）信息透明度不足。审计报告可能在信息透明度方面不够清晰，导致利益相关方对公司财务状况的理解存在偏差。主要表现为，某些利益相关方可能会因为自身的利益而期望审计师能够在财务报表中披露某些内容，但审计师认为这些内容在财务报表审计中不重要，因此选择不进行披露。

例如，环保倡导者可能会期望审计报告中增加关于被审计单位承担环境保护这一社会责任的情况的披露，但是否承担环保这一社会责任，对于被审计单位的财务表现而言并不重要，因此审计师并不会刻意关注这一信息是否得到披露。

3. 为缩小期望差距可以采取的措施

（1）增强沟通。审计师应与公司管理层和利益相关方保持良好的沟通，及时共享信息和发现，确保对公司情况的充分理解。

（2）合作精神。审计师与公司管理层和内部审计部门之间应建立合作关系，共同努力解决可能存在的问题。

（3）持续监督。审计过程中的持续监督不仅有助于及时发现问题，还促使被审计单位在审计过程中即时进行调整与优化。

（4）定期评估内部控制。审计师应定期评估公司的内部控制体系，以确保对公司风险的准确评估。

（5）提供建议。审计师可以主动提供建议和改进意见，帮助公司进一步提高财务管理水平。

（6）采用先进技术。利用先进的审计技术和工具，例如，数据分析工具和人工智能，提高审计的准确性和效率。

通过这些措施，可以缩小审计期望和最终结果之间的差距，提高审计的可靠性，实现对公司财务状况的全面评估。当然，也需要向公众宣传与审计相关的知识，以便大众能够理解审计师的工作和审计结果的内涵。

4.2.3 特殊事项

审计过程中的特殊事项包括但不限于：对舞弊和法律法规的考虑，审计会计估计，考虑持续经营假设，关联方审计等。其中舞弊、审计会计估计和考虑持续经营假设是重点。

1. 对舞弊和法律法规的考虑

舞弊是指个人或组织有意进行的，违背道德、法律或合同规定的欺诈行为。舞弊的目的通常是获取不正当的利益，可能包括非法获取财产、欺骗投资者或利益相关方，或以其他不正当手段操纵信息或交易。

舞弊行为通常包括以下几个方面。

第一，财务舞弊，包括虚构收入、夸大资产价值、低估负债、操纵成本等手段，以使公司的财务状况呈现出比实际更好的状态。

第二，欺诈性报告。发布虚假或误导性的信息，以影响投资者、股东或其他利益相关方的决策。

第三，内部舞弊。公司内部人员滥用职权、侵占公司资源、利用信息优势进行操纵，以获取个人或团队的非法利益。

第四，腐败行为，涉及行贿、受贿、贪污等违法行为，旨在通过非法手段获取特定权力或资源。

第五，信用卡欺诈。利用信用卡信息进行盗刷、虚假交易等。

舞弊行为会对企业和社会造成负面影响，导致经济损失、信任破裂、法律责任等后果。为了防范舞弊，公司通常会实施有效的内部控制、审计程序和监督机制，以及培养诚信文化，制定合规制度。审计师在财务报表审计过程中，也会关注可能涉及舞弊的风险，并采取相应的审计程序来尽量确保财务报表的真实性和可靠性。

我们将以上舞弊行为简单地分为两大类：编制虚假财务报表和侵占资产。

（1）编制虚假财务报表。例如，一家公司为了吸引投资者和股东，故意夸大销售收入和资产价值，以使公司的财务状况看起来比实际更好。公司管理层可能会采用虚构交易、操纵凭证、提前确认收入等手段，使财务报表呈现出不真实的财务状况。这种虚假财务报表可能会误导投资者和其他利益相关方，导致他们做出基于错误信息的决策。

（2）侵占资产。例如，一名公司财务经理发现了公司的漏洞，于是便利用职务之便将公司资金转移到了个人账户。他可能会采用伪造支付凭证、调整账目、虚构费用等手段，将公司资产转移并掩盖迹象。这种侵占资产的行为可能会导致公司的财务损失，同时也会损害公司员工和股东的利益。

这两种案例都涉及违背道德、法律和合同规定的行为，会损害企业的经济利益和声誉。审计师在审计财务报表时，通过深入了解公司内部控制制度、采用数据分析和风险评估等手段，致力于发现和防范此类舞弊行为。

2. 风险评估阶段审计师如何应对"舞弊"？

审计师的目标是确保公司的财务报表真实、可靠，以保护投资者和其他利益相关方的权益。在风险评估阶段，审计师可能会采取以下应对措施。

（1）与管理层沟通。审计师会与公司管理层进行会谈，了解公司的经营环境、财务状况、内部控制体系等。通过对管理层的访谈，审计师可以了解公司是否存在财务压力、内部控制是否健全等信息。

（2）与内部审计人员沟通。内部审计人员通常对公司的内部控制制度和业务流程有深入了解。审计师可以与内部审计人员沟通，了解他们的发现、观察和对内控的评价，以便更全面地评估潜在的舞弊风险。

（3）检查公司政策和程序。审计师会仔细审查公司的财务政策、程序和规章制度，以了解公司对财务管理的要求以及制度的完善性，以便发现是否存在能够滋生欺诈的漏洞。

（4）阅读先前的审计报告。审计师可能会查阅过去的审计报告，了解是否曾经发现过舞弊行为或相关的警示信号。这些可以帮助审计师了解公司的历史舞弊情况。

（5）分析公司的财务状况。审计师会通过对公司财务报表的分析，查看财务指标是否与行业平均水平相符，是否存在异常波动，以及是否有可能的舞弊迹象。

通过以上方式，审计师可以收集多方面的信息，评估潜在的舞弊风险，并在后续审计程序中重点关注可能存在风险的领域。

3. 舞弊三角模型

舞弊三角模型是一种用于评价舞弊风险因素的框架，它涉及三个主要因素（通常称为"三角"）：机会（Opportunity）、动机（Motivation）、借口（Rationalization）。

（1）机会。这个因素反映的是一个个体或组织是否有机会从事欺诈行为，即是否存在弱点或缺陷使得舞弊变得容易。例如，缺乏有效的内部控制、审计程序不完善、岗位职责分工不清晰等都有可能给欺诈提供机会。

（2）动机。这个因素反映一个个体或组织为什么要从事欺诈行为，通常涉及个体的财务压力、不满、报复心理等因素。例如，员工可能因为个人经济问题而产生动机去侵占公司资产。

（3）借口。这个因素涉及个体或组织如何合理化或辩解其欺诈行为。人们往往需要在道德和伦理上找到一种合理化的方式来接受自己的行为，以减轻内疚感。例如，通过认为公司对自己不公平，或者认为只是借用资金等方式来合理化欺诈行为。

> **Tips**
>
> 舞弊三角模型提醒我们，在防范舞弊时，需要从多个角度入手，包括强化内部控制以减少机会，关注员工的激励机制以减少动机，以及通过培养健康的企业文化来减少合理化欺诈行为的可能性。审计师在进行审计工作时，也会考虑这些因素，以识别潜在的舞弊风险。

4. 如何使用舞弊三角模型？

在上述案例中，我们可以使用舞弊三角模型对机会、动机和合理化要素进行分析。例如，在编制虚假财务报表的案例中，识别三个要素的表现形式如下。

（1）机会。公司可能存在弱点，使得管理层有机会通过虚构交易来夸大销售收入。缺乏有效的内部控制，可能为管理层提供了操纵凭证的机会。不完善的审计程序和内控，可能会导致管理层提前确认收入。

（2）动机。公司可能因为面临财务压力，需要吸引投资者和股东，从而产生动机夸大财务状况。管理层可能因为激励机制与公司绩效挂钩，从而产生动机通过操纵财务报表来提高公司绩效。

（3）借口。管理层可能会通过主张公司需要吸引更多投资以实现业务扩张来合理化虚构交易。管理层可能会通过主张提前确认收入是为了应对市场压力或满足利益相关方的期望来合理化这一行为。

同理，在侵占资产的案例中，我们识别三个要素的表现形式如下。

（1）机会。财务经理发现了公司的漏洞，这为其提供了将公司资金转移的机会。缺乏内部控制，可能使得伪造支付凭证的机会增加。不完善的审计程序，可能导致管理层调整账目而不易被发现。

（2）动机。财务经理可能会因为面临个人经济问题，而需要通过侵占公司资产来缓解财务压力。

（3）借口。财务经理可能会通过主张公司对他不公平或者主张自己应该得到更多报酬来合理化侵占公司资产。

> **Tips**
>
> 这些要素相互交织,形成了对欺诈行为的驱动力和机会,同时也伴随着一些合理化的心理机制,使得从事舞弊的行为看起来似乎是正当的或合理的。审计师在工作中需要通过综合分析这些因素,来识别潜在的欺诈风险。

5. 重大错报风险的应对措施

审计师在风险评估阶段就能够评价舞弊风险,由于舞弊产生的重大错报风险属于特别风险,因此,在审计程序的设计、执行和针对结果的沟通过程中,这些特别风险都将被"特殊对待"。应对由于舞弊导致的重大错报风险,需要采取全面的措施,主要包括总体应对措施和具体审计策略两个方面。

(1)总体应对措施。

第一,强化内部控制。帮助公司建立和维护有效的内部控制体系,以减少舞弊的机会。

第二,加强公司文化建设。培养诚实、透明的企业文化,使员工更容易报告异常,从而提高发现舞弊的机会。

第三,定期培训和教育。对公司员工和管理层定期进行培训,提高他们对舞弊风险的敏感度,以及应对和预防的能力。

(2)具体审计策略。

第一,深入了解业务流程。审计师需要深入了解被审计单位的业务流程,特别是与财务报表相关的关键业务流程,以便更好地识别潜在的舞弊风险。

第二,强化风险评估。审计师应当在风险评估阶段加强对舞弊风险的评估,综合考虑公司的业务特点、内部控制以及前期审计经验等因素。

第三,使用数据分析工具。应用数据分析工具来审计大量数据,以检测异常模式和趋势,有助于发现潜在的舞弊迹象。

第四,加强审计程序。针对可能的舞弊风险,审计师需要加强相关审计程序,包括更频繁的抽样、深入的分析和交叉验证。

第五,提高审计程序的不可预见性。制定一些不可预见的审计程序,以便在被审计单位没有预期的情况下,检测出可能存在的舞弊行为。

通过综合运用总体应对措施和具体审计策略,审计师可以更有效地应对由于舞弊导致的重大错报风险,提高发现舞弊的准确性和及时性。

6. "管理层凌驾于控制之上"

除此之外，管理层凌驾于控制之上也会导致舞弊。因此审计师需要在应对风险的过程中加入一些必要手段来应对管理层凌驾于控制之上的风险。

管理层凌驾于控制之上的风险，指的是公司管理层可能绕过内部控制体系或篡改内部控制体系，以追求不当的个人或公司目标，导致内部控制体系失效。这可能包括管理层在制定、执行和监控内部控制时的不当行为，以及对内部控制的绕过或规避。

例如，一家公司的高级管理层为了达到业绩目标，可能会采取以下行为。

（1）虚构销售。管理层可能会通过虚构销售交易，绕过治理层、控制层的监管，将虚假的销售收入记录在财务报表中，以提高公司的业绩表现。

（2）规避财务监管。管理层可能会通过规避财务监管程序，绕过内部审计和控制程序，以便隐藏公司真实的财务状况。

（3）操纵绩效指标。管理层可能会操纵关键绩效指标，以获得额外的奖金或激励，而不顾及公司的整体长期利益。

针对可能出现的管理层凌驾于控制之上的风险，企业可以从以下几个方面进行防范。

（1）强化内部审计。审计师可以通过加强内部审计程序，特别是关注公司高级管理层的行为，以便及时发现异常情况。

（2）强调公司文化。培养以诚信和透明度为核心的企业文化，鼓励员工举报不当行为，降低管理层绕过控制的可能性。

（3）独立董事监督。强化独立董事的角色和监督功能，确保管理层的行为受到适当的监督和审查。

（4）加强风险管理。审计师可以协助公司建立健全的风险管理体系，以便更好地识别和评估管理层可能采取的不当行为。

管理层凌驾于控制之上的风险需要审计师在审计过程中保持警惕，通过合理的审计程序和风险评估来识别潜在的问题，以确保内部控制的有效性和公司治理的健康发展。

应对管理层凌驾于控制之上的风险，审计师必须实施以下三个审计程序：会计分录测试；复核会计估计是否存在偏向，并评价产生这种偏向的环境是否来自舞弊的可能性；对于超出被审计单位正常经营活动的重大交易或显得异常的重大交易保持警觉，并评价其商业理由的合理性。

7. 会计分录测试

大部分新人审计师在接触管理层凌驾于控制之上的风险时，首先要学会并执行的审计程序就是会计分录测试。会计分录测试是为了验证公司的会计系统是否能够正确地记录和处理各种业务和交易。目的在于确保财务信息的准确性、完整性和可靠性。

通过进行会计分录测试，公司可以实现以下效果。

（1）准确性验证。会计分录测试有助于验证会计系统生成的会计分录是否准确，是否按照会计准则和公司政策进行了正确的会计处理。

（2）内部控制评估。通过测试会计分录，公司能够评估其内部控制体系的有效性，确保在会计数据录入和处理的各个环节都有适当的控制措施。

（3）合规性检查。会计分录测试还可以用于确保公司的财务报告符合适用的法规和法律要求，以及相关会计准则。

（4）发现潜在错误。通过测试不同业务场景下的会计分录，可以发现潜在的错误或异常，及时纠正并提高财务报告的质量。

（5）提高财务报告的可靠性。会计分录测试有助于提高公司财务报告的可靠性，确保报告的真实、公正和客观，以满足利益相关方的需求。

总体而言，会计分录测试是公司内部控制和审计过程中的重要环节，它可以确保公司财务信息的准确性，保障财务报告的可信度，降低潜在的财务风险。通过测试，公司能够及时发现并纠正潜在的问题，从而提高财务管理的效率和透明度。

在选取并测试会计分录时，审计师需要考虑多个因素，以确保审计过程的全面性和有效性。表4-3中列举了一些应当考虑的因素。

表4-3　选择会计分录进行测试时应考虑的因素

要素	解读
重要性	选择较为重要的会计分录进行测试，特别是那些对财务报表有显著影响的分录。这有助于确保将审计焦点放在对公司财务状况影响较大的交易上
风险评估	关注可能存在错误或欺诈的高风险领域，以确保审计师能够有效地应对潜在的问题
内部控制评估	在选择测试对象时，要考虑公司内部控制的质量。如果内部控制较弱或存在缺陷，就有可能需要更多的测试以弥补潜在的风险

续表

要素	解读
业务复杂性	对于复杂的业务交易或涉及多个部门的分录，可能需要更详细的测试
历史问题	如果先前的审计中存在问题，审计师就可以选择重点关注这些领域，以确保问题得到解决
管理层判断的影响	了解管理层对于会计估计和判断的重要性。一些领域可能会受到管理层主观判断的影响，需要更多的审计关注
外部环境变化	考虑外部环境的变化，如法规变更、行业趋势等。这些变化可能会影响公司的会计政策和分录，需要审计师调整测试策略
公司规模	公司规模和业务规模也是需要考虑的因素。大型公司可能涉及更多的复杂交易，而小型公司可能更简单
数据可用性	确保所需的测试数据和支持文件是可获得的。如果某些信息不可用，审计师就需要调整测试计划或采取其他方法
前期工作结果	考虑前期工作的结果，包括以前的审计报告和调整。这有助于审计师了解公司的历史性问题和改进情况

综合考虑这些因素，审计师可以更有针对性地选择和测试会计分录，确保对审计资源的有效利用，并能够全面评估财务报表的可靠性。为了方便新人审计师独立上手完成会计分录测试，在了解完该如何选择被测试的会计分录后，便可以按照表4-4中的步骤进行会计分录测试。

表4-4　会计分录测试的步骤

序号	步骤	原因、目标及动机
1	了解业务流程	了解公司的业务流程是会计分录测试的首要步骤。这有助于审计师理解不同业务交易的本质，为后续的测试提供上下文
2	识别关键业务交易	识别关键的业务交易有助于集中测试精力，确保覆盖对财务报告有较大影响的交易
3	确认内部控制	确认内部控制有助于评估公司在会计信息系统中设置的控制措施。一般可以通过文档审查、访谈员工等方式实现
4	选择测试样本	选择一组样本进行测试，通常是根据关键业务交易和对内部控制的评估来确定。这样可以确保样本的代表性，并覆盖审计的关键风险
5	进行会计分录测试	根据选择的样本，模拟或检查系统中的会计分录。确保系统在记录交易时能够正确执行相应的会计准则和公司政策

续表

序号	步骤	原因、目标及动机
6	检查文档支持	确保每个会计分录都有适当的文档支持,如发票、合同、收据等。这有助于验证交易的合法性和准确性
7	验证数字准确性	对每个会计分录进行数字准确性的验证,确保金额、计算和汇总等方面的正确性
8	评估对财务报表的影响	评估测试结果对财务报表的影响,特别是对关键业务交易的影响。这有助于确定财务报表的准确性和真实性
9	记录测试结果	记录会计分录测试的结果,包括发现的问题、纠正措施以及对公司内部控制的建议。这是审计师和公司管理层之间沟通的基础
10	撰写测试报告	撰写会计分录测试的报告,总结测试的过程、结果和建议。报告应该清晰明了,方便审计委员会、管理层和其他利益相关方理解

通过以上步骤,审计师能够全面了解公司的会计系统的运作情况,发现潜在的问题,确保财务报告的准确性和可信度。这有助于提高审计的效率和审计报告的质量。

8. 审计会计估计

审计会计估计是审计师对公司财务报表中涉及的会计估计进行审计的过程。会计估计是在处理不确定性或涉及主观判断的情况下,对某些项目的计量过程。审计会计估计的目的是确保这些估计合理、准确,且符合相关的会计准则和法规。

被审计的会计估计涉及公司在财务报表中对某些不确定性进行估计的情况。以下是一些常见的被审计的会计估计的例子。

(1)减值准备。公司可能需要估计其资产(如存货、无形资产、固定资产)是否存在减值迹象,以确定是否需要进行减值准备。这涉及对未来现金流量和资产价值的估计。

(2)收入识别。对于长期合同或提供服务的公司,收入识别是一个关键的会计估计。公司需要估计合同完成百分比、未来变更或取消合同的可能性等。

(3)预计未来费用。预计未来费用包括对公司可能面临的未来法定义务和契约义务的估计,如退休福利、法定保障等。

(4)长期责任准备。针对可能发生的未来责任,例如,产品保修、法律索赔等,公司需要估计相关的长期责任准备。

为什么要对这些估计进行审计呢?

（1）关键性。从会计估计的概念来看，它的存在是对那些有不确定性和涉及主观判断的科目进行评估入账，因此，需要考量这些估计是否合理、评估方式是否准确。这些估计可能会对财务报表的准确性和完整性有关键影响。

（2）不确定性。估计涉及一定程度的不确定性，可能会受到管理层的主观判断和假设的影响，因此需要审计师的独立验证。

一旦这些会计估计出现问题，就可能会产生重大影响。

（1）错报。估计不准确可能会导致财务报表出现错误，使公司的财务状况、经营业绩或现金流量被错误地呈现。

（2）潜在调整。如果审计师发现估计存在问题，就需要提出调整建议，因此会影响公司的财务报表。

（3）影响决策。错误的会计估计可能会导致管理层和利益相关方基于不准确的信息做出错误的经营和投资决策。

综上，审计师要对关键的会计估计进行审计，以确保其合理且符合相关的会计准则，从而提高财务报表的可靠性。

审计会计估计的关键步骤如表4-5所示。

表4-5 审计会计估计的步骤

序号	步骤	具体内容
1	了解和评估管理层的估计过程	审计师首先需要了解公司管理层制定和应用会计估计的过程，包括估计的方法、假设和相关的内部控制
2	识别重要的会计估计	审计师需要确定哪些会计估计对财务报表的准确性和完整性具有重要影响，可能包括减值准备、预计未来费用、收入识别等
3	评估会计估计的合理性	审计师需要对管理层的会计估计进行独立评估，以确定其是否合理。这可能涉及使用其他信息或专业评估来验证估计的合理性
4	考虑估计的敏感性	审计师需要考虑会计估计对财务报表的敏感性。在估计存在较大不确定性的情况下，审计师可能需要更多的测试和调查
5	检查估计的文档支持	审计师会要求管理层提供支持会计估计的文档，包括假设的基础、使用的数据和计算方法。这有助于验证估计的依据和合理性
6	与专业人士沟通	审计师可能需要与专业估价师、业务专家或其他专业人士进行沟通，以获得有关特定估计的专业意见
7	审计程序和测试	审计师需要执行审计程序和测试，以验证会计估计的准确性。这可能包括检查相关的支持文件、比较实际结果与预期结果等
8	报告审计结果	审计师需要将审计结果报告给公司的管理层和审计委员会。如果发现估计存在重大不合理，那么审计师可能还需要提出调整建议

审计会计估计的目标是确保公司的会计估计是合理、公允的，并且不受到重大的错误或欺诈行为的影响。通过深入了解估计过程、测试和评估估计的合理性，审计师能够提供关于公司财务报表的更可靠的意见。

9. 考虑持续经营假设

"持续经营假设"是编制财务报表的一个基本原则，它假定公司会持续经营下去，而不考虑迅速清算或停业的可能性。

审计师在审计过程中会考虑持续经营假设的合理性和可行性，因为这对财务报表的准确性和真实性有着重要影响。以下是可能导致持续经营假设疑虑的案例。

（1）财务困境。公司陷入财务困境，亏损严重，流动性问题严重，可能会导致财务报表无法继续适用持续经营假设。

（2）违约。公司可能违约于贷款协议、支付供应商贷款等，或无法履行其他合同义务，表明其可能无法持续经营。

（3）亏损累积。公司连续多年亏损，净资产大幅缩水，无法覆盖债务，因此可能会引发关于持续经营的合理性疑虑。

（4）存在不确定性事件。公司可能会受到自然灾害、法律诉讼、行业变革等不确定性事件的影响，导致持续经营的不确定性增加。

哪些因素可能会让审计师产生持续经营假设疑虑呢？

（1）财务比率分析的结果。审计师会对公司的财务比率进行分析，如流动比率、速动比率等，以评估公司的流动性和偿债能力。

（2）现金流量分析。审计师会审查公司的现金流量表，关注公司的经营活动是否能够产生足够的现金流量来支持持续经营。

（3）重大事项披露。审计师会仔细审查公司的年度报告和注释，查找是否存在关于公司未来计划、财务状况的不确定性的披露。

（4）法律诉讼。审计师会关注公司是否涉及潜在的法律诉讼，这可能会对公司的财务状况和经营产生重大影响。

若存在持续经营假设疑虑，就有可能会对审计报告产生影响。对此，审计师可能需要在报告中揭示相关的注释，提醒利益相关方注意公司的财务状况存在不确定性。如果疑虑严重，审计师还可能会考虑发表修正意见或无法表示意见的审计意见，以确保报告的真实性和准确性。这将对公司的信誉和投资者信任产生重大影响。

审计师在考虑持续经营假设时可能会采取的步骤如表4-6所示。

表 4-6 审计持续经营假设的步骤

序号	步骤	具体内容
1	评估管理层的判断	审计师将评估管理层对公司持续经营能力的判断和假设,并审查相关的管理层声明
2	分析财务报表和财务指标	审计师会分析公司的财务报表和相关的财务指标,以评估公司的财务健康状况和持续经营的可能性
3	获取第三方证据	审计师可能会获取第三方的证据,如银行出具的关于公司信贷状况的文件、公司对供应商的支付历史等,以了解公司在业界的信誉和声誉
4	评估财务风险	审计师会评估公司面临的财务风险,包括流动性风险、债务水平、盈利能力等,以确定公司是否有能力持续经营
5	关注未来计划和战略	审计师可能会关注公司的未来计划和战略,以了解管理层对未来的预期和计划,从而评估公司是否有持续经营的意愿和计划

4.3 保持怀疑

4.3.1 职业怀疑

在我入职事务所的第一堂培训课上,我的经理就告诉我们,在审计的过程中要对所有的事情、数字、信息保持高度的警觉,要对任何数据、信息、现象都保持"职业怀疑"。

想象一下,你对你对象的行为、语言高度敏感,你会观察他今天洗澡的时间是不是比其他天长,有没有一些行为不同于以往的习惯,最近是否频繁地跟你提起某个人名,家里或车上的座位有没有被调整过,等等。

这样的敏感,用在审计工作上就会被夸"你具备高度的职业怀疑能力"。

审计师的职业怀疑通常指的是审计师对于客户提供的信息或财务报表存在疑虑,怀疑可能存在错误、欺诈或违法行为。这种怀疑可能是由于审计师在审计过程中发现的不一致、矛盾或缺乏合理解释的情况引起的。

以下是让审计师可能会产生职业怀疑的一些情景。

(1)证据不一致。审计师在不同时间或从不同来源获得的证据之间存在矛盾或不一致,故引发怀疑。

（2）内部控制不足。审计师发现被审计单位的内部控制存在严重缺陷，可能会导致错误或欺诈行为的发生。

（3）财务数据异常。审计师在分析财务数据时发现异常，且无法得到合理的解释，可能涉及错误或欺诈行为。

（4）关键信息不完整。审计师发现被审计单位没有提供关键信息，或提供的信息不完整，故引起对信息的怀疑。

（5）存在法律或合规问题。审计师发现公司可能涉及法律或合规方面的问题，可能会导致公司在财务报告中未正确披露相关信息。

还是刚才的例子，如果有一天你真的发现你的对象有一些异常情况，包括但不限于：原本给你的零花钱从500元变成了300元；有频繁的电话往来；原本回家的时间从晚上6点变成了7点；原本一周洗两次衣服，最近变成了洗三次。那么你会采取什么行动来应对你对象的"反常"呢？

第一，你肯定优先会询问他最近是否遇到了特殊的情况，或者向他的朋友、同事获取信息来了解他最近的心情和工作状况。第二，你很有可能会跟踪他，深入地调查他最近的行为。第三，你很有可能会检查他的工资流水、手机支付记录，获取是否有收入减少或支出增加的情况。第四，你可能会意识到他最近的行为过分反常，于是告知他的父母帮助你采取一些行动等。

同样的，当审计师产生职业怀疑时，他们通常也会按照这个逻辑采取以下步骤。

（1）深入调查。审计师会深入调查与怀疑有关的事实，获取更多的证据来证实或否定怀疑。

（2）与管理层沟通。审计师可能会与被审计单位的管理层进行沟通，要求提供解释或额外的证据。

（3）调整审计程序。审计师可能会调整审计程序，加强对怀疑事项的审计程序，以确保获得充分的证据。

（4）考虑发表强调事项的审计意见。如果怀疑事项严重且无法解决，审计师可能会考虑发表强调事项的审计意见，提醒利益相关方关注相关问题。

（5）报告法律和合规问题。如果审计师怀疑被审计单位存在法律和合规问题，就可能会采取适当的法律程序并向相关监管机构报告。

审计师的职业怀疑是保护公众利益和维护审计质量的一部分，他们有责任在发现异常情况时采取适当的行动。而这些行动最终是为了佐证、打消审计师对于异常情况的怀疑，能够有效地提高审计质量。

4.3.2 存在即怀疑

上文说到，保持职业怀疑并对产生的疑虑采取一定的举措，有助于提高审计的质量。但我反复强调，审计项目都具备时间紧、任务重的特点，因此，如果无缘无故对所有合理或不合理的数据情况都产生怀疑并执行审计程序，势必会对审计的效率产生影响。

在这里就体现了审计工作效率和效果之间的关系：效率指的是速度，效果指的是结果的准确程度。如果要讲究速度，那么可能会减少工作程序，省略一些工作；但是如果减少了这些工作，就有可能会影响到效果，也就是会导致审计结果的准确性下降。反之，为了达到审计结果更准确的目标，较为直接的做法就是不放过一丝一毫，对所有的数据、信息都保持怀疑、都执行程序。那么这样一来，就会导致进度放慢，审计的效率下降。

为了平衡这一点，审计准则中给出了一个解决的办法，即"审计抽样"。审计抽样的存在就是为了解决审计效率和效果之间的冲突，也是为了使审计证据在充分性和适当性之间保持平衡。我们需要保持职业怀疑，但是我们要按照合理的逻辑来解决我们的疑虑。

审计师的职业怀疑并非对所有事务都普遍存在，如果某件事合理、合规、合法，我们当然不需要怀疑。正如前面举的例子，如果你的对象最近没有任何反常行为，你当然不会对他产生怀疑。审计的职业怀疑也是一样的，我们需要关注的是，在审计过程中发现某些情况可能涉及错误、欺诈、法律或合规问题与其他不正当行为时产生的合理担忧。

一旦产生怀疑，就要想办法解决疑虑：我检查多少数据才足够？我检查哪些类型的数据才能解决我的疑虑？就涉及审计抽样的问题。审计抽样是审计中一种常用的技术，它通过从总体中选择一部分元素进行检查，以获取对总体特征的估计。抽样的目的是在审计过程中得出对总体的有代表性的结论，同时提高效率，降低成本。

表 4-7 所示为关于审计抽样的一些重要概念及解读。

表 4-7 审计抽样的概念和解读

概念	解读
总体	总体是指需要进行审计的全部项目、交易或余额的集合。例如，在财务报表审计中，总体可能是所有销售发票、应收账款余额或其他会计项目

续表

概念	解读
样本	样本是从总体中选择出的一部分元素，用于进行检查和测试。样本的选择应该能够代表总体
抽样误差	抽样误差是指样本与总体之间的差异，由于只检查了部分元素，可能存在与未抽取元素不同的情况
抽样方法	有多种抽样方法可供选择，包括随机抽样、系统抽样、区间抽样等。抽样方法的选择取决于具体的审计目标和总体特征
抽样精度和置信水平	审计师需要确定需要的抽样精度和置信水平，以确保抽样结果具有足够的可靠性
计算样本大小	样本大小的确定涉及对抽样误差、总体方差、置信水平等多个因素的考虑。审计师需要计算出足够大的样本，以确保能够在可接受的误差范围内得出结论
抽样执行	一旦样本大小确定，审计师就会执行抽样，选择相应数量的元素进行检查和测试
分析抽样结果	审计师需要对抽样结果进行分析，以得出关于总体的结论，并考虑是否需要执行进一步的程序或进行调整

审计抽样是审计过程中的一项关键工作，通过合理的抽样方法和精确的计算，审计师能够在有限的资源下获取对总体的可靠估计，从而为审计意见的形成提供支持。

假设你在审计一家公司，该公司每年会产生10万份收款记录，总金额1000万元，付款方不仅有个人还有企业，与该公司的关系亲疏有别，付款目的也不同。而你的审计时间只有一周，包括但不限于执行函证、重新计算、询问等程序。为了达到审计结论准确且按时完成审计任务的目标，你会如何进行审计抽样呢？表4-8中列举了审计抽样的步骤。

表4-8　审计抽样的步骤

序号	步骤	具体做法
1	确定审计目标	确定审计的具体目标，是为了验证交易的完整性、确认收款是否按规定进行，还是为了关注特定的风险因素（如关联方交易、金额异常的交易等）
2	定义总体	总体是所有的收款记录（10万份记录）。每一份收款记录都是一个元素，总体包括了所有这些记录
3	确定样本特征	确定你希望在样本中涵盖的特定特征。例如，你可能希望包括不同金额的交易、不同的交易对手方类型（个人和企业）

续表

序号	步骤	具体做法
4	选择抽样方法	在这个案例中，随机抽样可能是一个好选择，可以确保每一份收款记录都有机会被选中
5	计算样本大小	根据总体的大小、期望的抽样误差、置信水平等因素，计算出合适的样本大小。可以使用统计学的方法进行估算
6	执行抽样	使用选择的抽样方法，从总体中随机选择出计算得到的样本大小的收款记录
7	审查样本	审计师对选中的样本进行详细审查，确认交易的合规性，确保金额的准确性，验证与交易对手方的一致性等
8	识别异常记录	在审查过程中，审计师需要识别异常记录。异常记录可能包括不寻常的交易金额、与公司常规业务不符的交易对手方等。比如，你可能会重点关注大额的个人付款、该公司关联方的付款、小额的企业付款，等等。这些异常记录可能需要额外关注
9	分析抽样结果	根据审计师对样本的审查，得出关于总体的结论。如果在样本中发现了异常记录，审计师可能需要进一步调查是否存在潜在的问题

> **Tips**
>
> 在审计过程中，要特别注意样本的代表性，确保抽样结果对总体有较高的可靠性。异常记录可能是潜在问题的指示器，需要仔细关注和调查，以确保审计结论的准确性。

抽样的目的之一是提高效率，其中的重要环节是确定合适的样本数量，也就是如何计算样本大小。如果样本大小等于总体大小，则不属于抽样。那么我们要检查多少样本才能支撑审计目的呢？确定适当的样本大小，需要综合考虑多个因素，包括总体的大小、期望的抽样误差、置信水平等。在实际审计中，通常采用统计学的方法来估算样本大小。为了准确地计算样本数量，我们会运用到几个数据：重要性水平、明显微小错报临界值等。关于这些内容，我们会在本书的4.4.2小节进行展开讲述，此处不再赘述。

4.3.3 数据钩稽

虽然财务报表都是独立的报表，各报表中科目也相对独立，但是数据和数据之间存在着一定的关系。很多时候资产负债表中某个科目的数据变动，可能会影响到利润表中某些科目的数据变动；一个会计分录的借贷双方的变动，可能会涉及资产负债表中科目和利润表中科目的变动。因此，除了对单一科目进行检查外，审计师还需要检查对方科目是否包含这笔交易，可以说是"牵一发动全身"。

在审计的过程中，除了需要关注某一个科目的变动情况外，还需要考虑该科目可能会对其他科目造成的影响，并且需要考虑评估这样的变动影响是否合理。财务报表的三大报表之间存在着多重关联，以下是一些常见的关联。

（1）流动资产和流动负债对现金流量的影响。流动资产（如应收账款、存货）和流动负债（如应付账款）直接影响公司的现金流量，进而影响利润表中的净利润。审计师可以通过检查现金流量表中的经营活动的现金流量，确保与资产负债表的相关项目相一致来达到审计目的。

（2）长期资产对折旧和摊销的影响。长期资产（如固定资产）的折旧和摊销费用直接影响利润表中的运营成本。审计师需要对比资产负债表中的长期资产净值与利润表中的折旧和摊销费用，确保其一致。

（3）长期负债对财务费用的影响。长期负债（如债务）的利息支付，会影响利润表中的财务费用。审计师可以检查资产负债表中的长期负债和利润表中的财务费用，确保其一致性。

（4）股东权益对净利润的影响。股东权益的变动（如股利支付、股票发行）可能会影响净利润。审计师可以对比资产负债表中的股东权益的变动与利润表中的净利润的变动，确保变动关系清晰。

（5）应收账款对坏账准备的影响。应收账款的变化可能会导致坏账准备的变化，从而影响利润表中的损失。审计师可以检查资产负债表中的应收账款与损益表中的坏账准备，确保变动关系合理。

Tips

在检查这些数据的钩稽关系时，审计师通常会使用比较法、分析法和趋势分析等方法。此外，审计工作还包括对这些关联的合理性和财务报表的完整性进行整体评估。当审计师提到"对这些关联的合理性和财务报表的完整性进行整体评估"时，意味着审计师需要综合考虑财务报表上各个项目之间的关系，确保它们在整个财务报告中呈现的信息是合理、一致且完整的。

下面我们通过一个例子来解释这个操作。假设审计师正在审计一家大型设备制造公司的财务报表，该公司的客户付款在以前年度的审计中都显示出现过付款不及时的情况，也就是可能存在先发货、后付款的现象，因此账面存在大量的应收账款余额。当期报告显示公司的主营业务收入（产品销售额）在过去几年中持续增长，同时应收账款也在增加。审计师需要进行整体评估，确保这两个关联的项目之间存在合理性。

步骤一：数据比较。

审计师首先会对比主营业务收入和应收账款的变动趋势。假设主营业务收入较上年增加了50%，但应收账款却呈现下降趋势。这个现象与以前年度应收账款的变动趋势和主营业务同向变动的现象不一致，就可能引起审计师的关注。

步骤二：与行业和竞争对手比较。

针对以上情况，审计师考虑可能是因为当期受到经济环境、政策变动的影响，该类企业的客户均在购买设备时就能及时付款。因此，审计师开展了对该行业同类公司的比较、调查。审计师会考虑被审计公司所在的行业和竞争对手的表现。如果同行业中其他公司的主营业务收入与应收账款的变动趋势和被审计单位相符，那么被审计公司的业绩可能是合理的。

步骤三：内部数据一致性检查。

当销售收入增加时，销售成本也会随之增加，因此，为了验证销售收入"确实增长了"这一假设，审计师还会检查内部销售成本的数据。审计师会仔细检查与该项目相关的其他项目的情况，以确保各个项目的数据之间没有不一致之处。

步骤四：管理层说明。

为了消除疑虑，审计师将这一发现告知了销售部门、财务部门等，并向管理层询问是否存在导致该事件发生的其他事件。审计师还会通过询问管理层的解释，以了解异常变动的原因，确保公司对于这些关联项目的解释是充分的和合理的。

通过以上步骤，审计师能够对主营业务收入和应收账款之间的关系进行合理性评估。这种整体评估有助于审计师确定关键关联项目的合理性，同时保证财务报表的完整性和可靠性。审计师可能会提出问题、要求被审计单位提供额外的信息，并在必要时与管理层进行沟通，以获取对这些关联项目的更深入的理解。

4.4 抓大放小

4.4.1 关键审计事项

关键审计事项是指审计过程中具有较高的重要性、可能涉及较高的复杂性、较大的估计不确定性或潜在风险的事项。

审计师一般会根据特定的标准来确定关键审计事项,这些标准通常包括4个方面。

(1)重要性。事项对财务报表是否真实和公允具有显著的影响,可能涉及公司的核心业务、重要的账户余额或交易。

(2)复杂性。事项涉及的会计处理或财务报表项目相对较为复杂,需要审计师进行深入的专业判断和分析。

(3)估计不确定性。事项涉及公司对会计估计的使用,而这些估计具有较大的不确定性,可能会影响财务报表中的数字。

(4)潜在风险。事项可能会涉及公司面临的潜在风险,包括法规遵守、业务模型的变化、关联方交易等。

审计师在确定关键审计事项时,通常会综合考虑以上因素,以及其他可能影响财务报表的因素。以下是符合以上标准,在审计中可能属于关键审计事项的例子。

(1)商誉减值。如果公司拥有大量商誉,那么审计师可能会关注商誉是否存在减值迹象,因为商誉的减值可能会对公司财务状况产生重大影响。

(2)收入确认。对于公司来说,收入通常是关键的财务信息之一。审计师可能会关注收入的确认政策、交易条件、关联方交易等,以确保收入被正确确认。

(3)资产负债表中的项目。审计师会关注公司资产负债表中的关键项目,如现金与现金等价物、长期投资、贷款和借款等,以确保这些项目的准确性和完整性。

(4)关联方交易。如果公司涉及与关联方的交易,那么审计师可能会审查这些交易的公允性和合规性,以防止潜在的关联方利益冲突。

(5)会计估计。审计师会关注公司涉及的会计估计,如预计信用损失、资产减值测试等,以确保估计的合理性和准确性。

(6)法规合规。审计师会关注公司是否遵守相关法规,特别是在被高度监管的行业，可能的合规问题可能会成为关键审计事项。

审计师在审计计划阶段和审计执行过程中，会不断评估潜在的关键审计事项，并在审计报告中披露这些事项的相关信息。这有助于提高审计报告的透明度，向利益相关方传达财务报表的可靠性和适当性。

假设审计一家互联网公司时，可能涉及多个关键审计事项，具体情况会根据公司的业务模型、财务状况以及行业特点的不同而有所不同。以下是审计师认为是关键审计事项的情况。

（1）收入确认。互联网公司通常以广告、订阅、销售商品或提供服务等方式实现收入。审计师需要关注收入确认政策，确保符合会计准则，并且要审查相关交易的真实性。

（2）商誉减值。互联网公司在市场竞争激烈的环境中，商誉可能会面临减值的风险。审计师需要评估商誉的减值迹象，确保公司按照相关准则进行了测试。

（3）用户数据隐私和安全。互联网公司通常会处理大量用户数据，涉及用户隐私和数据安全问题。审计师可能会关注公司的数据安全措施，以确保符合法规要求，并降低潜在的法律和声誉风险。

（4）技术开发和无形资产。互联网公司的核心资产可能包括软件、技术开发和无形资产。审计师需要关注这些资产的正确确认、摊销或减值测试，确保它们与公司业务关联紧密且符合会计准则。

（5）市场竞争和前景。互联网行业变化迅速，市场竞争激烈。审计师可能需要关注公司对市场趋势和竞争环境的评估，以确保公司的财务报表充分反映了其未来前景和风险。

（6）关联方交易。互联网公司可能涉及多个业务板块、关联公司或其他实体。审计师需要关注这些关联方交易的公允性，以防止潜在的利益冲突和不当交易。

（7）合规性。互联网行业受到法规的监管，例如，数据保护法规、《中华人民共和国网络安全法》等。审计师需要关注公司是否符合相关法规，以避免可能的罚款和法律责任。

以上事项的关键性在于，它们可能会对公司财务报表的真实性和公允性产生显著影响，以及它们涉及的业务特点和行业风险。审计师在审计互联网公司时，需要根据公司的具体情况和行业特点，审慎评估这些事项，并在审计报告中透明地披露相关信息。

假设审计一家集批发和零售于一体的门店,可能涉及多个关键审计事项,具体情况会取决于公司的规模、业务模型、财务状况以及行业特点。以下是一些审计师认为可能成为关键审计事项的例子。

(1)存货估值。门店业务通常涉及大量的存货,审计师需要关注存货的估值方法,例如,先进先出(FIFO)或加权平均成本,并确保其符合会计准则。

(2)销售确认。门店的核心活动是销售商品,审计师可能需要关注销售确认政策,以确保销售收入被正确识别和计量,同时需要注意关联的销售折扣和退货政策。

(3)现金与现金等价物。门店可能会有大量的现金交易,涉及收银、零售银行账户等。审计师需要关注现金和现金等价物的存在、完整性和计量,确保这些符合内部控制要求。

(4)固定资产和租赁。门店可能涉及店铺租赁和购置固定资产,例如,店面装修、设备。审计师需要关注这些资产的正确确认、摊销和租赁合同的准确反映。

(5)员工薪酬和福利。门店通常有大量雇员,审计师需要关注员工薪酬和福利的确认,确保相关成本的准确计量,并审查与员工相关的合同和政策。

(6)关联方交易。门店可能与供应商或其他关联方有交易,审计师需要关注这些关联方交易的公允性和合规性,以防止潜在的利益冲突和不当交易。

(7)内部控制。门店业务通常需要严格的内部控制,例如,库存管理、销售点收银制度等。审计师需要评估公司的内部控制体系,以确定其有效性。

(8)合规性。门店业务可能受到零售行业的法规监管,例如,商品标签、退货政策等。审计师需要关注公司是否符合相关法规,以避免潜在的罚款和法律责任。

这些关键审计事项的选定取决于门店的具体情况,审计师需要根据门店的业务特点和财务状况进行综合评估,并在审计报告中透明地披露相关信息。

假设审计一家酒店,尤其是涉及餐饮业务的酒店,可能涉及多个关键审计事项。以下是一些有可能成为关键审计事项的例子,以及为什么它们可能具有关键性。

(1)房间收入确认。酒店的主要业务之一是提供住宿服务,审计师需要关注房间收入的确认政策,确保其符合会计准则,尤其是在长期住宿或团体预订方面可能存在的估计不确定性。

(2)餐饮收入确认。如果酒店提供餐饮服务,审计师就需要关注餐饮收入的确认政策，确保销售收入的正确识别和计量。这可能涉及不同的餐厅或宴会服务。

（3）客房和公共区域装修。酒店可能需要对客房和公共区域进行装修或维护，审计师需要关注这些资产的正确确认、摊销和装修费用的合理计量。

（4）会议和宴会服务。酒店可能会提供承办会议和宴会的服务，审计师需要关注这些服务的收入确认、成本计量以及与客户的合同条款。

（5）员工薪酬和服务费。酒店业务通常需要大量员工，包括前台、客房服务、餐厅服务等。审计师需要审查员工薪酬和服务费的确认，确保相关成本的准确计量。

（6）客房和餐饮存货管理。酒店通常会有存货，如客房用品和食材。审计师需要关注存货的存在、完整性和计量，确保公司内部控制系统有效。

（7）预付款和退款政策。客户可能会提前支付预订费用，或因取消预订而要求退款。审计师需要审查公司的预付款和退款政策，确保其符合相关法规和会计准则。

（8）合规性。酒店业务受到一系列法规的监管，包括安全、消防、卫生等方面。审计师需要关注公司是否符合相关法规，以避免潜在的法律责任和罚款。

这些关键审计事项的选择取决于酒店的具体业务和运营模式。审计师需要根据酒店的特点进行综合评估，并在审计报告中清晰地披露相关信息，以提高审计报告的透明度和可信度。

4.4.2 重要性

重要性水平是审计中一个关键的概念，指的是审计师在执行审计程序和做出审计判断时所设定的一个相对的界限或水平。它是帮助审计师确定哪些错报可能会对被审计单位的财务报表产生重大且广泛的影响，并有可能影响报表使用者决策的阈值。

在审计中，审计师需要评估财务报表中可能存在的错报，以了解这些错报对报表的整体影响。这个评估通常是基于重要性水平的设定进行的。审计师通常会根据具体的情境和业务特性，设定适当的重要性水平，以确定在审计中应关注哪些错报。

重要性水平的设定会受到多个因素的影响，包括企业规模、行业特性、法规要求等。审计师通常会设置重要性水平的以下4个方面。

（1）整体财务报表的重要性。评估整个财务报表的重要性，确定对用户决策可能产生重大影响的金额范围。

（2）特定账户或项目的重要性。针对特定账户或项目，考虑其在财务报表中的重要性，以确定在审计中应关注的错报范围。

（3）关注用户的需求。考虑最终用户（如投资者、债权人）对信息的需求，设定一个能够满足这些需求的重要性水平。

（4）法规和行业标准。考虑适用的法规和行业标准对重要性水平的要求，确保审计符合相关规定。

根据以上因素，可以设定一个能够在审计过程中有效指导审计师进行判断的重要性水平。这个水平将用于决定审计程序的范围和深度，以确保审计工作聚焦在对财务报表真实性产生潜在重大影响的领域。

1. 财务报表整体的重要性（OM）

这个重要性是指审计师在进行审计工作时对整个财务报表的重要性的评估。这一概念涉及在审计过程中，审计师对财务报表中潜在错报的影响程度进行估计，以确定审计程序的范围和深度。审计师需要考虑以下因素来确定财务报表整体的重要性。

（1）用户的信息需求。考虑最终用户（如投资者、债权人）对财务报表信息的关注程度和对其决策的影响，以满足他们的信息需求。

（2）公司规模和业务性质。不同规模和不同业务性质的公司，可能会面临不同的风险和挑战，因此需要对整体重要性进行调整。

（3）法规和行业标准。考虑适用的法规和行业标准对重要性的要求，确保审计符合相关规定。

（4）财务报表的本质。评估财务报表的性质，例如，是否包含关键业务绩效指标、是否涉及高度估计的会计估计等。

（5）公司的财务状况和业绩。考虑公司的财务状况和业绩，以确定财务报表中不准确或不完整的信息可能会对公司和用户产生的潜在影响。

财务报表整体的重要性 = 基准 × 百分比。

公式中的百分比通常为 1%~5%，百分比越低，审计程序越严格。一旦审计师确定了整体的重要性水平，就可以运用这一水平来指导审计程序的设计和执行。

通过公式进行计算，审计师会设定一个金额范围，认为在这个范围内的错报不太可能会对用户的决策产生重大影响。因此，在审计程序中，审计师会集中关注那些可能会导致潜在错报的领域，以确保审计工作聚焦在对整体财务报表真实性产生潜在重大影响的方面。

在确定财务报表整体的重要性时，审计师首先需要选取一个基准。这个基准可以是财务报表中的总资产、总收入、净利润等。

（1）总资产。财务报表总资产是反映企业规模的一个重要指标，审计师可以选择总资产作为基准，特别是当企业的规模较大，可能会对整体的财务报表重要性产生较大影响时。

假设一家航空公司，总资产列报金额为 5 亿元。由于评估的错报风险较高，因此，审计时选择执行相对更严格的审计程序，百分比定为 1%：财务报表整体重要性 =5 亿元 ×1%=500 万元。

而在评估的错报风险较低时，则可以选取相对宽松的审计程序，此时百分比可定为 5%：财务报表整体重要性 =5 亿元 ×5%=2500 万元。

（2）总收入。如果一家企业主要以销售收入为主，审计师就可以选择将总收入作为基准。总收入通常反映了企业的经营规模和盈利能力。

假设一家制造业公司，总收入列报金额为 5 亿元，由于评估的错报风险较高，因此，审计时选择执行相对更严格的审计程序，此时百分比定为 1%：财务报表整体重要性 =5 亿元 ×1%=500 万元；而在评估的错报风险较低时，则可选取相对宽松的审计程序，此时百分比定为 5%：财务报表整体重要性 =5 亿元 ×5%=2500 万元。

（3）净利润。企业的净利润是衡量一个企业盈利能力的重要指标。选择净利润作为基准可以考虑企业盈利状况对整体重要性的影响。

如果一家公司的净利润较高，可能会引起投资者和其他利益相关方的关注，那么选择净利润作为基准时，可以关注企业盈利情况是否准确反映在了财务报表中。

一般情况下，净利润较高的公司所在的行业有：服务业、金融业、新兴科技产业等。

在选取基准时，审计师需要考虑被审计单位的具体情况，包括经营特点、行业背景以及财务报表的结构等。例如，如果一家公司主要依赖销售收入，而且其业务规模庞大，那么选择以总收入或总资产作为基准更为合适。如果企业的盈利能力对投资者影响较大，那么选择以净利润作为基准更为恰当。

2. 特定类别的交易、账户余额或披露的重要性水平

特定类别的交易、账户余额或披露的重要性水平是指审计师在进行审计时，对于特定科目、账户或相关披露的确定的重要性水平。这是整体重要性在更为具体的层面上的应用，目的是确保审计工作能够充分关注那些可能会对财务报表的真实性产生重大影响的特定项目。

审计中的特定类别可以是公司财务报表中的具体账户、交易类型、业务部门等，具体取决于审计师的判断和对企业的了解。在确定特定类别的重要性水平时，审计师通常会考虑以下因素。

（1）性质和特性。特定类别的交易、账户或披露对财务报表的影响，可能会因其性质和特性而异。某些项目可能会由于其性质而对财务报表的真实性产生更大的影响，因此在设置重要性水平时需要考虑这些差异。

（2）行业背景。不同行业的企业可能在特定类别上存在不同的风险和特点。审计师需要考虑被审计企业所处行业的特殊情况，以确定在该行业中特定类别的重要性水平。

（3）法规和准则要求。针对某些特定类别可能存在的法规或会计准则方面的要求，审计师需要确保审计工作符合这些要求，进而可能需要调整重要性水平。

在实际应用中，审计师会结合整体重要性和特定类别的重要性水平，确保审计资源被更集中地用于那些可能会对财务报表真实性产生较大影响的项目。这样做有助于提高审计效率，并确保审计工作更有针对性和关键性。

特定类别的交易、账户余额或披露的重要性水平属于认定层次的重要性水平，并非所有的审计项目都需要确定该重要性水平。

Tips

一般情况下，特定类别的交易、账户余额或披露的重要性水平，应当小于财务报表整体的重要性水平。即使与财务报表整体的重要性水平相同，也应当针对特定类别的交易、账户余额或披露的重要性水平执行审计程序。

3. 实际执行的重要性（PM）

实际执行的重要性水平指的是财务报表层次实际执行的重要性。设定这个重要性水平的目的是，将未更正、未发现的错报汇总后超过财务报表整体重要性的可能性降至适当的低水平，在金额上，该重要性水平应当低于整体重要性水平。

计算公式：PM=OM × 比例

其中，比例一般为 50%~75%，比例越大，审计程序越宽松。

根据整体重要性水平的计算案例，假设在审计航空公司时，选取以总资产作为基准，那么整体重要性水平的计算结果如下。

从严时：500 万元；

宽松时：2500 万元。

据此计算实际执行的重要性结果如下。

从严时：PM=500 万元 × 50%=250 万元；

宽松时：PM=2500 万元 × 75%=1875 万元。

根据计算结果我们可以感受到，在比例选择不同的情况下，实际执行的重要性水平已经有了较大的差异。下面我们通过计算结果来解读实际执行的重要性的数值大小在审计中的作用。

还是以航空公司的审计为例。虽然在整体重要性基准的选择上我们选择了以总资产作为基准，但由此计算出的各类重要性水平适用于财务报表审计的各个科目。

假设我们在审计该航空公司的维修成本这一科目。由于航空公司本年度的维修支出记录繁多，金额不等，报表列报金额显示维修支出总金额为 3 亿元，根据数据筛选：单笔金额超过 250 万元的维修记录为 100 份；单笔金额超过 1875 万元的维修记录为 10 份。

根据我们计算的实际执行的重要性水平，当审计程序从严时，也就是评估的重大错报风险较高时，我们需要使用的实际执行的重要性水平为 250 万元。这样一来，若是在关于维修成本的审计过程中进行凭证检查，就需要对单笔金额超过实际执行重要性水平（即 250 万元）的 100 份记录均实施检查。同理，当我们评估的重大错报风险较低时，我们需要使用的实际执行重要性水平就为 1875 万元。在执行审计程序时，需要检查的维修记录为 10 份。100 份和 10 份的工作量，已经有了肉眼可见的差距。

除此之外，我们还将追加检查：使未检查的维修成本记录金额汇总起来不超过实际执行的重要性。

我们以 PM=250 万元为例，检查完所有单笔金额超过 250 万元的 100 份记录后，未查余额为 3 亿元 −2.5 亿元 =0.5 亿元 =5000 万元。此时，我们还需要对 5000 万元金额的记录进行追加检查，使未查金额低于实际执行重要性水平 250 万元。因此，我们需要再次通过审计抽样进行筛选。假设追加检查凭证量为 200 份。那么我们针对该科目需要实施检查的总凭证数就为 300 份。

在 PM=1875 万元时，我们需要针对该科目实施检查的总凭证数将小于 300 份。因此，我们可以直观地感受到比例的选择对于审计程序宽松或严格的影响。越宽松的审计程序，需要检查的凭证数量越少，审计师的工作量也就相对越少。

以上就是用一个简单的案例，阐明实际执行重要性在审计中作为"阈值"的作用。实际操作中，项目不同、公司情况不同会产生不同的结果，宽松或严格的选择是基于风险评估的结果，不能根据审计师的个人意愿而随意变动。本例旨在描述实际执行重要性的使用方法，不代表在具体项目中的标准。

4. 明显微小错报临界值（SUM）

这个重要性水平，关乎审计师的工作效率。如果审计师将低于某一金额的错报界定为"明显微小的错报"，就等于说这些错报无论是规模、性质或是其发生的环境，还是单独或是汇总起来，都是不重要的、微不足道的。

每一个审计项目中都应当设定明显微小错报临界值，并将其记录在底稿内。

计算方法为：SUM=PM × 比例（一般为 3%~5%，风险越高，比例越低）

> **Tips**
>
> 明显微小错报临界值是指审计师在审计中设定的能够接受的未发现的错报水平，通常以财务报表陈述金额的百分比为基础。这个阈值是审计过程中的一个参考点，用于判断审计程序是否足够强大到可以发现可能对财务报表真实性产生重大影响的错报。

在确定明显微小错报临界值时，审计师需要综合考虑多个因素，以确保这一水平既符合审计准则的要求，又能够满足审计师对财务报表陈述的合理信心。以下是可能需要考虑的一些因素。

（1）基础数值。临界值通常是基于财务报表陈述金额的一个百分比。审计师需要考虑基础数值的规模，大规模的财务报表可能需要更高的临界值。

（2）特定陈述的重要性。不同的财务报表陈述对整个财务报表的影响程度可能不同，审计师可能会根据特定陈述的重要性来调整相应的临界值。

（3）风险评估。审计师对风险的评估将影响临界值的设定。高风险领域可能需要更低的临界值，以确保更为深入和详细的审计。

（4）财务报表的性质。不同行业，公司的财务报表性质各异，审计师可能需要根据具体情况灵活调整临界值。

假设审计师正在审计一家大型制造公司的财务报表，该公司的总资产为10亿美元，销售收入为5亿美元。在进行风险评估后，审计师决定设定明显微小错报临界值为1%。这意味着审计师在审计过程中愿意接受未发现的总资产错报不超过1%的水平，即1000万美元。这个具体的临界值的设定考虑了公司的规模、风险以及总资产陈述的相对重要性。

总体而言，审计师需要在实际操作中综合考虑多个因素，以确保明显微小错报临界值的设定是合理、恰当且符合审计标准的。

4.4.3 内控缺陷

内控缺陷是指公司内部控制体系中存在的不足或不完善之处，可能会导致财务报表中出现错报或错误。内控缺陷可能包括设计缺陷（即控制的设计不足以防范、发现或纠正错误）和操作缺陷（即控制的有效性未能按照其设计的方式执行）。

1. 内控缺陷的表现形式

假设一家公司存在采购流程方面的内控缺陷，那么可能表现在以下几个方面。

（1）缺乏适当的授权程序。公司未能建立明确的采购授权程序，导致员工可以在未经适当授权的情况下随时、随意发起采购请求。

（2）无法核对供应商资质。公司在供应商选择方面存在缺陷，未能进行充分的供应商资质审核，导致与不可靠或不诚实的供应商交易的风险增加。

（3）发票匹配问题。公司未能建立有效的三方匹配机制，即采购订单、收货单和供应商发票之间的核对，可能会导致支付不准确的发票或重复支付。

（4）缺乏独立的审批。公司的采购审批程序缺乏独立性，可能由同一员工负责多个环节，增加了错误和滥用的风险。

以上情况都表现为内控缺陷，可能会导致公司的财务报表中存在错误或不准确的信息。审计师在评估内控时，将关注这样的缺陷，以确定它们是否可能会导致财务报表错报的风险。如果存在严重的内控缺陷，审计师可能需要调整审计计划，采取更为详细和广泛的审计程序。

内部控制缺陷可能会对公司的财务报表产生重大影响，导致财务信息的不准确性、不完整性或不可靠性。

（1）错报和遗漏。控制不足可能会导致错报或遗漏财务信息。例如，未能正确执行发票匹配程序，可能会导致对采购成本的错误记录。

（2）滥用风险。缺乏适当的控制，可能会增加滥用风险，员工或管理层可能会利用这些缺陷进行欺诈性活动，如虚构交易或操纵财务数据。

（3）违规和法规遵从问题。如果公司的内部控制不足以确保遵守相关法规和法规，就可能会导致违规问题，从而对财务报表产生负面影响。

> **Tips**
>
> 内控缺陷为管理层和员工实施舞弊行为提供了机会。例如，绕过审批程序、篡改记录或虚构交易等。审计师在发现内部控制缺陷时，需要特别关注可能的舞弊风险，并采取适当的审计程序来评估和管理这些风险。包括加强对关键业务流程的测试，深入了解公司的内部控制环境，并进行额外的程序以识别潜在的舞弊行为。

2. 控制测试的审计程序示例

控制测试是审计中用于发现被审计单位内部控制是否有效的一种审计程序。它涉及对公司内部控制的设计和操作进行测试，以确保其有效性。

（1）抽样测试。评估内部控制的普遍有效性，确定是否存在任何控制失效的迹象。方法是从特定的交易群体中随机选择一定数量的样本，然后测试这些样本的控制是否有效。

（2）文档审查。为了确保内部控制的设计符合公司设定的目标，并检查是否存在潜在的控制缺陷，审计师可以检查公司的内部控制文件、流程图、政策和程序手册等文件，以确认内部控制的设计是否符合预期。

（3）口头询问和观察。为了验证员工对内部控制的理解和执行情况，发现潜在的问题或控制失效的线索，审计师可以与公司的管理层和员工进行面对面的访谈，观察业务流程的执行情况。

（4）重新执行测试（穿行测试）。为了确保内部控制在审计期间的整个时间段内保持有效性，审计师可以重复执行某些内部控制测试，以确保控制在一段时间内持续有效。

（5）抽样检验执行的准确性。为了确保控制步骤被准确执行，减少因执行不当而导致的控制失效的风险，审计师可以针对已执行的控制进行抽样检验，以确保执行的步骤符合公司设定的控制要求。

（6）风险评估。为了确保公司的内部控制系统能够适应并有效管理潜在的风险，审计师可以对公司的业务和所在行业进行风险评估，以确定潜在的风险因素，并验证公司是否采取了相应的内部控制来应对这些风险。

以上步骤的目的是确保被审计单位的内部控制能够达到其预期的目标，减少审计风险，并为审计师提供足够的依据来发表意见。

审计师需要采用全面的方法来评估内部控制的设计和操作的有效性。

针对已发现或可能出现的内部控制缺陷，审计师可以执行一系列审计程序来评估其影响和程度。

（1）再次评估风险。重新评估与内部控制缺陷相关的风险，以确定其可能的影响和潜在的财务报表错报风险。

（2）修改测试程序。根据内部控制缺陷的性质和严重程度，调整审计程序，确保更加全面地测试相关的账务和交易。

（3）增加样本数量。在进行抽样测试时，考虑增加样本数量，以提高对潜在错报的检测概率。

（4）加强数据分析。使用更为强大的数据分析工具，以便检测任何异常模式或趋势，尤其是与内部控制缺陷相关的异常。

（5）深入调查。对涉及内部控制缺陷的具体交易或账务进行更深入的调查，以了解缺陷的实际影响。

（6）延伸审计程序。在原有的审计程序的基础上，考虑增加额外的程序，以更全面地覆盖涉及内部控制缺陷的业务流程。

（7）变更审计程序。根据内部控制缺陷的性质，可能需要调整原有的审计程序或引入新的程序，以更好地解决相关问题。

（8）与管理层沟通。与公司管理层进行沟通，了解他们对于内部控制缺陷的认识和应对措施，以验证管理层是否采取了适当的措施来修复缺陷。

（9）邀请外部专业人士参与。如果内部控制缺陷涉及高度专业的领域，那么审计师可以考虑邀请外部专业人士参与审计工作，以获取专业意见和建议。

这些审计程序的目的是确保审计师对内部控制缺陷的影响有全面而准确的了解，并采取了相应的措施以降低潜在的风险。审计师在执行这些程序时，需要保持独立性、客观性，并在发现问题时及时报告给利益相关方。

4.4.4 实质性程序

实质性程序是指审计中用于获取审计证据以评估财务报表项目的真实性、

完整性和准确性的一系列程序。我们常说的抽凭检查、函证、存货盘点等都属于实质性程序。实质性程序通常包括表4-9中罗列的几个方面。

表4-9　实质性程序

程序	目的	方法举例
检查和核实	审计师通过检查和核实财务报表上的各项账务和交易，确认其是否真实、完整和准确	对账务记录、凭证、合同、支持文件等进行详细审查
分析和计算	通过各种分析和计算手段，审计师可以验证财务报表中数值的合理性和一致性	比率分析、趋势分析、比较不同期间的数据等
观察和检查	审计师可能会亲自观察业务运作的过程，或者检查实物资产，以确保它们存在且符合财务报表的陈述	存货审计中的监盘
询问和确认	与管理层、公司内外部的其他相关方进行沟通，询问相关事实，确认与财务报表相关的信息	通过询问管理层、相关人员来获取信息

实质性程序通常是一系列相互关联的审计程序的组合。审计师可能需要综合运用多种方法，以获取充分的审计证据。实质性程序的选择和执行取决于审计师对风险的评估以及对特定财务报表项目的理解。审计师通过实质性程序来提供审计报告的依据，向利益相关方提供对财务报表真实性的合理保证。

1. 通过实质性程序可以达到的目的

执行实质性程序的主要目的是获取足够的审计证据，以评估财务报表项目的真实性、完整性和准确性。通过实质性程序，审计师可以发现潜在的错报，并确保报表反映了被审计单位的真实财务状况和经营成果。

（1）发现重大错报信息。实质性程序的一个主要目标是发现潜在的重大错报信息，如虚增收入、操纵费用等。通过详细的检查、比对和分析，审计师能够识别并纠正这些错误。

（2）确认账面金额的准确性。通过实质性程序，审计师可以确认报表中的账面金额是否准确。例如，通过检查实际资产、计算负债、比对账务记录，确保报表上的数值与实际情况相符。

（3）评估会计估计的合理性。对于涉及会计估计的项目，审计师会运用实质性程序来评估这些估计的合理性。例如，对坏账准备、存货减值准备等进行详细的分析和比对。

（4）确认合同履行情况。对与合同相关的财务报表项目，审计师可以执行实质性程序来确认合同是否得到履行。这可能包括检查合同文件、比对合同条款等。

（5）发现潜在的舞弊。实质性程序也有助于发现潜在的舞弊行为。通过比对各项信息、观察业务过程、检查实物资产，审计师能够发现异常迹象，从而关注可能存在的舞弊。

综上，实质性程序有助于审计师充分了解被审计单位的财务状况，提供对财务报表真实性的充分保证，同时识别并纠正可能存在的问题，确保报表的质量和可靠性。

在审计中，并非所有的审计项目都需要实施实质性程序。审计程序的选择取决于审计师对被审计单位的风险评估和对控制环境的了解。

2. 哪些科目可以不执行实质性程序？

（1）低风险科目。如果某个科目的风险评估很低，审计师认为该科目不存在重大错报的风险，那么可以降低执行实质性程序的程度。

（2）内部控制强而有效。如果被审计单位的内部控制非常有效，可以有效地防范和检测错报，审计师就可能会依赖于内部控制测试，减少对实质性程序的需求。

（3）重要性较低的科目。对于财务报表中相对次要或不太重要的科目，审计师可能会减少执行实质性程序的范围，以便将资源集中在更重要的领域。

（4）先前的良好审计经验。如果之前的审计经验表明某个科目存在较低的风险，且财务报表的准确性得到了充分验证，审计师就可能会适度减少对该科目的实质性程序。

（5）有足够的其他证据。如果审计师能够获得足够的其他审计证据，例如，通过核对、计算、对照等手段，也可以减少对实质性程序的依赖。

总体而言，实质性程序的使用是根据审计师对风险的评估和对被审计单位财务报表的理解而确定的。在某些情况下，可以通过依赖内部控制测试、其他审计程序和先前的经验来替代或减少对实质性程序的执行。然而，在审计中，通常会结合多种审计程序，以获取足够、可靠的审计证据。

4.5 有舍有得——审计质量控制

4.5.1 首次接受委托

首次接受委托的客户，对审计师来说是一个关键的时刻。审计师需要在沟通和合作方面特别注意：在首次接受委托的客户中，需要关注哪些沟通和合作因素？在重要性水平和风险评估方面需要注意什么问题？一些常见沟通与合作因素如表 4-10 所示。

表 4-10 沟通和合作因素

要素	关注情况
理解业务和行业	审计师需要深入了解客户的业务和所处的行业。了解行业的特点、风险和相关法规对审计的成功至关重要
明确责任和期望	在审计合同中明确审计师和客户的责任，确保双方对工作的期望和目标一致，包括审计报告的形式、提交的时间表等
识别沟通渠道	确定有效的沟通渠道，包括定期会议、报告的提交方式等。保持双方沟通畅通，能够及时解决问题和回答疑问
建立信任关系	建立与客户之间的信任关系是成功合作的关键。可以通过专业的态度、诚信和透明的沟通来加强双方的信任

重要性水平和风险评估中应关注的情况如表 4-11 所示。

表 4-11 重要性水平和风险评估应关注的情况

要素	关注情况
重要性水平的确定	确定客户的整体重要性水平，包括整个财务报表和各个科目的相对重要性。这有助于审计师更好地分配资源和关注重要领域
风险评估	了解客户的内部控制环境，评估潜在的错误和舞弊风险。审计师需要关注可能影响财务报表准确性的因素
客户的业务风险	评估客户所处行业的风险，了解其业务模型、竞争环境和市场前景。这有助于确定可能会对财务报表产生重大影响的因素
前期经验总结	如果有可能，可以获取有关客户前期审计的经验总结。了解以前的审计问题和解决方案，有助于更好地规划当前审计
审计计划的制订	基于对客户的理解和风险评估，制订详细的审计计划，确保审计工作有针对性和高效率

在首次接受委托的情况下，审计师通过与客户建立良好的沟通和合作关系，以及对重要性水平和风险的充分评估，能够更好地执行审计工作，确保审计的有效性和准确性。

对于首次接受委托的客户，审计师通常会考虑增加额外的审计程序，以更全面地了解被审计单位的风险水平和内控环境。

（1）内部控制评估。进行详细的内部控制评估，包括审阅流程文档、流程图等,以了解被审计单位的业务流程和内部控制体系。这可以帮助审计师识别潜在的风险点和改进的空间。

(2)系统集成测试。针对被审计单位使用的财务系统,进行系统集成测试,以验证系统是否能够支持财务报告的准确性和完整性。这有助于确定系统是否具备足够的稳健性和安全性。

(3)数据分析。运用数据分析工具对财务数据进行深入分析,识别异常模式或潜在的问题。例如,检查异常的财务比率、交易模式等。

(4)前期经验总结。借助前期经验总结,了解客户历史上的审计问题和相关解决方案。这可以帮助审计师更好地预测潜在的风险点。

(5)与管理层会面。安排会议与被审计单位的管理层和财务团队进行深入的讨论。通过直接沟通,获取对业务模型、内部控制的理解,并提出问题以便更全面地了解业务。

(6)法规和合规性检查。确保被审计单位的业务活动符合相关法规和合规性要求。审计师可能需要检查公司的合同、许可证、政府工作报告等文件。

这些额外的审计程序有助于审计师更全面地了解被审计单位的经营环境、内部控制状况和潜在风险,提高审计的有效性和准确性。这也为审计师提供了更好的基础,以确保审计工作能够适应被审计单位的独特情况。

4.5.2 项目质量复核

上文中提到,审计师的主要产品是审计报告。既然是产品,那一定是需要进行质量控制的。因此,会计师事务所通常会制定项目质量复核机制,以确保审计项目的质量、准确性和合规性。制定这些机制的原因包括提高审计工作的质量,降低审计风险,遵守审计准则和法规,以及满足客户和利益相关方的期望。以下是一些可能的项目质量复核机制。

(1)审计文件复核。内部复核小组可以由经验丰富的审计人员组成(如质量控制复核合伙人),对审计文件进行独立的检查,确保符合审计准则和法规的要求。通过对审计文件的复核,可以确保审计工作的完整性、准确性和合规性。

(2)团队独立复核。另一审计小组或内部审计人员可以对主审计小组的工作进行独立、交叉复核,评估审计方法、假设和结论的合理性。确保审计小组内部的独立性和客观性,减少潜在的确认偏见。

(3)专业意见征询。会计师事务所可以聘请独立的专业顾问或征询行业专家的建议，尤其是在涉及复杂业务或技术性问题时。在审计过程中，可能涉及特定专业领域的问题，为确保专业性，可以寻求外部专家的意见。

（4）持续培训与知识分享。事务所可以制定持续的培训计划，包括内部培训和外部培训，以确保审计人员了解最新的法规、准则和审计方法，且始终具备最新的专业知识和技能，从而提高审计质量。

（5）独立质量控制审查。外部机构或独立会计师事务所可以对内部质量控制体系进行审查，评估其是否符合相关要求。为了符合审计准则和法规，事务所可能会定期接受独立的质量控制审查。

这些机制有助于提高审计工作的可靠性和透明度，确保审计人员遵守职业操守和准则，并向客户和社会提供可信赖的审计服务。

本章小结

我在本章中将审计实操中会遇到的基础概念进行了自己的解读，并通过一系列的案例帮助大家身临其境地体会这些概念，当然，也列举了审计过程中我们可能会遇到的一些情况的一般处理方式。

通过对基础概念的串联，大家能够感受到，审计工作充满逻辑性。这样的逻辑性其实就是用"常规思维"不断地发现问题再解决问题。

在范围上，审计师必须具有宏观的远见，也需要心细如发。也就是要考虑整体宏观环境，了解和评估中观环境，发掘和应对微观问题。这就要求审计师在审计整个项目的过程中，从了解到执行再到最终给出结论，都要保持专业、独立的敬业精神，也要以目的为导向，从而使每一个步骤都能作为最终成果的佐证。

在时间上，审计师必须牢记自身工作具备"时间紧、任务重"的特点。在有限的时间内，制定最有效的审计程序，并通过审计抽样、重要性的设置等方法使自身工作更具效率。当然，也要牢记自身使命和目标，面对庞大的工作量，要保持清醒的头脑和敬业的精神，从而使审计项目的效果最优。

面对外界施加给审计师和审计项目的质疑，审计师要做到"慎独"。客观情况就是我们没办法完美地满足所有人对我们的要求，因此，我们只需要做正确的事。既不违背法律法规、准则的要求，同样也不能违背自己的本心，要保持独立性。

第三篇

"数字作家"养成

本篇将以前两篇的内容为基础,运用审计师的逻辑,通过简单的案例,再结合我自己的经验,让读者感受在审计各个科目时可能会运用到审计方法,以帮助大家更加直观地感受审计、运用审计。所以在本篇内容中,我希望大家能代入自己是一个审计师的身份,保持独立性、保持职业怀疑。

第 5 章

实战：货币资金

我在和学生聊起审计项目的时候，往往都是从货币资金开始的。我会告诉他们货币资金是审计过程中非常重要的科目，因为在公司运营的过程中，几乎所有的活动都和货币资金有关。而从人性角度来看，贪心的邪念往往也是因为真金白银而起的。所以，货币资金的审计表面看上去很简单、很直接，实则暗流涌动。

也许有人会问：难道不是银行存款有多少钱、库存现金有多少现金，就能直观地反映货币资金情况吗？

财务和审计是人为创造的管理科学，相互之间独立又制约监督。审计货币资金的过程其实就是在验证这些真金白银真实存在、被完整记录、被准确计量。

而企业中别有用心的人为了获取更多的财富、达到某些目的，往往会在货币资金上动手脚。这样的行为可以分为两类。一是"平地起高楼"，即凭空造假。这么做不仅能完成个人业绩指标、公司业绩指标，甚至可以获得更多的补贴、投资。另一类则是直截了当地骗钱。

高级的舞弊行为自然不会让人一眼看出端倪，因此，这些舞弊、欺诈行为不一定会直接通过货币资金科目反映，但一定会使用到货币资金科目来平衡整张报表的账目，以达到获取经济利益的目的。

我和我的学生聊起货币资金审计时，常会让他们想象自己正在"攒私房钱"，如表 5-1 所示。假设我们获取的私房钱来自日常零花金，最终目的是进行一次性的个人消费支出，而一次性消费支出的金额超过你日常的经济能力、消费水平，我们据此将类似的行为分为两种情况。由于有大额支出，这个举动自然就会引起共同生活者的注意，关于货币资金的审计工作就由此展开了。

表 5-1 "私房钱"明细表　　　　　　　　　　　单位：元

情况	总收入账户	固定生活支出部分	日常零用金	私房钱（来自零用金部分）	一次性个人消费支出
情况 1	10 000	10 000	暂时未知	暂时未知	5 000
情况 2	10 000	2 000	暂时未知	暂时未知	40 000

下面我们就把自己代入这个例子，一起看看关于货币资金的审计吧。

5.1 存在性

本节介绍货币资金审计过程中首先要考虑的问题：货币资金的存在性。只有在确定货币资金真实存在的前提下才能对货币资金开展后续审计工作。

5.1.1 货币资金的存在性和审计逻辑

开篇时我们已经提到，无论是情况 1 还是情况 2，最终的表现形式都是一笔大额的一次性个人支出，审计师的线索也只有这笔消费支出的总额。这时候作为不知情的审计师，我们就会忍不住怀疑：这笔钱是从哪里来的？你平时都将这笔钱存放于何处？这些钱是你所有的私房钱吗？根据你的收入情况和消费情况，是否有可能存在来源不明的收入？这些问题考虑的就是货币资金的存在性。

为了打消这些疑问，审计师就要开始各个击破。首先便是进行询问，然后就是寻找对应的审计证据。

第一步：询问。

针对情况 1，你可能会告诉审计师，这笔钱是你攒了 5 个月的零用钱获得的。
针对情况 2，你可能会告诉审计师，这笔钱是你攒了 5 个月的零用钱获得的。
于是，对于表 5-1 中的未知部分，审计师的推理如表 5-2 所示。

表 5-2 "私房钱"推理表　　　　　　　　　　　单位：元

情况	总收入账户	固定生活支出部分	日常零用金	私房钱（来自零用金部分）	一次性个人消费支出
情况 1	10 000	10 000	暂时未知	5000/5=1000/月	5 000
情况 2	10 000	2 000	暂时未知	40000/5=8000/月	40 000

根据询问结果，我们看到，每个月的总收入能够涵盖私房钱的部分。此时审计师暂时可以推断，私房钱存在。

第二步：查找证据以验证询问结果。

为了进一步坐实私房钱存在的事实，审计师会向你索要私房钱存在的审计证据，例如，你每个月将钱从收入账户转入私房钱账户的转账记录，或是将钱取出的出款记录等。以上资料将作为验证私房钱存在性的审计证据。

第三步：将实际情况与审计证据、询问结果结合，分析其合理性。

经过以上两个步骤，审计师验证了一次性消费支出和私房钱存款记录金额一致，并获取到了对应的审计证据。下面便可以进一步对表格的缺失部分进行补充，得到表 5-3 所示的内容，并进行合理性分析。

表 5-3 "私房钱"分析表 单位：元

情况	总收入账户	固定生活支出部分	日常零用金	私房钱（来自零用金部分）	一次性个人消费支出
情况1	10 000	10 000	10000−10000=0	5000/5=1000/月	5 000
情况2	10 000	2 000	10000−2000=8000	40000/5=8000/月	40 000

经过计算分析，审计师一定已经从上表中发现了不合理的部分。情况 1 中，日常零用金部分不足以覆盖私房钱的部分。不合理的地方往往是让审计师两眼放光的地方，此时，审计师一定会疑惑：这笔私房钱到底来自何处？也就是对这笔钱的存在性存在疑虑。自然，也会针对这一疑虑展开更多的审计工作，如询问。你可能会回答，这笔钱是朋友在偿还借款，以每个月 1000 元的进度持续偿还。此时，审计师就会执行函证程序，也就是给你提及的这位朋友发送一份询问函，询问情况是否属实。

为了验证这笔存疑的私房钱的存在性，即使已经从你朋友处获取到了对应信息，这事也没完，审计师还会对你的朋友进行怀疑：既然是你的朋友，那他是否会和你串通好呢？（这些审计证据是谁提供的？来源可靠吗？）

试想，如果提供审计证据的人是你的好朋友，与你关系极为亲密，而询问他的电话正好是你拨通的。作为有着密切关系的好友，自然会意识到你的私房钱被发现了，于是很有可能谎报，这就导致了审计证据的不可靠。

如果他提供了你们二人之间曾经的借款合同，并出具了偿还借款的转账记录，同时还有第三方作为担保，证明你们二人间的确有债权债务关系，那么审计师就会认为审计证据来源于第三方，是可靠的。

到了这一步,经过询问、重新计算、审计证据检查、函证、分析等程序,审计师认为你的私房钱存储金额存在、属实并且合理。也就是说,私房钱(货币资金)的存在性得到了验证。

可以看出,关于货币资金的存在性,审计逻辑是:一是审计证据的来源,一定要追查到外部(第三方)为止;二是一个完整的故事必须有头有尾有中间,环环相扣,逻辑、证据链条必须完整、严密。

5.1.2 货币资金的存在性

上文提及,审计师在面对财务报表时,看到的往往是一个最终数字结果,也就是说,在检查你有多少私房钱时,首先面对的就是你一次性支出的金额以及你告知审计师的总数。但是,有经验的朋友都知道,私房钱被查,事情一定不简单,审计师一定会追问私房钱背后的故事。这个过程就要求审计师把这个故事拆解成不同的章节、不同的故事线,就是要将总数拆分,看看你藏那么多私房钱到底做什么用。一般来说,审计师会用"总—分"的结构自上而下地设定审计程序。

上文中审计师得知,情况 1 的私房钱(表 5-4)并不来自你的每个月的固定收入,而是来自朋友偿还借款。针对这样的情况,你很有可能被问到下面这几个问题:除此之外,你是否有其他收入来源或存放于朋友处的资金(账外现金)?是否有未进入银行账户的现金?如果有,分别存放至何处?用途是什么?

表 5-4 "私房钱"最终明细表　　　　　　　　　　　　　　单位:元

情况	总收入账户	固定生活支出部分	日常零用金	私房钱(来自零用金部分)	一次性个人消费支出
情况 1	10 000	10 000	10000−10000=0	5000/5=1000/月	5 000
情况 2	10 000	2 000	10000−2000=8000	40000/5=8000/月	40 000

现实生活中,很多藏私房钱的朋友往往会为了掩盖后续行为,为了避开检查,从开头就要瞒天过海。在审计中,就可以说成是进行关于货币资金的舞弊。

现实商业社会中,大多数的舞弊案例都和伪造票据、账户相关。比如,早年间某上市公司为了达到上市标准,伪造大量票据,让自己的货币资金余额"平地起高楼",同时因为早年间审计监管不严,导致审计过程中没有发现这些往来票据为伪造,该上市公司也因此达到了货币资金满足上市要求的目的。事发后,监管机构也针对该案例的类似情况采取了更为严格的措施,小到审查不起眼的发票编号、大到要求金融机构必须回复审计师发送的银行询证函、金融数据联网等。但是"上有政策、下有对策",为了达到谋求利益的目的,还是有不少的企业选择铤而走险。当然,舞弊、欺诈手段也愈加高明,这就对审计师提出了更高的要求。审计的过程就是这么一个相互斗智斗勇的过程,需要审计师对此保持高度警惕,同时不断提高自己的职业判断力。

有的被审计单位的某些工作人员为了掩盖自己挪用公款的事实,会将原本应为银行存款的资金以库存现金的形式反映。就像在藏私房钱的过程中,大部分人会选择使用现金的方式来存放私房钱,这就是利用了现金收付难以留痕的特点,编造一个理由让审计师忽略现金来源是否合理、是否真实存在的情况。

为了避免关于货币资金的舞弊,大部分被审计单位都会有一套针对货币资金的内控措施。就像日常生活中,给你生活费的对象会想一些办法来控制你的生活费收发和使用,这就是内控措施。

而审计师也需要在开展具体的审计程序前对这些内控措施进行了解,这个针对规则的检查过程,在审计专业中叫作内控测试。

内控测试需要达到的目的:确认关于货币资金的收款程序是否有效;付款的审批工作流程是否合理;是否可以有效地制衡监督;是否能够有效地落实;等等。

当以上问题的答案均是肯定的时,审计师可以相信被审计单位对于货币资金的管理有效,进而认为发生舞弊的风险有所降低。也就是说,针对你生活费的管理没有漏洞,进而你获取更多私房钱的可能性降低、欺骗对方的可能性也会降低。值得注意的是,内控测试的目的是证明管理有效,但并不能证明余额无误。

正如上文所举的例子中,在如此严格的管理中,你依旧有机会获取到一部分私房钱。

因此,针对货币资金,无论其内控措施多么完整、严密、有效,都必须执行进一步的实质性审计程序。实质性程序的执行过程就是开篇提到的,获取相应的审计证据:发送银行询证函(本章后续会单独讲解)和查看银行余额调节表。

5.1.3 货币资金的监盘

现有商业环境中,大部分企业的资金收支都很少用到现金。现金收付有其固有的限制,但现金的使用也具有存在的必要性。

当然，现金的使用也因为其收支难以溯源等漏洞为企业舞弊提供了一些"方便法门"。因此，除了对存款资金实施审计程序以外，对库存现金也需要进行相应的审计程序。

上文中，我们通过询问、检查等程序发现一部分以现金方式存放的私房钱时，需要针对现金存放的私房钱执行一些查证程序。

针对这部分现金，你肯定被问到过下面这些问题：以现金形式存放的私房钱（库存现金）具体的金额有多少？这些私房钱你都藏在了哪里？你都是如何藏这些现金的？有没有可能有的现金被你藏在了朋友处、公司里或者其他不合理的地方？你藏这些现金是为了买什么、做什么？是否有金额大小与实际用途不相符的情况？

除了获取库存现金明细表以外，最有效地验证库存现金存在性的审计程序就是现金监盘。就像你在找私房钱的时候，大部分是被监督着找的，这可以说就是现实中监盘程序的执行了。而以上问题的答案往往和现金监盘程序安排息息相关。

（1）去哪里执行监盘？
（2）由谁来实施监盘？
（3）什么时间来执行监盘？
（4）监盘的结果能反映什么问题？

将这些问题和收集到的审计证据进行串联、记录和分析之后，即可形成审计底稿。

1. 货币资金监盘的人员

前期通过了解，审计师已经知道了什么人能够接触到这些现金，他们在现金支取管理过程中分别担任了什么职务。根据这些情况选取关键节点上的人员对库存现金进行监盘即可。

一般情况下，参与监盘的人必须包括：出纳、会计主管。考虑到各被审计单位的组织结构不同，在确认参加监盘人员时，审计师需要灵活应变，根据被审计单位的实际情况而定。

2. 货币资金监盘时间

一般在年末结账时，企业会安排相应的库存现金盘点时间，并制订出盘点计划，审计师只需要按照被审计单位的盘点计划到达现场进行监盘。

因为当企业已知自己的盘点计划和要盘点的金额时，就会出现舞弊的可能，例如，提前转移库存现金以填补亏空等。所以，我们可以加入一些让人难以预料的程序，进行突击检查，这样一来，留给企业进行舞弊的准备时间就很少了，我们把这样的程序叫作增加审计的不可预见性。

因为监盘程序的实施需要审计师到达现场，很有可能出现没有被监督盘点到的地方存在舞弊风险，所以当库存现金存放地点有两处或两处以上时，审计项目组应当委派对应数量的审计师对所有地点进行同时监盘。这么做的目的主要是防止被审计单位在盘点过程中对某些地点的库存现金进行转移、互相补充等。

3. 货币资金监盘程序

在做好背景了解和计划安排之后，要开始执行监盘程序了。顾名思义，监盘就是监督盘点，但是审计师在执行监盘程序时不能只站在一旁观察和记录。

在审计实操中，因为库存现金金额较小，所以很容易出现出纳人员管理现金支取，同时又自己记账的情况。他们没有进行有效的职责分离，这就是严重的舞弊行为。还有一种可能是，在现金支取的过程中没有得到授权记录和相应的票据、文件支撑，这也为企业舞弊带来了一定的风险。因此，审计师不仅要看金额账实是否相符，还要仔细观察每一个程序的执行是否能够合理有效地达到内控目的。

根据库存现金的特点，审计师在监盘时需要重点观察和记录以下几个问题。

（1）出纳和会计之间的联系，是否有相互制衡监督的效果？

（2）货币资金的取、放由谁授权执行，此人的职位职责是什么？

（3）有哪些人可以接触到库存现金？保险柜的密码有哪些人知道？

（4）库存现金提取使用的依据是什么？由谁来授权？

（5）存放库存现金时，出纳人员依据什么进行摆放？会计人员又依据什么进行入账？

（6）库存现金的盘点频率如何？每次参加盘点的人都有哪些？

（7）大额的库存现金变化是什么原因？

（8）现金的去向将是何处，与其他账户的钩稽关系是否合理？

（9）企业如何处理账面金额与库存现金金额不一致的情况？不一致的情况是否合理？

（10）存放于非财务部门的库存现金的用途是什么？是否和部门职责有冲突

或有不合理的情况？

如果审计师在监盘过程中能够将这些问题清楚地观察并记录于底稿中，并针对所有出现的不合理、不匹配的情况做出了解或职业怀疑、职业判断，那么库存现金的监盘程序就能称得上是滴水不漏。

5.2 所有权

我相信人人都想要钱，但是有的钱虽然经过你我之手，却并不属于我们。公司的经营过程中也会涉及大量的资金，这些资金虽然放在公司账面上，但是否属于公司呢？会不会出现公司将其本不该拥有的资金隐藏在其他账户中的情形？这样的问题，涉及货币资金的所有权。

审计货币资金所有权是审计程序中至关重要的一环，其核心在于验证公司对于现金及等价物的陈述是否真实、准确。

本节将通过深入分析审计货币资金所有权的程序、强调其重要性，并结合实际案例，使读者理解并掌握独立完成货币资金审计的关键步骤和逻辑。

5.2.1 货币资金所有权审计的必要性

我们要明确为什么需要对货币资金的所有权执行审计程序。审计货币资金所有权的重要性主要体现在以下几个方面。

（1）财务报表的真实性。货币资金是公司最直接、最敏感的财务资产之一。审计的目标之一是确认公司关于现金及等价物的陈述是否真实，这直接关系到财务报表是否可信。

（2）风险和内控的评估。通过审计货币资金所有权，审计师能够评估被审计公司的财务风险，尤其是与现金管理相关的风险。同时，对内部控制的评估也有助于提高公司对于现金的管理和监控效率。

（3）法规合规性。货币资金的审计也涉及对合规性的评估。审计师需要确认公司的现金管理是否符合相关的法规要求，以降低公司可能面临的法律风险。

我们通过一个小案例来感受下审计货币资金所有权的过程。假设有一家零售门店，与上年相比，账面货币资金大幅增加。管理层声称这部分现金是用于支付日常运营和未来计划的，属于集团追加注资的结果。此时，为了确认这一陈述的真实性，确定该资金的所有权，审计师采取了以下审计程序。

（1）验证银行对账单。通过发送银行询证函，直接向门店的主要开户银行确认账户余额、最近的交易记录，并核对门店内部对账单。

（2）分析现金流量。对门店的现金流量进行详细分析，追踪现金的来源和去向，确认管理层声称的现金用途是否与实际一致。

（3）评估内部控制。对集团如何管理门店资金的内部控制制度进行评估，特别关注现金管理流程、支付控制、财务报告流程等，以确保内部控制的健全性。

（4）截止日调整。确保审计结论反映截至报告期末的真实状况，对于后期发生的重要事件进行调整，以保证审计的时效性。

通过以上步骤，审计师能够从金额上、货币资金的存放位置上、用途、来源上验证这部分激增的货币资金的所有权。

货币资金所有权的审计是确保公司财务报表真实性和合规性的重要步骤。通过详细的审计程序、合理的计划和评估，审计师能够获取充分的独立证据，提高审计结论的可靠性。

5.2.2 货币资金所有权审计的程序

步骤一：起始阶段，明确审计目标。

在进行货币资金所有权审计时，首要任务是明确审计目标。审计师需要确定审计范围，包括涉及的账户、交易和相关的法律法规要求。此外，还要关注可能存在的风险和重大事项，以制订有针对性的审计计划。

步骤二：制订审计计划，细化审计程序。

制订审计计划是确保审计高效进行的关键一步。在货币资金审计中，可能的程序包括对银行对账单的验证、资金流水的追踪、对内部控制的评估等。审计计划的制订需要综合考虑公司的业务特点、规模和内部控制状况。

步骤三：验证银行对账单，获取独立证据。

银行对账单是货币资金审计中的主要依据之一。审计师应该通过发送银行询证函，直接向银行确认公司账户余额、交易记录等信息。这一步骤的关键在于获取独立、可信的证据，以降低公司内部记录的不确定性。

步骤四：分析现金流量，追踪资金的流动情况。

通过对公司的现金流量进行分析，审计师可以追踪资金的流动情况，确认现金的来源和去向。这有助于验证公司陈述的现金等价物的真实性，同时也有助于发现潜在的异常交易或欺诈行为。

步骤五：评估内部控制，确保制度健全。

审计师需要评估公司的内部控制制度，尤其是涉及现金及等价物的内部控制。这包括对资金管理流程、支付控制、对账程序等制度的审查。确保这些制度的健全性，有助于减少因内部失误而导致的错误。

步骤六：进行截止日调整，确保信息的时效性。

为了保证审计得出的结论反映截至报告期末的真实状况，审计师需要进行截止日调整。这可能涉及对后期事件的处理、对未结交易的确认等。时效性对于审计结论的准确性至关重要。

步骤七：完成阶段，整合审计发现。

在完成审计程序后，审计师需要整合所有的审计发现，形成审计报告。这一报告应该清晰地反映审计师对于货币资金所有权的审计结论，包括所有发现的问题、建议的改进措施等。

通过这些程序，审计师最终得出结论，确认公司对于货币资金的陈述是准确的，现金流量的管理得到了有效监控，内部控制制度健全。这一结论使得公司的财务报表更具可信度，为投资者和利益相关方提供了重要的信息。

5.3 函证

银行询证函是审计程序中必用且常用的一种工具，用于向公司所有的开户银行（包括但不限于基本户、未使用的 0 余额账户等）发送函证，以获取有关银行账户、贷款、担保等方面的确认。

目前国内监管要求，所有银行都必须对审计师发送的银行询证函回函，否则将会受到监管处罚。因此，所有银行都会设置类似"金融会计"这样的部门，专门用于处理收发审计师发送的银行询证函。

收发银行询证函的整个过程，包括函证本身都是必要的审计证据，同时也是审计工作底稿的组成部分。收发银行询证函这一程序有助于审计师核实财务报表中关于银行账户和金融交易的准确性和真实性。

发送银行询证函的主要目的是确保公司财务报表中关于银行账户和金融交易的信息是准确的。通过直接向银行方面发送询问，审计师可以获得独立的、可信赖的证据，以验证公司在银行方面的财务状况和交易情况。

5.3.1 银行询证函的制作

我们通过一个案例来感受下银行询证函的"制作—发—收"的全过程。想象一个小型制造公司,在财务报表中声称在一家知名银行拥有活期存款 1000 万元和三年期贷款 500 万元。

为了验证这一信息,审计师决定执行银行询证函程序。

函中明确列出了需要确认的信息:包括账户余额:活期存款 1000 万元;三年期贷款 500 万元;最近的交易记录等。

在回函中,银行确认了该公司的账户余额,并提供了最近三个月的交易明细。这一信息使得审计师能够确信公司对其银行账户的陈述是准确的,财务报表的可靠性得到了增强。

审计师通过与银行直接沟通,获得了关于公司金融状况的确切信息,而不仅仅是依赖于公司提供的内部记录。这体现了银行询证函在保障审计独立性和财务报告准确性方面的关键作用。

银行询证函作为关键的审计证据,为了能够达到目的,获取到全面、完整的信息,避免重复制作和收发,在制作时需要注意很多细节。

(1)准确性和清晰性。询证函的内容必须准确、清晰、易懂。所有需要确认的信息都应该明确列出,以避免引起误解。

(2)确认范围。定义明确要确认的范围,包括银行账户余额、存在的贷款或担保情况、交易的授权人等,确保覆盖审计关注的关键领域。

(3)法律和隐私考虑。在函证中要注意遵循法律和隐私规定,确保不侵犯被询证方的法定权益。

(4)签发人身份确认。询证函需要由合适的授权人签发,以确保被询证方承认签发人的合法身份。

(5)截止日期。设定询证函的截止日期,以确保获取的信息是最新的、是反映当前状况的。

5.3.2 银行询证函的收发流程

在制作好询证函后,审计师要发送和收取询证函。作为审计师与银行的直接沟通方式,审计师需要全程监控询证函的收发过程,避免询证函被篡改或隐藏。一般情况下,我们会选择寄送或直接面函的方式。以下是发收询证函的全流程以及审计师需要关注的事项。

1. 发送银行询证函

步骤一：获取必要信息。

提供被询证方（银行）需要确认的具体信息。例如，银行地址、银行联系人及其身份，被审计单位公司名称、银行账号、银行预留印鉴等。

步骤二：发出函证。

以邮寄方式发出时，要选择安全可靠的邮寄方式，确保函证被安全送达。发送函证前应当扫描已制作好但未回函的函证，用于回函后比对函证基础信息是否被修改。

值得注意的是，在审计物流公司时，应当选择非该公司提供的物流服务。

以直接面函方式发送时，审计师应当自己到访被函证银行，并且亲自办理该业务。办理业务前需要获取银行函证经办人的从业信息，如姓名、职位、工号。

步骤三：记录基础信息。

将发送函证时的所有信息记录于工作底稿之中，这些信息包括但不限于：函证原件扫描件、发送时间、物流单号、经办人基础信息等。

2. 接收银行询证函

步骤一：由经办人控制。

在函证中，应该列明回函收件地址和收件人信息。一般情况下回函地址和收件人为审计师所在会计师事务所及审计师本人。不允许直接将函证回函至被审计单位或由被审计单位员工收取。

步骤二：确认回函信息。

收到回函后，审计师应当对比检查回函函证与之前发送的函证是否有区别，同时应当检查回函方的回函方式是否符合要求。如遇回函不清楚的情况，例如，询证内容为：存款金额是否准确，而回函内容为：可能准确。在该情况下，审计师并未获取到确切的答复，询证内容可能会被视为无效，因此可能需要再次发送函证。

步骤三：保留备份。

将收到的回函编号归档，并将回函信息与被审计单位提供的报表信息进行比对。建议审计师保留好发送的询证函复印件，作为后续回函的比对（对比是否有函证内容篡改、原件未回函等情况）和后续归档审计底稿的备份。

银行询证函在审计中具有重要的意义。首先，银行询证函是审计中关键的独立证据，通过直接向银行发送函证，审计师获取的是来自独立第三方的证据，可以提高财务报表信息的可靠性。其次，银行询证函能够确认财务报表数据的真实性。审计师通过发送银行询证函确认公司在银行的账户余额、贷款和担保等情况的真实性，可以发现并评估虚报或漏报的风险。最后，收发银行询证函作为必要的审计程序，符合法定要求。银行询证函的使用通常符合审计法规和标准的要求，有助于满足法定审计程序的要求。

收发银行询证函是审计中极为重要的一项程序，通过询证函，审计师能够获取独立的、可靠的证据，确保公司财务报表中关于银行账户和金融交易的信息是真实、准确的。在制作、发送、接收银行询证函的过程中，要注意准确性、清晰性、法律中关于隐私的规定以及及时回复等，这些都是至关重要的。

本章小结

货币资金是公司最具流动性的资产之一，对于企业的正常经营和财务状况具有重要意义。货币资金审计是审计过程中不可或缺的一环，它有着重要的经济、法律和管理意义。

货币资金直接关系到企业的支付能力和流动性状况，对于公司的日常经营至关重要。审计师在进行货币资金审计时，需要确认公司是否真实拥有足够的现金和等价物，以保障公司能够按时履行支付义务。

货币资金审计也涉及资金管理的合规性，审计师需要确保公司的资金运作符合相关法规和内部控制的要求，以防范潜在的风险。

在货币资金审计中，可能面临的舞弊风险包括虚增、虚构现金交易、账户资金被挪用等。企业为了掩盖财务问题或者误导外部利益相关方，可能会采取虚构或隐瞒货币资金的手段。此外，资金挪用也是一个常见的舞弊手段。企业可能会通过调账、伪造交易等手段将资金挪用至非正常渠道。

货币资金审计的一般程序如下。

（1）确认货币资金余额。审计师首先需要确认公司报表中所述的货币资金余额是否准确，包括现金、银行存款等。

（2）审查资金流向。审计师需要追踪和审查公司的资金流向，确认是否存在异常的现金交易或者大额挪用行为。

（3）核实银行对账单。审计师需要核实公司的银行对账单，确保公司在报表中所述的银行存款与银行记录一致。

（4）评估内部控制。审计师需要评估公司的内部控制体系，特别是关于资金管理的控制，以确定其有效性。

（5）进行现金计数。审计师可能需要进行现金的实地计数（现金盘点），尤其是对于大额现金。这有助于验证实际拥有的现金与财务报表中所述是否相符。

通过这些审计程序，审计师可以全面了解公司的货币资金状况，确保相关数据的真实性和可靠性，降低舞弊风险，为企业的经营和财务报告提供可信度。

第 6 章

实战：往来科目

往来类科目是企业经济活动中涉及得较多的科目，包括但不限于：应收应付、预收预付等。在往来类科目的审计中，审计师除了要关注该科目的余额列报之外，还需要针对这些科目背后所代表的商业实质进行挖掘。因此，针对往来类科目的审计步骤大同小异。

6.1 应收账款和坏账准备

应收账款作为公司资产中的重要组成部分，直接关系到企业的经营和财务状况。审计应收账款是保障财务报表真实性和合规性的核心环节之一。

（1）财务报表真实性。应收账款是财务报表中的重要组成部分，其真实性直接影响公司财务报表的可信度。通过审计，可以确认应收账款的存在性、准确性，提高财务报表的透明度。

（2）风险评估。通过对应收账款的审计，审计师能够评估被审计公司面临的信用风险、坏账风险等。这有助于被审计公司更好地制定信用政策，降低不良账款的风险。

（3）合规性确认。审计应收账款还涉及对公司收款政策的合规性确认。审计师需要确保公司的收款操作符合相关的法律法规，以降低公司可能面临的法律风险。

举个例子：有一家零售公司，其应收账款占据了其总资产相当大的比例。审计师为了确认应收账款的真实性，采取了以下审计程序。

（1）审查销售合同。审计师仔细审查公司的销售合同，确认销售政策、收款条件等是否符合会计准则。

（2）评估客户信用。审计师通过了解公司的客户信用评估程序，抽样选择了几个客户进行验证，以确认公司的信用政策得以执行。

（3）确认与核实应收账款。审计师选择了部分应收账款进行核实，通过比对销售发票、交货单等，以确认应收账款的存在性和准确性。

（4）评估坏账准备。审计师通过对历史坏账情况的分析，评估公司计提坏账准备的合理性，并确认坏账准备是否充分。

通过这些程序，审计师最终得出结论，公司的应收账款陈述是准确的，相关的计提准备合理。这使得公司的财务报表更具可信度，为投资者和利益相关方提供了重要的信息。

6.1.1 应收账款审计步骤

步骤一：明确审计目标。

审计应收账款的首要任务是明确审计目标。审计师需要了解公司业务模式、销售政策，明确审计的范围，包括应收账款账龄、逾期情况等。同时，对潜在的风险和重大事项进行初步评估，为后续审计程序的制定提供依据。

步骤二：制订详细审计计划。

在审计计划的制订阶段，审计师需要仔细考虑应收账款的特点，制订有针对性的审计计划。这可能涉及对销售合同的审查、对客户信用的评估、对应收账款计提坏账准备的评估等。

步骤三：审查销售合同。

审计师在审计应收账款时，首先需要审查被审计公司的销售合同。这包括了解销售政策、收款条件、退货政策等内容。同时，需要确认销售合同的签订日期和相关会计政策是否符合会计准则。

步骤四：评估客户信用。

对客户信用的评估是确保应收账款的重要步骤之一。审计师需要了解公司的信用评估程序，确认其是否合理，并通过抽样的方式，评估客户是否符合公司信用政策。

步骤五：确认与核实应收账款。

审计师需要确认应收账款的准确性，这包括对销售发票、交货单、客户对账单等的比对。采用发送函证、抽样的方式，审计师可以选择部分交易进行核实，以获取可靠的审计证据。

注意，本章所提到的所有往来性质的科目均可以通过执行"往来询证函"程序获取充分必要的审计证据。值得注意的是，往来询证函和银行询证函一样，被视为审计师与回函方的直接共同载体，因此审计师需要对所有询证函的制作、收发、评估的过程保持独立控制。

除此之外，在应收账款的审计过程中，审计师还需要关注应收账款的账龄变化。

假设本年度应收账款余额和账龄的分布情况与上年账龄审计结果如表6-1所示。

表6-1　应收账款账龄分析表（举例）　　　　　　　　　　　单位：万元

账龄	本期余额	上期余额（审计后）
1年以内（当期新增）	100	200
1~2年（含）	200	50
2年以上	30	0

根据上表，我们可以看到，上期新增应收账款数额为200万元，该数额如果全部未在本期收回，则本期账龄为1~2年的应收账款余额应为200万元，表中显示该数据相符。

同理，上期账龄为1~2年的应收账款余额为50万元，在本期如果该部分账款全部未收回，则本期账龄为2年以上的应收账款余额应为50万元。但根据表中数据显示，本期账龄为2年以上应收账款余额为30万元。

此时审计师可以假设上年应收账款的50万元中有20万元已于本期收回。为了验证这个猜想，审计师需要对少了的20万元执行审计程序，包括但不限于：查阅收款凭证并将其与上年进行比对，确定收回的20万元确实为上年未收回的50万元中的一部分。

步骤六：评估坏账准备。

公司通常会设置坏账准备以反映可能的信用损失。审计师需要评估被审计公司的坏账准备计提政策是否合理，并通过对历史坏账情况的分析，确认坏账准备的充分性。

步骤七：调整截止日。

为了保证审计结论反映截至报告期末的真实状况，审计师需要进行截止日调整。这可能涉及对后期发生的收款、减值准备计提等进行确认，以确保审计的时效性。

步骤八：报告撰写与审计结论。

在完成所有审计程序后，审计师需要整合审计发现，形成最终的审计报告。这一报告应清晰地陈述审计师对应收账款的审计结论，包括所有发现的问题、建议的改进措施等。

应收账款审计是确保公司财务报表真实性和合规性的关键步骤。通过详细的审计程序、合理的计划和评估，审计师能够获取充分的独立证据，提高审计结论的可靠性。

6.1.2 应收账款坏账准备的审计步骤

在应收账款的审计过程中，我们提及了一个特殊的部分：应收账款的坏账准备。应收账款坏账准备的审计是确保公司财务报表真实性和合规性的重要组成部分。因此，审计师需要针对应收账款的坏账准备执行对应的审计程序。

步骤一：明确审计目标。

审计应收账款坏账准备的首要任务是明确审计目标。审计师需要了解公司的坏账准备政策、计提方法，同时需要对可能存在的坏账风险进行初步评估。

步骤二：制订详细的审计计划。

在审计计划的制订阶段，审计师需要仔细考虑应收账款坏账准备的特点，制订有针对性的审计计划。这可能涉及对坏账准备计提政策、历史坏账情况等的详细分析。

步骤三：审查坏账准备政策。

审计师需要审查公司的坏账准备政策，包括计提的基准、计提比例等。通过了解公司的政策，审计师能够更好地评估其合理性，并为后续的审计程序提供指导。

步骤四：数据抽样与比对。

为了确认坏账准备的充分性，审计师可以采用数据抽样的方式，选择一部分应收账款进行比对。通过对比实际坏账与计提的坏账准备，评估公司的计提是否合理。

步骤五：分析历史坏账情况。

审计师需要分析公司过去的坏账情况，包括坏账的发生原因、计提的准确性等，以便更好地了解公司可能面临的坏账风险。

步骤六：截止日调整。

为了确保审计结论反映截至报告期末的真实状况，审计师需要进行截止日调整。这可能包括确认后期发生的坏账、调整坏账准备的计提等。

步骤七：计算坏账准备。

在确认坏账准备的充分性后，审计师需要通过计算来验证公司的坏账准备金额是否合理。

计算公式通常为：坏账准备 = 应收账款余额 × 坏账准备率

假设公司的应收账款余额为 1 000 000 元，而公司的坏账准备率为 5%。那么，按照计算公式：

坏账准备 = 1 000 000 元 × 5% = 50 000 元

通过这个简单的计算，审计师可以验证公司计提的坏账准备是否与实际情况相符，从而评估公司的坏账准备是否合理。

应收账款坏账准备的审计是确保公司财务报表真实性和合规性的重要步骤。通过详细的审计程序、合理的计划和计算，审计师能够获取充分的独立证据，提高审计结论的可靠性。

6.2 其他应收款

其他应收款的审计逻辑与应收账款的基本相同，但值得注意的是，在其他应收款的审计过程中，审计师需要注意其与应收账款、预付账款的分类情况。

6.2.1 其他应收款审计的必要性

在审计过程中，我们将把应收账款和其他应收款混淆记录（即将应当计入其他应收款的款项误计入应收账款中）这样的分类问题叫作重分类。重分类是指原本属于一类账户的财务项目，由于一些调整或变更而被重新划分到了另一类账户中。

在企业财务报表中，其他应收款和应收账款之间的重分类，可能涉及从其他应收款账户转移到应收账款账户，或反之。

例如，被审计单位主营业务为销售商品，因此，我们会将被审计单位的销售商品应收款项记为"应收账款"。假设本年度由于被审计单位获得了一笔环保奖金，与主营业务关联不大，在账面处理时，按照准则和法律法规的要求，应当将这笔奖金计入"其他应收款"。但由于财务疏忽，将该笔奖金计入了"应收账款"科目。

你可能会产生疑问,这笔款项确实属于"应收",并且两个科目都属于资产负债表中的科目,即使计错项目也影响不大。审计师为什么还要关注科目余额的重分类问题呢？

第一,在资产负债表中,应收账款和其他应收款都属于资产项目。重分类可能会导致两个账户的数额发生变化,影响公司的总资产和流动资产等指标。

第二,应收账款和其他应收款的重分类也可能会对利润表产生影响,这是由于往来科目与利润表科目的钩稽关系造成的。一般来说,计入应收账款的科目在利润表中会被认定为主营业务收入,而计入其他应收款的款项则可能会被认定为营业外收入。同时,如果原先确认的应收账款计提了坏账准备,而在重分类后判定无法收回的部分则属于其他应收款,可能会影响当期的损益。

第三,重分类会改变报表的结构,可能会影响投资者和其他利益相关方对财务报表的理解和分析。因此,财务报告应当清晰地说明重分类的原因和影响。

对于审计师而言,需要审查公司的会计政策,确认是否存在合理的理由进行重分类,并评估这种变化对财务报表的合理性和透明度是否有实质性影响。审计程序可能包括确认管理层是否提供了充分的解释,并检查相关文件和会计记录。

6.2.2 审计其他应收款的关键步骤和信息获取

步骤一：查阅明细。

审计师需要向被审计单位获取针对本年度的其他应收款明细,并将明细进行加总计算,确定明细中的数据加总后与报表披露的数据一致,以验证其完整性。

步骤二：审阅合同。

审计师需要仔细审阅公司与其他应收款客户签订的合同,关注其中有关其他应收款的条款,确保这些款项的发生是基于合法、有效的合同约定。与此同时,还要注意是否有重分类的情况。

步骤三：流程和控制审计。

审计师需要了解公司对其他应收款的管理流程和内部控制,包括数据核实程序、做账政策等,以评估公司的财务风险管理能力。

步骤四：与客户沟通。

直接与客户沟通,确认其他应收款的来源、政策依据、交易依据以及相关合同的履行情况等,以获取第一手信息,确保审计的全面性和准确性。

步骤五：核实银行对账单。

通过核实公司的银行对账单，确认其他应收款项的实际到账情况，防范可能存在的虚增或虚减情况。

通过以上审计程序的实施，审计师能够全面了解被审计公司其他应收款的真实情况，并发现潜在的风险。在整个审计过程中，需要特别关注可能存在的异常情况，及时采取相应的调查和核实措施。审计师独立、审慎、全面的工作，将有助于保障其他应收款的审计质量。

其他应收款的审计不仅有助于评估公司的财务风险，确保财务报表的真实性，还能够揭示公司在财务管理方面的优势和不足。通过深入了解合同条款、审计内部流程和与客户的直接沟通，审计师能够全面而准确地审计其他应收款，为公司提供有力的财务保障。这也再次强调了其他应收款审计在整个审计过程中的关键性。

6.3 预付账款

预付账款科目是公司在支付货物或服务之前，根据合同或协议提前支付的款项。预付账款通常涵盖了公司对供应商、服务提供商或其他合作伙伴的预付款项。以下是预付账款科目可能记录的一些款项。

（1）预付货物款项：公司提前支付以获取物品或商品，如原材料、存货等。

（2）预付服务款项：公司提前支付以获取服务，如维护、咨询、技术支持等。

（3）租赁预付款项：如果公司提前支付了租金，这也可能被记录在预付账款中。

（4）预付税款：提前支付的税款，如预付所得税、销售税等。

（5）预付保险费：公司提前支付的保险费用。

在审计预付账款时，审计师需要保持独立性、审慎性，并全面地了解公司的业务和交易背景，以确保审计工作的质量和可靠性。

6.3.1 预付账款审计的注意事项

在预付账款的审计过程中，审计师需要对审计证据的质量进行评估，并对潜在的风险有所警觉；通过审阅合同和内部控制测试，确保预付账款的准确性和真实性，确保公司的预付款政策符合相关法规和会计准则；通过截止性确认，确认财务报表中的预付账款截至审计日的准确性；识别并评估与关联方相关的预付款项，防范潜在的关联交易风险；考虑是否存在需要形成坏账准备或减值准备的情况。

同时，在进行审计预付账款时，审计师需要做的主要工作包括以下几个方面。

（1）审阅合同和协议：确保存在与预付款相关的明确合同或协议，并核实合同规定的支付条件和金额。

（2）内部控制审计。评估公司内部控制，确保预付账款的记录和管理符合规范，并检查公司的预付款政策和程序是否得当。

（3）截至性确认：发送截至性确认函，确认截至审计日预付账款的准确性。

（4）与供应商/服务提供商确认。通过函证或其他方式，直接确认与预付账款相关的供应商或服务提供商的情况，确认预付款是否符合合同规定。

（5）相关方交易审计。注意预付账款是否涉及与公司关联方的交易，需特别审慎。

（6）准备与退款政策。检查公司的准备政策，确保充分考虑了可能的退款和减值，考虑是否需要形成坏账准备。

6.3.2 预付账款审计的步骤

假设被审计公司是一家制造业公司，业务范围涵盖原材料采购、生产加工及产品销售。在审计计划中，你作为审计师负责审计公司的预付账款科目。在前期的工作中，团队已经完成了风险评估等程序，并且已经获取到了预付账款明细表等信息。

接下来，你需要按照以下步骤完成预付账款的审计，并将所有内容记录在审计工作底稿中。

步骤一：审阅合同和协议。

收集公司的供应商合同和服务协议，以验证合同中的预付款条件和金额。

在这个过程中，你需要关注是否存在合同模糊，无法确认支付条件；合同中存在与行业不符的异常支付条件等情况。

步骤二：内部控制审计。

了解公司的内部控制制度，特别关注预付账款的记录和管理流程。

检查公司的预付款政策和程序是否得当。一旦发现内部控制有缺陷，就可能会导致错误的预付账款记录。同时如果公司内部对于预付账款的政策执行不力，同样也会为预付账款科目发生舞弊创造机会。因此你需要对类似现象加以关注。

步骤三：截至性确认。

在往来函证中增加截至性确认事项，确认截至审计日预付账款的准确性。

如果供应商或服务提供商未及时确认账款，就可能会导致截至性差错，最终导致该科目的计量失去准确性。

步骤四：与供应商或服务提供商确认。

通过函证或其他方式，直接确认与预付账款相关的供应商或服务提供商的情况，确认预付款是否符合合同规定。

回函中一旦出现供应商否认收到预付款，则可能存在错误支付，你需要考虑是否存在舞弊。而当合同规定与实际支付不符时，则可能涉及欺诈行为。

步骤五：相关方交易审计。

你需要注意预付账款是否涉及与公司关联方的交易，需特别审慎。并且需要特别关注关联方交易是否按市场价进行。

关联方交易存在特殊关系，若不按照市场价格进行交易，则可能会影响交易的公正性。同时应当警觉是否存在预付款项与关联方交易未在财务报表中充分披露的情况。以上均会被视为重大的舞弊风险。

步骤六：准备与退款政策。

检查公司的准备政策，确保充分考虑了可能的退款和减值，考虑是否需要形成坏账准备。

如果公司的退款政策不清晰，就可能会导致减值损失的遗漏。而减值准备计算是否符合会计准则，也会影响到该科目是否被准确计量。

步骤七：坏账和减值准备。

评估是否存在需要形成坏账准备或减值准备的情况，并根据历史数据和风险评估确定减值准备金额。

预付账款发生坏账风险较大，因此要评价坏账准备是否充足、是否按要求计提。警觉公司对于坏账准备的计算方法与实际情况不符的情况。

步骤八：关联科目审计。

对关联性进行分析，确保预付账款的金额与相关科目（如应付账款、销售收入等）一致。并核对相关科目，确保交易的全面性和准确性。如果预付账款未能正确反映在相关科目中，就可能会导致财务报表错误。

通过以上步骤，你将全面审计公司的预付账款科目，确保其准确性、真实性，同时关注可能存在的异常情况，以提高审计工作的质量和有效性。此外，预付账款的审计结果可能会影响应付账款、收入确认等相关科目的审计结果，因此在审计过程中需要保持对这些科目的关联性的关注。

6.4 预收账款

假设有一家制造业公司，为了满足市场需求，在销售产品的同时还提供了售后服务。在售后服务中，客户可能需要提前支付一定的保修服务费用或订金。会出现这样的情况的，除了制造业公司，常见的企业为汽车销售门店、电器销售门店等。这些预付的服务费用或订金会被公司记录在财务报表中的"预收账款"账户中。

6.4.1 预收账款审计中的注意事项

预收账款是公司与客户之间发生的一种特殊往来，审计师需要对这部分资金进行审计，以评估潜在的财务风险。预收的款项可能存在退款风险，而公司可能会在收到这个款项时就将其列报在财务报表中，提前确认这部分收入，因此需要审计师通过核实相关合同和交易来评估潜在的退款风险。

公司通过提前收取服务费用或订金，可能会在财务报表上提前确认收入。审计预收账款可以帮助审计师核实这些收入的真实性，确保公司没有过度确认收入，从而保障财务报表的准确性。

与应收账款不同，预收账款通常涉及提前支付费用或订金但尚未履行义务，因此这个科目的审计需要从以下 3 个方面入手。

（1）收款时机。应收账款通常是在产品或服务交付后形成的，而预收账款往往涉及提前支付费用或订金，可能在服务前就已经发生。

（2）会计确认时点。应收账款的确认通常是在产品或服务交付后，而预收账款可能涉及分期确认收入或服务费用。

（3）风险特性。预收账款通常具有较高的风险，因为提前支付费用或订金的性质可能会导致公司面临较大的退款或坏账风险。

6.4.2 预收账款审计的步骤

假设某汽车销售4S门店在年度报告中,披露了一笔金额为100 000元的客户提前支付的售后保修服务费用。审计师通过对相关合同的审阅发现,这部分服务费用是基于正式合同而产生的,客户在购买汽车时提前支付了后续保修费用。审计师还通过与客户的沟通确认了该笔款项的合法性。

在流程和控制审计中,审计师了解到,公司有严格的内部控制流程,包括对预收款项的核实程序、制定明确的退款政策等。并且通过核实银行对账单,确认了预收账款款项的实际到账情况与公司报告一致。

步骤一:审阅合同和协议。

收集公司的销售合同和服务协议,验证合同中的预收款条件和金额。

审计师需要警觉:合同是否有模糊、无法确认收款的条件;合同中是否存在与行业不符的异常收款条件。

步骤二:内部控制审计。

了解公司的内部控制制度,特别关注预收账款的记录和管理流程,检查公司的预收款政策和程序是否得当。

如果公司内部对于预收账款的政策执行不力,一旦发现内部控制有缺陷,则需要关注是否存在可能导致错误的预收账款记录。

步骤三:截至性确认。

在函证中增加截至性确认信息,确认截至审计日预收账款的准确性。

假设该款项保证在1年内提供6次服务,但由于客户尚未进行消费,或服务期限在审计期内尚未到期,客户未及时"消耗"预收账款,则可能会导致截至性差错。

步骤四:与客户确认。

通过函证或其他方式,直接确认与预收账款相关的客户的情况,确认预收款是否符合合同规定。

如果客户否认支付预收款,则可能存在错误的预收账款。如果合同规定与实际收款不符,则可能涉及欺诈行为。

步骤五:相关方交易审计。

审计师需要注意预收账款是否涉及与公司关联方的交易,需特别审慎。并且要确认关联方交易是否按市场价进行,否则可能会影响交易公正性。预收款项与关联方交易未在财务报表中充分披露则可能影响财务报表的完整性,严重时可能存在舞弊风险。

步骤六：退款和减值准备。

检查公司的退款政策，确保充分考虑了可能的退款和减值，考虑是否需要形成预收账款的减值准备，减值准备的计算是否符合会计准则。如果公司的退款政策不清晰，则可能会导致减值损失的遗漏。

步骤七：关联科目审计。

确保预收账款的金额与相关科目（如未完成合同、收入确认等）一致，并核对相关科目，确保交易的全面性和准确性。如果预收账款未能正确反映在相关科目中，则可能会导致财务报表错误。

通过以上步骤，审计师能够全面审计公司的预收账款科目，确保其准确性、真实性，同时关注可能存在的异常情况，以提高审计工作的质量和有效性。此外，预收账款的审计结果可能会影响未完成合同、收入确认等相关科目的审计结果，因此在审计过程中需要保持对这些科目的关联性的关注。

6.5 期后收付

往来类科目在企业的日常业务中可能会出现期后收付的情况。期后收付是指在交易发生后，款项或货物的结算延迟至后续的会计期间进行。

假设一家公司在 12 月 1 日向客户销售了一批商品，销售额为 1000 元，但由于合同条款或商业惯例，客户可以在交货后的 30 天内支付款项。

12 月 1 日：销售交易发生，公司确认销售收入 1000 元，同时在应收账款科目中记录了客户应付的 1000 元。

12 月 31 日：即公司的会计期末，尚未收到客户支付的款项。在年末财务报表中，公司仍然会在应收账款科目中保留 1000 元的余额，表示尚未收到的款项。

次年 1 月 1 日至 1 月 30 日：客户完成了支付，公司收到 1000 元的款项。公司在这个时候会确认现金收入，减少应收账款科目的余额。

这种情况下，期后收付体现在销售交易发生的 12 月，但款项的实际收到发生在次年的 1 月。在企业的财务报表中，应收账款的余额在 12 月末会反映出尚未收到的 1000 元。

审计师在审计往来类科目时，需要关注期后收付的情况，确保企业对于往来科目的确认、计量、披露符合会计准则的要求，并且审计程序应包括对期后收付的合理性和准确性的验证。

被审计单位可能会利用期后收付的情况来进行舞弊:公司在 12 月底时将销售收入虚增,即在没有实际完成销售的情况下确认销售收入。这样可以在年末的财务报表中提高销售收入,使业绩看起来更好。随后,公司在次年的 1 月或之后通过调整,将实际未收到的款项扣除,以还原真实的财务状况。除此之外,常见的舞弊行为还有,为了满足季度或年度的短期业绩目标而选择虚增销售收入,以提高财务指标;通过提高报告期内的销售收入来操纵股价,使投资者对公司更有信心;等等。

审计师在面对期后收付的情况时,应当保持警觉,特别是对于在报告期末确认的销售收入。

对于期后收付的情况,审计程序应当包括对销售交易的实质进行审查,确保销售收入的确认是合理的,与实际交易和货物或服务的交付相一致。此外,审计师还应当对公司的内部控制制度进行评估,确保防范虚增销售收入等舞弊行为的控制措施得以有效执行。

当审计师面临期后收付的情况时,需要采取一系列审计程序来验证其合理性和准确性。表 6-2 所示为审计师可能会采取的一些措施。

表 6-2 期后收付事项审计程序

程序	注意事项
审查合同和协议	审计师应当仔细审查公司与交易相对方的合同和协议,特别关注付款和收款条款,以确定款项应当在何时确认
确认收入和费用的实际发生时间	审计师需要确认收入和费用的实际发生时间是否与财务报表所显示的期间相符。这可以通过核实交易的实际完成日期来实现
考虑经济实质	审计师需要审查交易的经济实质,而不仅仅关注其法律形式。如果合同中规定的款项与实际经济活动不符,那么审计师应当考虑调整财务报表
内部控制评估	审计师应当评估公司的内部控制制度,特别关注与期后收付相关的控制措施,包括对款项确认的控制,确保在确认往来科目时没有虚增或虚减
与相关方确认	审计师可以与公司的往来方进行确认,核实公司的应付和应收账款的准确性。这有助于确保在报告期末确认的往来款项是真实存在的
逐笔调查	审计师可能需要逐笔调查在期后确认的款项,特别是涉及重要金额或关键交易的情况。这有助于发现潜在的错误或舞弊行为

通过以上步骤,审计师能够更全面地了解公司的期后收付情况,确保相关的往来科目在财务报表中得到了正确的确认、计量和披露。这有助于提高审计的可靠性和质量。

6.6 关联方往来

关联方是指在财务、经营或其他方面存在一定关系,能够对企业的经济利益产生重大影响的各方。

关联方之间的往来事项包括交易、资金往来、服务提供等多种形式,如表 6-3 所示。

表 6-3 关联方往来事项

往来事项	事件	举例
销售和购买	关联方之间可能发生产品或服务的销售和购买	母公司向子公司销售产品或提供服务
资金往来	关联方之间可能存在资金的借贷关系	一家公司向其关联公司提供贷款或资金支持
股权投资	关联方之间可能通过购买股权形成了投资关系	一家公司购买另一家公司的股票,成为其关联公司
提供或接受服务	关联方之间可能相互提供或接受服务	一家公司的子公司可能从母公司获得管理服务
转让资产	关联方之间可能发生资产的转让	一家公司可能将不再需要的资产出售给其关联公司
共同投资	关联方可能共同参与某项投资项目	两家公司共同投资某个新项目或企业

这些往来事项在关联方之间发生时,审计师需要特别注意,以确保交易公正、合理、符合市场价格,并且需要在财务报表中充分披露这些关联方往来事项。这有助于维护企业的透明度和公正性,防范潜在的利益冲突和舞弊行为。

6.6.1 关联方交易的舞弊风险

关联方之间的交易经常会被视为关键审计事项。主要原因在于这些交易可能涉及与关联方之间的特殊关系,从而存在潜在的舞弊风险。

(1)特殊关系。关联方之间存在特殊的法律、经济或其他关系,可能会影响交易的公正性和独立性。

(2)潜在的利益冲突。关联方之间的交易可能会导致潜在的利益冲突,例如,管理层可能会因为与关联方的交易而获得个人利益。

（3）影响财务报表。关联方交易可能会对财务报表产生重大影响，尤其是关联方之间的不公正交易，可能会导致报表中的数据不准确。

在关联方往来中，舞弊发生的原因、动机和表现形式如表6-4中所示。

表6-4 关联方往来可能发生的舞弊行为

行为	具体形式
价格操纵	关联方可能会通过操纵交易价格来获取不当利益。例如，人为夸大销售价格或低估购买价格
虚构交易	企业可能会虚构关联方之间的交易，以提高销售收入或利润水平，给投资者、债权人和其他利益相关方提供虚假的财务信息
隐藏亏损	企业可能会通过将亏损项目转移到关联方，以减少自身财务报表中的亏损金额，从而影响其财务状况的真实性
利益输送	关联方之间的交易可能会被利用，为一方输送利益。例如，将盈利项目转移到关联方，以规避税收或其他法规

审计师在处理关联方交易时需要特别关注这些潜在的舞弊风险，通过深入了解关联方之间的交易性质、审计内控的有效性、价格的公正性等，以确保财务报表的真实性和公正性。

6.6.2 关联方交易审计的一般步骤

审计师在应对关联方往来产生的舞弊风险时，需要执行一系列审计程序，以确保交易的真实性、公正性和合规性。

步骤一：了解关联方关系。

审计师首先需要了解被审计单位与关联方之间的关系，包括法律、经济和其他方面的特殊关系。这可以通过查阅合同、公司章程、协议等文件，以及与管理层和法律顾问的沟通来实现。

步骤二：审查合同和协议。

审计师应仔细审查与关联方之间的合同和协议，关注交易条件、定价机制、付款条件等，以确保合同公正、合理。

步骤三：独立评估价格公正性。

对关联方之间的产品或服务的定价进行独立评估，以确保价格公正，不利用特殊关系进行不当定价。

步骤四：比较市场条件。

审计师可以比较被审计单位与关联方之间的交易条件与市场条件，评估是否存在与市场条件不一致的情况。

步骤五：确认实际履行。

确认关联方交易的实际履行情况，包括产品或服务是否按照合同条款提供，货款是否按照协议支付等。

步骤六：审查内部控制。

审计师需要审查被审计单位的内部控制，特别关注与关联方往来相关的控制措施，以确保交易的合规性。

步骤七：风险评估。

对关联方往来的风险进行评估，特别关注可能导致舞弊的关键风险因素，并相应地调整审计程序。

步骤八：与法律顾问交流。

审计师可以与公司的法律顾问交流，获取关于关联方往来合规性的法律意见，了解是否存在法律风险。

通过以上审计程序，审计师能够更全面地了解关联方往来的情况，并有效地应对潜在的舞弊风险，确保财务报表的准确性和透明度。

6.7 替代性测试

替代性测试是指审计中为了达到相同的审计目标，采用一种不同于计划中的程序的方法。替代性程序通常在原审计程序无法执行或效果不佳的情况下使用，以确保审计师能够获取足够的审计证据。

6.7.1 替代性程序的适用情况

假设原计划中的审计程序是通过对往来账款的账龄进行分析，以确保账龄合理、计提坏账准备充分。但是，由于被审计单位在提供账龄分析方面遇到了困难，无法提供完整准确的信息，因此审计师会考虑采用替代性程序。

（1）往来方确认。直接联系与被审计单位有往来的客户或供应商，确认未结账款的准确性和有效性，以替代原计划中的账龄分析。

（2）现金流分析。通过分析被审计单位的现金流量表，特别关注与往来科目相关的现金流动情况，以验证账款的实际收付款情况。

（3）与行业对比。将被审计单位的往来账款与行业平均水平进行对比，以评估账款的合理性和可能的风险。

（4）审查合同和协议。对与往来科目相关的合同和协议进行详细审查，确认账款的计提是否与合同条款一致。

通过这些替代性程序，审计师能够尽量弥补原计划中的不足，确保在无法按计划获取信息的情况下，仍然能够获得足够的审计证据，保障审计质量。

当然，使用替代性程序时，审计师也需要在审计工作底稿中清晰地记录使用替代性程序的原因和结果。

6.7.2 替代性程序的一般设计思路

如果遇到某些特殊情况，无法获取直接的审计证据，例如，被审计单位无法提供完整信息、未收到回函等，那么审计师就可以考虑执行替代性程序。一般情况下，审计师可以考虑以下思路。

（1）明确审计目标。首先，审计师需要明确原审计程序的目标，再确定替代性程序的目标。例如，发送往来函证的目标之一是确定往来方真实存在，但并未收到回函验证，此时审计师可以考虑通过实地走访的方式，以验证往来方是在现实中真实存在的机构。

（2）评估原审计程序的难度和限制。审计师需要评估原计划中的审计程序在实施过程中的难度和限制，确定是否存在无法克服的障碍。例如，在未收到往来询证函的情况下，审计师无法强制要求往来对方回函，因此考虑实施替代性程序。

（3）选择合适的替代性程序。根据目标和评估结果，审计师应选择能够替代原审计程序的合适方法，包括直接确认、现金流分析、合同审查等。例如，当未收到往来函证回函时，审计师可以考虑直接实地走访，以验证对方是真实存在的机构。

（4）制订执行计划。为替代性程序制订具体的执行计划，包括需要收集的信息、需要联系的相关方、执行的时间安排等，以确保计划能够在审计时间内完成。在以上案例中，审计师需要获取往来方的实际经营地点，并考虑是否进行走访；如果需要走访，就要对走访的时间、人员等做出合理的安排。

（5）获取必要的授权和协助。如果替代性程序需要与往来方或其他相关方沟通或获得协助，审计师就需要获得必要的授权和支持。在以上案例中，审计师可能需要获取的协助和授权包括但不限于：被审计单位或交易对手方同意审计师访问。

（6）执行替代性程序。按照制订的计划执行替代性程序，确保收集到足够的审计证据。

（7）分析和评估结果。分析替代性程序的执行结果，并与原审计程序的目标进行比较，评估替代性程序是否能够提供足够的合理保证。

（8）记录和报告。在审计底稿中清晰记录替代性程序的制定、执行、结果分析等过程，并将结果纳入审计报告。

（9）审慎判断。审计师在使用替代性程序时需要审慎判断，确保替代性程序的可靠性和适用性，同时了解其局限性。

（10）与审计组成员协调和沟通。在执行替代性程序的过程中，与审计组的其他成员保持协调和沟通，确保整个审计工作的一致性。

通过以上步骤，审计师可以制定并执行替代性程序，弥补原计划中的不足，确保审计工作的顺利进行。

本章小结

往来类科目是公司经营管理中最重要的科目之一，列报于资产负债表中，对企业经营过程中的收入、成本、利润均会有影响。

往来类科目的审计对于企业的正常经营和财务状况具有重要意义，是审计过程中不可或缺的一环，有着重要的经济、法律和管理意义。

往来类科目的准确列报、公正披露，直接关系到企业的支付能力和流动性状况，对于公司的日常经营至关重要，甚至会影响大众对于企业的期望，对企业商誉、形象等产生影响。因此审计该类科目时，审计师应当保持独立性，保持职业怀疑，保证往来类科目的余额、发生额等被准确记录、合理披露。

审计师在进行往来类科目的审计时，需要确认公司是否真实发生过往来项目，核实公司是否履行支付、收款。同时也需要关注资金记录的准确性，以防范潜在的风险。

在往来类科目的审计中，可能会面临的舞弊风险包括虚增、虚构交易，资金转移、违规交易等。企业为了掩盖财务问题、达成某些指标或者误导外部利益相关方等目的，可能会采取虚构或隐瞒往来交易的手段。此外，资金转移、非正常交易也是常见的舞弊手段，企业可能会通过调账、伪造交易等手段将资金挪用至非正常渠道，或通过非正常交易达成某些利益输送的目的。

往来类审计的一般程序如下。

（1）确认科目余额。审计师首先需要确认公司报表中所述的科目余额是否准确，包括发生额、余额。

（2）审查资金收付情况。审计师需要追踪和审查公司的资金流向，确认是否存在异常的现金交易，同时应当比对银行账户的收付款情况，包括但不限于对准确性、完整性、发生性的验证。

（3）获取来源于第三方的审计证据。审计师需要通过发送往来询证函等方式核实公司的往来交易情况，确保公司在报表中所述的往来交易数据真实、准确。

（4）评估内部控制。审计师需要评估公司的内部控制体系，特别是关于往来类科目的控制，并确定其运行的有效性。

（5）进行合同审阅。审计师可能会选择进行合同审阅，尤其是对于大额、关联方交易。这有助于验证交易的目的是否合法、合规，与财务报表中所述是否相符。

通过这些审计程序，审计师可以全面了解公司的往来类科目状况，确保相关数据的真实性和可靠性，降低舞弊风险，为企业的经营和财务报告提供可信度。

第 7 章

实战：资产科目

资产类科目是财务报表中占比最大的科目之一。资产涉及的范围较广，包括实物资产和非实物资产。被审计单位在资产项目入账时要制定一系列的政策和规则，对于资产类项目价值的计量方式也涉及大量的会计估计。因此，资产类项目出现错报的风险值得引起关注。

本章将列举企业经济活动中涉及得较多的几类资产，通过简单的案例让读者感受关于这些资产的审计过程。

7.1 固定资产

固定资产是企业财务报表中一个关键的科目，同时也是容易发生舞弊的地方。由于固定资产入账估值较复杂，且一旦产生错报，其影响就是广泛的，因此，固定资产的审计很有可能会被视为审计项目中的关键审计事项。在很多审计项目中，固定资产的审计都是需要审计师花费大量时间和精力的板块之一。

7.1.1 基于固定资产的舞弊行为

针对可能出现的基于固定资产的舞弊，将具体行为和形成原因总结如下。

（1）资产清单操纵。企业为了扩大自身资产规模，可能会操纵资产清单，夸大固定资产的价值。具体表现形式可能是将已报废或不存在的资产列入清单，虚构资产的数量或价值。

审计师应当对此保持警觉，通过验证资产清单的真实性，与实地检查相结合，比对前后年度的清单，确保其准确性。

（2）折旧计算不当。企业可能会通过不当的折旧政策，延缓费用的确认，以提高当期利润。具体表现为使用过低的残值率，或修改折旧政策，使用直线法而不是合理的加速折旧法计提折旧。

审计师可以通过仔细审查公司的折旧政策，与行业标准比较，确保其合理性；执行重新计算程序，以核实折旧计算的准确性。

（3）资产减值不当。企业可能会出于维持高企业价值的目的，故意不执行资产减值测试。例如，某制造业企业为了保持企业高价值，忽略其生产设备可能已经落后的迹象，以设备"还能运转"为由故意不计提减值。

审计师应当确保被审计单位按照相关准则执行了减值测试，了解行业信息，评估管理层对减值迹象的回应。

（4）虚构固定资产处置。企业可能会通过虚构的固定资产处置来转移资产，隐瞒真实的资产状况。声称已处置资产并记录处置损失，实际上并未处置；或以明显不合理的价格将固定资产处置给关联方。

审计师应仔细审查固定资产处置记录，评估处置价格、核实处置损失的合理性，与相关文件和实地检查相结合。

（5）虚构资产质押。企业可能会为了取得贷款或隐瞒真实财务状况，虚构固定资产的质押，将不存在或已经抵押的资产再次质押给其他金融机构。

审计师应确认固定资产质押情况，发送函证等书面文件与金融机构确认抵押情况，验证相关文件的真实性。

7.1.2 固定资产审计的一般步骤

假设被审计单位公司是一家环保企业，拥有大量固定资产，包括生产设备、厂房等，用于支撑其污水处理、垃圾处理的主营业务。在前期的评估中，审计师认为该企业固定资产数额巨大、专有性程度较高，因此需要执行严格的审计程序。你作为审计师，负责对该公司的固定资产进行审计，步骤如下。

步骤一：固定资产清单确认。

你将获取公司的固定资产清单，并将清单与前一年度的资产清单进行比较，确认新增、处置和变动情况。你可能会将固定资产的加总金额与财务报表金额进行核对，以初步验证清单的完整性。

假设清单中列明记录在册的固定资产金额加总后为1亿元，但报表列示金额为1.1亿元，就可能会引起你的警觉：资产清单缺失或不完整，可能会导致对固定资产的不准确审计。

假设在进行确认时你发现，该清单上列明的部分固定资产与被审计单位的实际经营范围无关，资产清单与实际情况不符，就有可能存在潜在的错报或遗漏。

步骤二：固定资产计量和分类。

验证固定资产的计量方法是否符合会计政策，确认固定资产的分类是否合理，如分为土地、建筑、机器设备等。

假设你在评估过程中发现公司采用了不当的计量方法，例如，新购入固定资产的价值远低于同类旧资产的价值，可能就会导致固定资产价值的错误。而分类错误可能会影响相关财务报表科目的准确性。

步骤三：固定资产折旧计算。

检查公司的折旧政策，确保其符合相关会计准则。验证折旧计算是否准确，并核对计算公式、重新进行计算。

如果公司折旧政策与法规不符，就有可能会导致报告的资产价值失真。如果折旧计算错误，就可能会影响损益表和资产负债表的准确性。

步骤四：固定资产减值测试。

检查公司是否进行了固定资产减值测试，确认减值测试的方法和假设是否合理，必要时执行重新计算程序。

如果公司未进行减值测试，就可能会导致资产减值损失未被正确计提。如果减值测试的假设不合理，就可能会影响财务报表的真实性。

步骤五：租赁资产审计。

对公司的租赁协议进行审查，确认租赁资产是否被正确计量，是否按照租赁准则的要求进行了会计处理。

如果公司未根据租赁准则正确计量租赁资产，就可能会导致财务报表错误。如果租赁协议披露不足，就可能会影响对租赁资产的审计判断。

步骤六：固定资产处置确认。

核对处置固定资产的文档，确认处置是否符合公司政策和法规，验证处置资产的收益或损失计算是否准确。

如果公司未按照规定程序处置资产，就可能会导致处置收益或损失被错误计算。如果处置收益被过度夸大，就会影响财务报表的真实性。例如，以明显低于或高于市场平均价格的价格将固定资产进行处置。

步骤七：关联科目审计。

确保固定资产的变动与相关科目（如折旧费用、租赁费用等）的金额一致。核对相关科目，确保固定资产的变动在财务报表中得到了正确反映。

如果相关科目与固定资产的变动不一致，就可能会同时影响资产负债表及利润表，导致财务报表的错误。

通过以上审计步骤，你将能够全面审计被审计公司的固定资产，确保其准确性和真实性，并关注可能存在的异常情况，以提高审计工作的质量和有效性。同时，固定资产的审计结果可能会影响相关科目，如折旧费用、减值损失等，需要在审计过程中保持对这些科目的关联性关注。

固定资产的审计过程中，审计师可以采用随机抽样和全面审计相结合的方法，确保对资产的全面审查。同时，我们也强调了固定资产盘点程序的重要性，可以通过进行实地检查，以确保固定资产的存在性、完整性和计量的准确性。与独立第三方进行对比确认，在专有性较高的固定资产的审计中，审计师可以考虑获得专家的协助，由此获得来自外部的独立审计证据。加强对公司治理结构和内部控制的审查，确保信息的可靠性。与公司管理层和内部审计团队合作，获取对公司内部控制的理解。

审计师在执行审计程序时应当保持警觉，关注潜在的舞弊风险，并通过多种手段确保审计的全面性和真实性。除此之外，还要定期更新对舞弊风险的认识，与其他审计团队进行经验分享，也是提高审计质量的重要手段。

7.2 存货

货物流通是商业活动中的重要环节，即使我们已经进入信息化时代，大量的企业依旧仰赖于货物的流通。因此，大部分企业都会有存货科目，且该科目余额在报表中占据着重要的地位。

7.2.1 存货的舞弊风险

存货的收发、管理、储存等涉及大量的人工、系统和时间，因此，基于存货产生的舞弊风险不容小视。

1. 溢库存（Overstating Inventory）

企业为了提高资产规模和盈利水平，可能会夸大存货数量或价值。现实中，企业可能会通过虚构存货的数量、将已经陈旧或损坏的存货计入库存来达到这一目的。审计师应当验证存货的真实性,与实际库存相对比,仔细检查存货质量,比对前后期末存货的变动情况。

2. 低估存货（Understating Inventory）

企业可能为了推迟费用确认（如管理费用、仓储费用等），故意低估存货的价值。例如，在报告期末降低存货的计价，以推迟费用的确认。审计师可以通过仔细审查计价方法，与前期相比较，以确保计价的合理性。

3. 虚构存货转移（Fictitious Inventory Transfers）

企业可能通过虚构存货转移，来掩盖公司财务问题。几年前被视为笑谈的"扇贝逃跑"事件，就映射了虚构存货调拨或转移，以改变存货的地点或负责部门。审计师可以通过验证存货移动的合法性，与相关部门确认存货转移的原因，比对存货移动前后的台账，以识别潜在的舞弊风险。

在现实商业活动中，存货的存在形式和载体多种多样。在我的从业生涯中，面对过的存货类型包括但不限于：高值芯片、鸡鸭猪牛、液态化学制品、液态金属、散装堆放的沙石水泥、非标准化保存的蔬菜水果等。

针对不同类型的存货，第一眼看上去确实让人手足无措。我总结了面对"奇形怪状"的存货时的特殊考虑及应对措施。

（1）生物性存货（如农产品）。审计师需要考虑生物性存货的生长周期，可能需要在不同季节进行审计，需要实地检查农田、仓库，了解生长季节和影响存货价值的因素。

（2）非标准化存货（如定制产品）。非标准化存货可能更难估值，存在较大的主观性。审计师需要仔细审查估值方法，与销售合同和客户确认订单的真实性。

（3）虚拟存货（如数字商品）。虚拟存货更容易受到数字化舞弊的影响，如虚构交易。审计师需要与第三方数字平台确认虚拟存货的真实性，审查相关数字交易记录，以识别潜在的舞弊风险。

总的来说，实地检查存货，也就是进行存货盘点，是审计中必须执行的审计程序。通过实地检查，对检查结果进行记录，比对实际库存和账面库存，可以识别潜在的舞弊风险。对于特殊存货，如芯片、化学制剂等，可以获得专家的协助以确认计价方法的合理性。当然，存货的审计与销售部门、采购部门都息息相关，因此向它们询问以确认关键信息，可以验证存货的合法性。

审计师在进行存货审计时，应该根据不同的存货类型采取不同的措施，同时要关注可能存在的舞弊风险，以保障审计的准确性和真实性。定期更新对舞弊风险的认识，与其他审计团队进行经验分享，也是提高审计质量的关键。

7.2.2 存货审计的一般步骤

我的从业生涯中，曾参与过一家食品制造业企业的审计，其主要产品为啤酒。而我作为该项目存货科目的审计师之一，需要通过以下步骤完成存货审计。

步骤一：理解业务和风险。

我通过与生产部门召开会议，审查生产流程图等方式，了解了该公司的生产流程、存货种类，识别了潜在的舞弊风险。

步骤二：计划审计程序。

制订存货审计计划，包括确定审计范围、时间表和所需资源。我通过了解存货的大概数量、存放地点等制订了审计计划，包括选择哪些仓库检查、什么时候开展检查、实施盘点的审计师安排等。

步骤三：风险评估。

我需要评估存货审计的风险，确定审计的重点。我发现该公司除了将啤酒供应给本地商家之外，还存在外地仓库，而外地仓库是租赁的，因此，我考虑到外地租赁仓库存在一定的舞弊可能性：被审计单位可能会利用该仓库的存在对其存货进行不合规的转移等。基于风险评估的结果，审计师需要考虑可能的舞弊风险，如溢库存、低估存货等。

步骤四：实地检查。

自此，我们开展了实地检查存货活动，也就是实施存货盘点，确认其存在、状况和价值。

根据审计计划，我们分别走访了各自负责盘点的仓库，随机抽样检查了存货，比对了实际库存和账面库存。

步骤五：计价方法审查。

审查公司的存货计价方法，确保其合理且符合会计准则。对此，我查阅了被审计单位关于计价政策的文件，与财务主管讨论了计价方法的合理性并得出了结论。

步骤六：确认关键信息。

与销售部门和采购部门确认关键信息，包括采购价格、销售合同等。当时，我们与销售负责人和采购负责人召开了会议，查看了关键文件，包括但不限于销售合同、定价标准等。

步骤七：法务审查。

存货审计中，我们还需要了解与存货相关的法律合规事项。因此我们与法务部门讨论了合同的法律合规性，确认了存货所有权。

步骤八：报告发现。

汇总审计发现，撰写审计报告，明确问题和建议。

存货的准确性、完整性等牵一发而动全身，可能会对多个报表科目产生影响。因此，在进行存货审计时，审计师还需要关注存货金额的变动与其他科目的钩稽关系：存货计价方法审查、确认关键信息，可能会影响利润表中的成本核算和毛利；存货计价方法的变化可能会影响经营活动的现金流量，从而对现金流量表产生影响。

7.3 在建工程

在建工程是公司进行的尚未完工的工程项目，涉及大量资金和资源，因此容易成为舞弊的焦点。在建工程同样涉及大量的会计估计，因此在建工程的入账不但涉及金额，而且需要考虑时间、进度等要素。该科目在报表中列报的准确性、完整性等同样会产生广泛的影响。

7.3.1 在建工程可能会产生的舞弊行为

以下是在建工程审计中可能存在的舞弊环节以及应对措施。

（1）合同签订阶段。公司可能会为了获得项目而采取不正当手段，如虚构合同金额、隐瞒关键条件等。在签订合同阶段，可能存在伪造合同、签订不公平合同或隐藏重要信息的情况。

审计师可以通过仔细检查合同文件、与相关方核实合同条款、审查其他相关文件，来确保合同的真实性和公正性。

（2）工程进度和费用报告。为获取更多的进度款或追加费用，公司可能会虚报工程进度、夸大工程费用、报告不实的成本等。

审计师可通过实地检查工程进度、比对费用报告和实际支出、与项目管理人员讨论，来核实报告的准确性。

（3）工程质量。公司为了降低成本或提高利润，可能会使用劣质材料或伪造质量检测结果。

审计师可通过抽样检查材料质量、审查质量检测报告、与监管机构核实，来确保工程质量符合标准。

（4）支付管理。为了获取更多资金，公司可能会采取冒名领款、非法提前领款等手段。

针对冒名领款、非法提前领款、虚构支付对象等现象，审计师可通过与支付对象确认支付事项、核实支付款项的真实性、比对实际支付和财务记录，来防范支付管理方面的舞弊。

在建筑工程审计中，审计师需要关注合同签订、工程进度和费用报告、工程质量、变更管理以及支付管理等环节可能存在的舞弊风险。

通过仔细审查文件、实地检查、与相关方核实信息等手段，审计师可以有效地识别和应对潜在的舞弊行为，确保审计的准确性和全面性。审计师还应当保持敏锐的风险意识，及时调整审计程序，以适应不断变化的审计环境。

7.3.2 在建工程的一般审计步骤

假设被审计公司是一家专业的建筑公司，最近完成了一个大型住宅项目。审计师被聘请来确保在建工程的进展与相关财务信息的准确性。审计步骤如下。

步骤一：准备阶段。

为了确保在建工程的财务信息真实，且被合规披露，审计师进行了合同和项目文件审查，检查了与在建工程相关的合同、项目计划、变更通知等文件，了解了项目的基本信息和特点。

步骤二：合同与进度管理。

为了确保合同履行的合规性和工程进度的真实性，审计师检查了合同条款的履行情况，包括支付计划、保险要求等。并通过实地考察工程进展，与计划进度进行比对，确保了记录的一致性。

步骤三：成本核算。

为了确保成本的准确记录和合规处理，审计师执行了成本核实，仔细检查了与在建工程相关的成本记录，包括直接成本、间接成本等。

步骤四：支付管理。

为了防范支付管理中的潜在风险和舞弊行为，审计师核实了支付的合法性，比对了支付凭证与实际支出。同时，与厂家、供应商确认了付款事项，以防范虚假发票等。

步骤五：报告与总结。

为了提交真实、可靠的审计报告，客观反映在建工程的财务状况，审计师审查了在建工程相关的财务报表，以确保信息的真实性。同时提供了关于在建工程的风险评估报告，并提出了改进建议。

通过以上审计步骤，审计师能够确保在建工程的财务信息真实可靠，有助于公司及时发现和纠正潜在的风险，保障财务报表的准确性。

7.4 金融工具

金融工具的审计，除了可以依赖询证函等外部证据之外，还需要关注金融工具的估值。金融工具审计中，可能存在的舞弊风险主要涉及金融资产和金融负债，审计师需要针对不同环节采取相应的措施。

7.4.1 金融工具可能产生的舞弊行为

以下是实际操作中可能会出现的与金融工具舞弊相关的行为。

（1）操纵账面价值。由于市场条件变动，公司可能会借助虚构的市场条件来操纵金融工具的账面价值。同时为达到管理层制定的业绩目标，管理层可能会通过夸大或低估金融资产的价值来操纵业绩。因此需要注意，确保金融工具的估值基于真实的市场条件；由独立第三方进行金融工具估值，避免内部利益冲突。

（2）收入与费用确认的舞弊。公司可能会通过不当确认金融工具的收入或费用的方法，影响财务报表的真实性。同时可能会将金融工具的收益转移到其他期间，以实现业绩的平滑。因此审计师可能需要：审查相关合同，确保收入和费用的确认符合准则；仔细检查相关交易的日志，确保交易的时间和账务处理的一致性。

（3）披露不足。公司可能会故意隐瞒与金融工具相关的风险，使投资者对公司的真实风险状况产生误解。这就要求审计师关注当期政策（如法律法规、准则）变动对本期金融工具计量的影响（如是否采用最新的计量方法，是否需要调整以符合最新的法律法规要求等），即政策变动与计量之间的关系；以确保公司按照相关法规和准则充分披露与金融工具相关的风险；依赖独立的第三方评估来获取更客观的风险评估信息。

金融工具的审计需要同时考虑金融资产和金融负债两个方面。

1. 金融资产

（1）公允价值确认。审计师需要验证金融资产的公允价值，包括市场报价的合理性和数据的真实性。

（2）信用风险评估。审计师要评估公司对金融资产信用损失的计提是否合理。

2. 金融负债

（1）合同条件确认。审计师需要核实被审计公司对金融负债合同的条件是否已准确确认。

（2）溢价与折价。审计师需要检查溢价和折价的计算是否符合相关准则。

金融工具审计是一个复杂而敏感的过程，审计师需要保持警觉，并结合被审计公司的具体情况采取相应的审计程序，以确保被审计公司的财务报表真实、准确、完整地反映了金融工具的实质。

7.4.2 金融工具审计的一般步骤

假设被审计单位是一家国际性的制造业公司，拥有广泛的业务领域和复杂的财务结构。在进行年度审计时，审计师发现该公司的财务报表中包含大量的金融工具，涉及股票、债券、衍生品等。审计步骤如下。

步骤一：规划和风险评估。

首先，审计师需要与公司管理层会面，了解金融工具的种类、数量、重要性，同时获取关于公司内部控制的信息。

然后，审计师需要评估金融工具审计的主要风险，包括市场风险、信用风险、流动性风险等。同时，审计师要了解公司是否有与金融工具相关的前期审计调整或重大差错。

步骤二：内部控制测试。

首先，审计师需要进行内部控制测试，以验证公司关于金融工具的计量、披露和监控的控制有效性。如果发现控制上的不足，就要调整审计计划。

然后，审计师需要确认公司使用的金融工具估值系统是否准确、完整，这包括验证市场数据源的可靠性和金融工具估值模型的合理性。

步骤三：金融资产审计程序。

首先进行公允价值确认。审计师需要选择一定比例的金融资产进行抽样，并验证其公允价值的计量过程。这包括检查市场报价、使用估值模型的合理性等。

然后进行信用风险评估。对于涉及信用风险的金融资产，审计师需要评估公司对信用损失的计提是否符合相关准则，并核实计提的准确性。

步骤四：金融负债审计程序。

首先进行合同条件确认。审计师需要选择一定比例的金融负债进行抽样，核实公司对于合同条件的准确确认，包括利率、还款条款等。

然后考虑溢价与折价。审计师需要核实公司对于金融负债溢价和折价的计算是否符合相关准则，以确保计算的准确性。

步骤五：披露审计程序。

审计师需要核实公司是否按照法规和准则充分披露了金融工具相关的风险，以确保信息的完整性。同时，审计师需要审查报告期后发生的与金融工具相关的重大事项，以确保对后续事件的充分披露。

综合以上步骤，审计师可以提供对公司金融工具的审计意见，确保财务报表的真实性和准确性。

7.5 计量基础

在资产类科目中，会计师的入账通常是基于企业发生的实际经济交易和会计准则。表7-1所示为一些资产类科目的入账依据和相应的例子。

表7-1 资产类科目入账举例

科目	入账依据	举例
现金	实际收到或支付的现金	公司收到客户的现金销售款项
应收账款	公司出售商品或提供服务，并生成应收账款	公司销售商品给客户，形成了应收账款
存货	购入或生产的商品存货	公司购入原材料或生产商品，并将其记录为存货

续表

科目	入账依据	举例
固定资产	购入固定资产并符合资本化的条件	公司购置一台机器，根据资本化政策将其记录为固定资产
无形资产	购得或开发的无形资产，符合资本化的条件	公司购得专利权，将其资本化为无形资产
投资	购入股票、债券或其他金融工具	公司购入其他公司的股票，将其记录为投资
预付款项	公司支付的预付款项，通常用于未来获得商品或服务	公司提前支付房屋租金，将其记录为预付款项
其他资产	公司拥有的其他具有经济价值的资产	公司持有的土地、版权等

会计师在进行入账时，需要根据企业的具体交易和会计政策，确保所记录的资产符合会计准则和法规，并能够真实反映企业的财务状况。

7.5.1 审计师判断资产类科目是否被准确入账的方法

审计师在判断资产类科目的原值、损耗是否被准确计量并入账时，可能会采用的方法如下。

（1）检查凭证和支持文件。审计师可以仔细检查与资产相关的凭证和支持文件，包括购买发票、维护记录等，验证凭证上的金额和日期是否与财务报表一致，以确保凭证的真实性和完整性。

（2）比较资产余额和相关指标。审计师可以比较资产的账面余额与相关的指标，如市值、残值等，以确保账面价值反映了资产的实际价值。

（3）进行资产盘点。审计师可以进行实地盘点，尤其是对存货和固定资产。从而核实实际存在的资产数量和状况，确保账面与实际一致。

（4）评估减值测试。审计师可以评估公司是否按照相关减值测试规定计提了相应的减值损失，以确保减值测试的方法和假设合理，并验证计提的减值损失是否符合准则。

7.5.2 资产类科目审计中的风险应对

在审计过程中，被审计单位可能会因以下原因而产生舞弊行为。

公司可能会为了美化财务状况而故意夸大资产的价值，可能会为了使资产看起来更有价值而隐瞒资产的损耗，可能会为了保持高账面价值而采用不当手段来规避减值测试。

为防范这些舞弊风险，审计师可以采取以下措施。

（1）独立确认资产价值。审计师可以独立获取有关资产价值的信息，如市值评估、行业报告等。

（2）随机盘点。审计师可以随机选择资产进行盘点，减少对预先准备的资产进行盘点的可能性。

（3）核实减值测试假设。审计师可以对公司采用的减值测试的假设进行核实，确保其合理性和合规性。

通过以上方法，审计师可以更有效地判断和防范被审计单位在资产计量方面存在的舞弊行为。

7.6 专家评估

在审计涉及高度专业性和专有知识领域的情况下，审计师可以寻求外部专家的帮助，以确保审计工作的准确性和完整性。

以下是审计师在资产类科目审计中利用外部专家的例子。

（1）评估生产设备的价值。如果被审计单位使用了特殊的生产设备，需要专业知识来评估其当前价值，就需要聘请设备估值专家。因为他们具有相关行业经验，能够准确评估设备价值。

（2）化工产品质量评估。如果被审计单位生产化工产品，现需要评估产品质量和库存价值，就需要聘请化工领域的专家，帮助审计师了解产品质量标准和评估库存价值。

（3）生物资产估值。如果被审计公司涉及生物资产，如农业产出或生物技术产品，需要专业知识来评估其价值，就需要聘请农业专家或生物技术领域专家，协助审计师理解生物资产的评估方法。

（4）存货规格验证。如果被审计公司存货的规格与行业标准或客户要求相关，需要专业知识验证，就需要聘请具有相关领域知识的专家，帮助审计师核实存货规格的合规性。

（5）环境合规性审计。如果被审计公司的经营涉及环境合规性，需要专业的环境工程师进行审计，就需要聘请环境工程专家，协助审计师评估被审计公司是否符合相关环保法规。

在以上情况下，外部专家可以提供深入的专业知识和行业见解，帮助审计师更好地理解被审计单位的特殊业务和资产，确保审计工作的准确性和可靠性。审计师与外部专家之间的协作，可以加强对复杂业务领域的理解，提高审计报告的质量。

本章小结

资产类科目是财务报表的重要组成部分之一，对于评估企业的经营状况和财务风险具有重要意义。资产类科目的审计是审计过程中不可或缺的一环，它有着重要的经济、法律和管理意义。

资产类科目直接关系到企业的实力和风险应对能力，对于公司的日常经营至关重要。审计师在进行资产类科目的审计时，需要确认公司是否真实拥有足够的资产，并确认实物资产和非实物资产的入账是否准确、减值或折旧的计量是否合理，以保障公司资产被准确估量。资产类科目的审计也涉及资产管理的合规性，审计师需要确保公司的资产获取、处置及计量符合相关法规和内部控制要求，以防范潜在的风险。

在资产类科目的审计中，可能面临的舞弊风险包括虚增、虚减等。企业可能会出于某些目的而选择基于资产类科目进行舞弊，例如，为了少缴纳税款而故意调整资产类科目的折旧方式。此外，资产的非正常处置、转移也通常需要引起审计师的关注。

资产类科目的一般审计程序如下。

（1）确认资产类科目的余额。审计师首先需要确认公司报表中所述的资产类科目余额是否准确，包括实物资产和非实物资产、资产的折旧计量等。

（2）审查资产变动情况。审计师需要审查被审计公司的资产变动情况，确认是否存在异常的资产处理或新增情况。

（3）评价与资产相关的会计估计。审计师需要评价被审计单位针对资产类科目的会计估计是否运用得当、是否计量准确、是否合理等。

（4）评估内部控制。审计师需要评估被审计公司的内部控制体系，特别是关于资产管理的控制，以确定其有效性。

（5）进行资产的现场检查。审计师可能会选择对资产进行实地检查（资产盘点），尤其是对于大额实物资产。这有助于验证实际拥有的资产与财务报表中所述是否相符。

通过这些审计程序，审计师可以全面了解被审计公司的资产状况，确保相关数据的真实性和可靠性，降低舞弊风险，为企业的经营和财务报告提供可信度。

第8章

实战：负债科目

同资产类科目一样，负债类科目也是资产负债表的重要组成部分。一般情况下，负债科目与企业经营过程中的"支出"相关。同时，因为负债类科目的固有特点，企业很可能会通过负债类科目进行舞弊。

本章将列举常见的负债类项目发生舞弊的原因，并用简单的案例讲解关于负债类科目如何审计。

8.1 员工薪酬

应付职工薪酬的审计是财务审计过程中的一个重要环节，主要是为了确保公司按照法规和会计准则正确记录和报告与员工相关的薪酬和福利支出。这涉及公司对员工工资、社会保险、福利等方面的义务。

8.1.1 员工薪酬审计的重要性

应付职工薪酬通常是公司财务报表中的一个重要科目，对公司的利润和负债类科目有着直接的影响。审计师需要确保公司在记录和披露员工薪酬方面符合相关法规和会计准则的规定。审计应付职工薪酬也涉及公司的福利计划，包括退休金、医疗保险等，需要确保这些计划的资金划拨和财务报告的准确性。

应付职工薪酬科目背后的牵连甚广。一方面，每一个员工都希望能够获得更多的薪酬。而作为雇佣方，企业很可能会因节约成本的考虑而想尽办法压缩薪酬的支出。双方之间的矛盾，就会导致各方都会想尽办法进行舞弊。

另一方面，出于税务或其他考虑，企业会希望将该科目数额做大，以造成本年度经营亏损的假象，从而节省企业所得税等开支。这一举措不仅可能会导致财务报表舞弊，还涉嫌违法违规。

除此之外，员工还会与管理层合谋虚增薪资，以获取更多的薪酬，可能会通过虚构员工、增加工时、提高薪资标准等方式实施。另外，公司可能会因为未及时停止离职员工的薪酬支付，导致薪酬费用被过度计提。

8.1.2 应付职工薪酬的舞弊风险

薪酬的计算和发放涉及复杂的计算过程，同时也涉及大量的内部控制。从前面的内容中我们知道，涉及大额、复杂计算等因素的科目发生舞弊风险的可能性更高。

（1）薪酬计算过程。管理层或员工可能会操纵薪酬计算（虚报工时、用不合理的计算公式等），以获取不当的福利或提高个人报酬。最典型和直接的行为就是职能部门虚报工时、虚构加班，以获取更多的加班工资等。

（2）薪酬支付。员工薪酬的支付是所有企业的义务，但不乏可能会出现"黑心"管理层，使该步骤存在管理层凌驾于控制之上的风险，将员工薪酬的支付变成管理层侵占资产、非法转移公款的手段之一。因此管理层可能会通过非法手段转移资金或虚构支付对象，将薪酬支付给不存在的员工、公司关联方的虚构员工等来达到这一目的。

（3）福利与津贴。管理层可能会操纵福利与津贴的发放，获取未经审计的个人利益。管理层可能会为其亲属或友人提供未经正当程序核准的特殊福利。

我们还是秉承"发现问题、解决问题"的思路，来有针对性地解决以上可能出现的问题。

首先，我们可以感受到，在薪酬计算、支付等环节出现舞弊行为，可能是因为内部控制机制出现了漏洞，或者内部控制的执行失效，如计算规则出错、支付审批失职等。因此，在审计过程中，审计师应评估被审计单位的内部控制制度，特别关注薪酬计算和支付的流程，确保采用合适的控制机制，以有效防范潜在的舞弊行为。

其次，对于薪酬的支付过程中可能会出现的支付错误、虚构支付等情况，则需要审计师通过核实支付记录来验证。方法是，通过随机抽样选择部分员工进行薪酬计算和支付的核实，防止管理层选择性地操纵个别案例，这有助于揭示任何不正常的薪酬支付模式。

同时，审计师可以比较公司的薪酬支出与行业标准数据，寻找异常情况。如果公司的薪酬开支明显高于或低于同行业水平，就可能需要进行更加深入的审查。

最后，可以使用数据分析工具检查大量的薪酬数据，寻找异常模式和可能的操纵行为。这有助于及时发现不正常的薪酬计算方式或支付情况。

通过综合应对措施，审计师能够更全面地了解被审计单位在应付职工薪酬方面的潜在风险，并在审计过程中有效地应对可能出现的舞弊行为。这有助于提高审计的准确性和可靠性，确保财务报表的真实性。

8.1.3 应付职工薪酬审计的一般步骤

假设被审计单位是一家规模较大的新兴科技制造业企业，拥有数千名员工，一线工人的工作方式是流水线操作，三班倒。公司每个月需要支付大量薪酬，其中包括基本工资、加班工资、津贴、福利等。作为公司的审计师，你现在负责进行应付职工薪酬的审计。

步骤一：内部控制评估。

你需要评估公司的内部控制制度，特别是薪酬计算和支付的流程。这包括审查相关政策文件、了解工资核算系统，并与负责薪酬的部门负责人进行会谈。

除此之外，应付职工薪酬科目可能会与应交税费、成本费用等科目有钩稽关系，因此，在该步骤，你可能需要与负责这些科目的审计的同事进行协作。

步骤二：随机抽样和核实。

根据应付职工薪酬的本年发生额，选择一定数量的员工，随机抽样进行薪酬计算和支付的核实。核实的内容包括基本工资、津贴、加班费等，以确保公司按照政策和合同准确支付。

注意，应付职工薪酬属于资产负债类科目，因此，报表中列示的是当期余额，也就是应付未付余额。为了验证工资的发放和计算的准确性，你需要调取应付职工薪酬的发生额及明细，并对其执行重新计算、抽样核查等审计程序。

步骤三：对比行业数据。

根据上面的步骤，你基本上可以得出公司内部对于薪酬的管理是否有效、计量是否准确的结论。此时，可能还需要比较公司的薪酬支出与行业标准数据，寻找异常情况。如果公司的薪酬支出偏高或偏低（根据重要性水平判断，差异超出重要性水平时可以认定为异常），则需要进一步审查。

步骤四：数据分析。

利用数据分析工具检查大量的薪酬数据，寻找异常模式和可能的操纵行为。

例如，检查是否存在重复支付或异常高的薪酬金额等。

通过以上审计程序，你能够全面了解公司的薪酬支付情况，发现潜在的问题并及时采取措施。审计结果将直接影响财务报表中的薪酬成本科目，因此要确保其真实性和准确性。此外，合理的薪酬支出也有助于公司维护员工关系，提高生产效率。

8.2 预计负债

预计负债的审计是财务审计中的一个关键环节。审计目的主要是确保公司按照相关会计准则和法规，充分考虑了未来可能发生的负债，以及为这些负债合理计提了适当的金额。

8.2.1 预计负债的舞弊风险

预计负债审计的重要性在于，其直接影响公司的财务状况和盈余，同时也涉及公司的透明度和合规性。例如，某公司的管理层为了美化财务状况，在预计负债科目上存在舞弊行为：未来可能发生的负债被故意低估，或者已知的负债事项被隐瞒，以减轻公司的负债表负担，从而使财务状况看起来更好。

导致预计负债舞弊的要素如表 8-1 所示。

表 8-1 导致预计负债舞弊的要素

要素	具体行为
动机	公司管理层可能有通过虚构或减少预计负债来美化公司财务状况，使公司更具吸引力的动机，如提高股价、争取更有利的融资条件等
机会	管理层掌握了关于未来负债的信息，有可能会在不为外部审计师或股东透明披露的情况下，操纵负债的计量和披露
借口	可能的借口包括对未来业务过于乐观的估计、对风险过于乐观的看法，以及对财务报表的改善有过分的期望等

针对可能出现的与预计负债相关的舞弊风险，审计师可以通过风险评估、内控审计等方法进行识别和应对。

（1）审计师需要了解被审计公司的业务和行业风险，评估未来可能涉及的负债,并比较公司的假设和预测是否合理。

(2)审计师需要评估被审计公司关于预计负债的内部控制制度,确保存在适当的程序和流程来识别和计量负债。

(3)通过与被审计公司的法务部门进行充分的沟通,了解可能的法律风险和未来可能发生的负债,以确保负债的计量符合法律要求。

8.2.2 预计负债的一般审计步骤

假设被审计单位是一家跨国企业,业务范围涉及多个国家和行业,因此面临多国的法律和市场监管。公司每年都需要进行预计负债的审计,以确保财务报表的准确性和合规性。

步骤一:内部控制评估。

审计师需要评估该公司的内部控制体系,特别关注涉及预计负债的流程,如保修服务、法律索赔等。这包括审查相关政策文件、了解系统支持和与相关部门会谈。

步骤二:风险评估和分类。

审计师需要针对不同类型的预计负债,进行风险评估和分类。例如,法律索赔可能涉及法务和保险方面的风险,而保修服务可能涉及售后服务的质量问题。

步骤三:验证合同和协议。

审计师需要审查相关的合同和协议,特别关注其中的条款和条件,以确保该公司根据合同和协议的约定合理计提预计负债。

步骤四:过往经验分析。

审计师需要分析该公司过去的预计负债经验,比较实际发生的事件和公司预先估计的负债金额,寻找是否存在高估或低估的情况。

步骤五:专业意见征询。

对于复杂的预计负债项目,审计师可以征询专业律师、保险专业人士等的意见,包括但不限于熟悉各国法律制度的外部专家,以确保对相关法律法规和合同条款的理解准确。

步骤六:抽样和实地考察。

对于大规模或分散发生的预计负债项目,审计师可以采用抽样方法进行审计,并进行实地考察,以确保负债的存在和准确计量。

通过以上审计程序,审计师能够全面了解公司的预计负债情况,发现潜在

第 8 章　实战：负债科目

的问题并及时采取措施。审计结果将直接影响财务报表中的预计负债科目，因此要确保其真实性和准确性。同时，科学合理的预计负债计提也有助于公司更好地应对未来的不确定性。

8.3　其他"应付"科目

应付账款和其他应付款属于公司经营过程中的重要往来科目，其计量的准确性可能会同时影响公司的资产负债状况和盈利状况。由于影响范围广、涉及制度多等特点，应付类科目也是审计中的重点。

8.3.1　其他"应付"科目的舞弊风险

第一，被审计单位可能会因为对于应付科目的管理存在漏洞、个人利益等原因，而存在一些潜在的舞弊风险。例如，公司为了虚增支出或负债而创造不存在的供应商或服务，采用的手段可能包括编造虚假发票、伪造合同等。因此在审计过程中需要验证供应商信息，如与供应商直接联系以确认交易，比对发票和合同与实际业务的一致性。

第二，在报销过程中，如果内部控制有缺陷或运行失效，员工可能就会滥用费用报销流程，以获取未发生的费用。具体表现为提交虚假费用报销单，夸大实际费用等。因此，审计过程中需要对费用报销单据进行审查，如随机抽查员工报销记录，实地核实费用发生的合理性。

第三，某些特殊情况下，公司可能会故意推迟支付供应商账款以改善财务状况。例如，将应付账款的支付推迟到下一期报告期内。因此，审计师需要关注应付账款账龄，与供应商确认付款条件，核实延期支付是否合理。

第四，公司内部采购人员可能会因为个人利益而与供应商串通进行舞弊活动。例如，通过与供应商共谋虚构交易，获取非正当利益。因此，公司应当实施内部控制，同时审计师在实施审计程序时应保持独立性，针对被审计单位的内部控制随机选择样本以减少内部串通的可能性。

第五，公司可能会故意不披露与高级管理层或其他关联方的交易，导致财务报表不准确。面对这样的情况，审计师应当审查与公司关联的交易，要求被审计单位提供关联方交易的清单，并独立验证这些交易的合理性。

> **Tips**
>
> 在执行审计程序时，审计师应该注重风险评估，采用适当的程序来检测这些潜在的舞弊风险。这可能包括抽样检查、与供应商和员工沟通、对内部控制进行评估等。审计师还需要保持独立性，不轻信被审计单位提供的信息，以确保审计工作的全面性和客观性。

8.3.2 其他"应付"科目的审计步骤

假设被审计单位是一家制造业企业，其业务范围涵盖供应链管理、生产制造以及产品销售。在审计过程中，审计师将重点关注应付账款和其他应付款，以确保相关负债准确反映公司的财务状况。

步骤一：内部控制评估。

审计师需要评估公司的内部控制，了解与应付账款和其他应付款相关的流程。审计师会审查公司的采购政策、供应商管理流程以及支付授权程序，注意应付账款和其他应付款的入账政策，关注是否存在"重分类"的可能。

步骤二：供应商合同和发票验证。

审计师将仔细审查公司的供应商合同和相关发票，以确保采购的商品或服务的价格、数量和质量等信息与合同一致，并反映在应付账款和其他应付款中。在该步骤中，审计师会运用重要性水平来辅助进行审计抽样。因此，根据风险评估结果，审计师应当首先判定是否针对应付类科目设置单独的重要性水平。

除了核对内部证据之外，由于应付类科目同样属于往来类科目，因此，审计师可以通过发送往来询证函来获取外部证据，这对于应付科目的审计结果有更强的佐证作用。但需要明确，如果未收到回函，审计师还需要针对该情况做出评价，并制定替代性程序。

步骤三：账龄分析和逾期付款评估。

进行账龄分析时，审计师将关注应付账款的逾期情况，评估公司是否按时支付了供应商账款。对于逾期付款，审计师需要了解公司是否计提了相关的利息费用。

步骤四：其他应付款的核实。

审计师将核实其他应付款的明细，包括员工福利、税费、借款等，以确保这些款项的存在和准确性。同时，注意应付账款和其他应付款的分类原则，关注是否存在重分类错报。

步骤五：相关方交易审计。

审计师将审查与公司关联方的交易，以确保这些交易符合公允市场条件，并未对应付账款和其他应付款进行不当处理。

步骤六：披露和关于事件后事项的考虑。

审计师将审查公司的财务报表披露情况，确保应付账款和其他应付款的相关信息得以充分披露。同时，审计师需要关注是否存在后事项，如起诉、罚款等可能会对负债产生影响的事件。

通过以上审计程序，审计师可以全面了解公司的应付账款和其他应付款的情况，确保相关负债科目的真实性和准确性。审计结果将直接影响财务报表中的相关科目，真实反映公司的财务状况，因此要确保其合规性和透明度。

8.4 其他负债科目

负债类会计科目包含着公司对外部实体或个人的经济责任或义务，在财务报表中占据了重要的地位，因此对于负债类科目的审计也是非常重要的。本节将对负债类科目的审计进行讲解。

8.4.1 常见的负债类会计科目

财务报表中常出现的负债类科目及其计量项目如表 8-2 所示。

表 8-2 负债类科目

科目名称	计量项目
应付账款（Accounts Payable）	公司未支付的购买商品或服务的账款
其他应付款（Other Payables）	不属于应付账款的其他短期应付款项，如税金、租金等
借款（Loans Payable）	公司因向金融机构或其他实体借款而形成的债务
应付票据（Notes Payable）	公司签发的、需要在未来支付的票据
预计负债（Accrued Liabilities）	公司已经发生但尚未支付的费用或义务，如薪酬、利息等

续表

科目名称	计量项目
递延收入 （Deferred Revenue）	公司已经收到但尚未履行的服务或交付的货物所形成的负债
未决诉讼 （Contingent Liabilities）	公司可能面临的潜在法律责任，取决于未来的事件或结果
租赁负债 （Lease Liabilities）	根据租赁协议，公司需要支付的租金
应付利润 （Dividends Payable）	公司宣布但尚未支付的股利
其他长期负债 （Other Long-term Liabilities）	不属于短期负债的其他长期债务或义务

以上只是一些常见的负债类会计科目，实际上，公司的负债类科目会因行业、业务模型和财务管理策略的不同而有所差异。

8.4.2 其他负债类科目的审计

不同的负债类科目在会计处理和可能会出现的舞弊情况方面会有一些差异。除了上文中提及的几个负债类科目外，本小节将补充介绍其他负债类科目的入账处理方式、可能出现的舞弊情况，以及审计师在审计中采取的相应的审计程序。

1. 长期负债

本科目一般记录的是公司需要在一年以上偿还的负债，如长期借款、公司债券等。

在该科目的计量过程中，被审计单位可能会隐藏负债、虚构交易。因此，审计师应当核实借款和债券的合同，确认利率和还款计划的准确性，评估是否有未披露的负债。

2. 借款

本科目一般记录的是公司从其他机构（个人）处获得的资金，需要按照借款协议计提利息。

同样，在科目的账务处理中，可能发生的舞弊行为包括但不限于：虚构借款、滥用借款用途等。因此审计师应当核实借款合同，确认借款用途的合理性，检查利息计提的准确性。

3. 公司债券

本科目一般计入公司发行的长期债券，通常按照固定的利率支付利息。

现在的商业环境中，债券的发行受到多个监管机构的监管，因此大部分债券的发行信息属于公开信息，且债券持有人范围甚广，因此，对该科目的审计结果可以说是"万众瞩目"。但即使是在公开市场环境中发行债券，也可能存在隐藏债务、虚构交易等舞弊风险。

审计师需要严格核实债券的发行文件，确认支付利息的准确性，评估是否有未披露的相关方交易。

4. 递延所得税负债

公司根据会计准则确认的未实现的税收负担，计入递延所得税负债科目。其舞弊风险在于，虚构递延所得税负债、滥用减税政策等。

审计师需要核实递延所得税的计算基础，比对减税政策的适用条件，评估计提的合理性。

5. 租赁负债

公司可能会存在租赁的大型资产设备，并根据租赁协议确认的租赁负债。因此伪造租赁协议、虚构租金支付，就是公司在该科目上可能会出现的舞弊行为。

审计师需要核实租赁协议，确认租金支付的准确性，评估租赁负债的公允价值。

6. 银行贷款

大部分企业的融资都是通过银行贷款实现的，而公司从银行获得的贷款就会被计入该科目。

审计师在发送银行询证函时应当询证贷款事由，同时核实贷款协议，确认利率和还款计划的准确性，评估是否有未披露的相关方交易。

在审计这些负债类科目时，首先，审计师需要深入了解公司的业务模型、内部控制状况，并结合具体情况设计相应的审计程序，包括抽样检查、沟通确认函、核实法律文件、实地考察等，以有效地识别和应对潜在的舞弊风险。其次，审计师需要保持对潜在舞弊的警惕，并通过沟通、文档检查、实地观察等手段获取足够的审计证据。最后，审计师应保持独立性，始终保持审慎和谨慎的态度，以确保审计工作的全面性和客观性。

本章小结

负债类科目是财务报表的重要组成部分之一，对于评估企业的经营状况和财务风险具有重要意义。并且直接关系到企业的风险应对能力，对于公司的日常经营至关重要。负债类科目的审计是审计过程中不可或缺的一环。审计师在进行负债类科目的审计时，需要确认公司负债是否被完整、准确地记录并披露，是否存在需要未来承担负债的风险，并且应当关注负债类科目风险是否满足"持续经营假设"的要求，即公司能否在可预见的未来保持正常运营，而不会因为巨额、难以偿还的重大负债压力对持续经营能力产生威胁。

在负债类科目的审计中，可能面临的舞弊风险包括虚增、虚减等。例如，为了隐瞒"资不抵债"的情况而故意隐瞒负债。此外，企业可能会因为税务压力等而故意虚增负债，这也需要引起审计师的关注。

负债类科目的一般审计程序如下。

（1）确认负债类科目的余额。审计师需要确认公司报表中所述的负债类科目的余额是否准确、完整。

（2）审查负债变动情况。审计师需要审查公司的负债变动情况，确认是否存在异常的大额新增负债，负债的新增是否会影响公司的持续经营。

（3）评价与负债相关的会计估计。审计师需要评价被审计单位针对负债类科目的会计估计是否运用得当、是否计量准确、是否合理等（主要涉及"或有负债"的入账）。

（4）评估内部控制。审计师需要评估公司的内部控制体系，特别是关于负债管理的控制，以确定其有效性。

（5）评估负债变动原因。审计师可能会选择深入了解大额的新增负债的形成原因，并结合持续经营假设分析公司的风险应对能力。

通过这些审计程序，审计师可以全面了解公司的负债状况，确保相关数据的真实性和可靠性，降低舞弊风险，为企业的经营和财务报告提供可信度。

第 9 章

实战：收入

收入是衡量企业业绩的关键指标，同时也是利润表中计算利润的关键要素。在审计过程中，大部分审计项目会将收入作为关键审计事项进行重点关注。由于收入涉及的其他科目较多、产生的影响较为广泛，因此在收入审计的过程中，审计师需要执行大量的审计程序，同时也需要在该科目的审计中保持高度敏感和独立性。

9.1 利润表数据汇总、拆分

利润表，也称为损益表，是一份反映企业在一定期间内业务收入、费用和净利润（或净亏损）的财务报表，是财务报表审计过程中需要重点关注的一张报表。利润表的编制涉及多个会计科目，其中的关键科目如表 9-1 所示。

表 9-1 利润表科目

科目名称	确认方式
营业收入（Operating Revenue）	根据销售商品、提供劳务等业务活动所产生的收入
营业成本（Operating Costs）	与生产和销售相关的直接成本，包括原材料、人工、制造费用等
毛利润（Gross Profit）	营业收入减去营业成本
营业费用（Operating Expenses）	公司在正常业务运营中发生的费用，包括销售费用、管理费用、研发费用等
营业利润（Operating Profit）	毛利润减去营业费用
非营业收入（Non-Operating Income）	与主营业务无直接关系的收入，如投资收益、出售资产获得的收益等
非营业费用（Non-Operating Expenses）	与主营业务无直接关系的费用，如非经常性损益、资产减值等

续表

科目名称	确认方式
利润总额（Profit Before Tax）	营业利润加上非营业收入，再减去非营业费用
所得税费用（Income Tax Expense）	根据适用的税法计算应交所得税
净利润（Net Profit）	利润总额减去所得税费用

9.1.1 利润表的编制细节

以上科目的识别和计算组成了利润表的一般形式，但在利润表的编制过程中还需要注意以下细节。

（1）收入阶段，识别和确认销售、劳务收入。

（2）成本阶段，确定与销售和生产相关的成本，计算毛利润。

（3）费用阶段，录入各项营业费用，计算营业利润。

（4）非营业项目，录入非营业收入和费用，计算利润总额。

（5）税收阶段，根据公司经营成果和法定公式计算所得税费用。

（6）最终计算出的净利润，也是利润表的最终结果。

编制利润表需要遵循会计准则和法规，确保会计科目的准确性和真实性。公司通常会定期（通常是每个财政年度末）编制利润表，以便为内外部利益相关者提供了解企业盈利状况的重要信息。

9.1.2 利润表的舞弊风险

在利润表各个科目的入账处理中，计入的是各个科目在一段时间内的发生额而非余额。因此，时间通常是一个关键因素，被审计单位可能会通过调整入账时间来进行舞弊。

（1）调整销售收入的时间。为了达到满足投资者、分析师或履行合同等方面的期望，提高公司的财务健康指标的目的，被审计单位可能会将销售交易收入的入账时间调整到有利于企业的财务报表期间，以人为影响公司的业绩表现。因此，审计师会比对销售合同、发货记录和实际收款时间，以确保收入按照准则在适当的时间入账。

（2）调整费用支出（Operating Expenses）的时间。为了实现短期内更高的净利润，改善公司的财务表现，被审计单位会将费用支出的入账时间推迟到未来期间,以在当前期间提高净利润。因此需要审计师仔细审查费用支出的凭证和相关支持文件,以确保费用按照实际发生时间入账。

(3)调整资产减值损失(Impairment Loss)的时间。为了减少当前期间的损失,提高企业的盈利能力表现,被审计单位会将资产减值损失的入账时间推迟,以避免对当前期间净利润产生负面影响。因此需要审计师检查资产减值测试的方法和相关参数,以确保其合理性且符合会计准则。

(4)调整非经营性项目的时间。如果被审计单位需要在特定期间内实现更好的财务指标,以增强投资者信心,就会将非经营性收入提前或将费用推迟,以影响企业的整体财务表现。为了应对该情况,审计师需要仔细审查非经营性项目的合同和相关文件,确保其入账时间符合实际发生时间。

根据利润表的编制过程,我们发现,很多科目的确定都是通过计算得出的结果。因此为了检验利润表各个科目的准确性、完整性等,审计师可以从表9-2所示的几个维度重新对利润表的数据进行拆分、汇总等计算。

表9-2 利润表科目的拆分计算

科目名称	拆分维度	计算内容
销售收入	根据产品线、地理区域、客户等进行拆分	检查销售合同、发货记录和收款情况,确保销售收入的计算准确
销售成本	根据产品、生产阶段、地理位置等进行拆分	重新计算成本元素,确保与采购、生产记录一致
毛利润	根据产品、服务、业务部门等进行拆分	检查销售收入和销售成本的重新计算结果,确保毛利润准确
营业费用	根据功能、部门、费用性质等进行拆分	重新计算各项费用,确保与支持文件一致
营业利润	根据业务部门、产品线等进行拆分	检查毛利润和营业费用的重新计算结果,确保营业利润准确
非经营性收入和支出	区分投资收益、汇兑损益等	检查投资收益、汇兑损益等科目的重新计算结果,确保准确性
利润总额	区分不同业务、地理区域等	检查营业利润、非经营性收入和支出的重新计算结果,确保利润总额准确
所得税费用	根据税收法规和地理区域进行拆分	重新计算所得税费用,确保与税务申报文件一致
净利润	根据股东权益、业务部门等进行拆分	检查利润总额和所得税费用的重新计算结果,确保净利润准确

通过以上拆分、汇总和重新计算，审计师能够验证利润表各个科目的数据是否真实、准确，并且能够从不同的维度审查被审计单位的财务表现。这有助于确保财务报表的可靠性和透明度。

9.2 收入确认机制

收入确认入账是财务会计中一个关键的环节，同时也是审计中需要特别关注的内容。本节我们将通过一个例子，来讲解收入是如何确认入账的、如何识别其中可能存在的舞弊情况，以及审计师应对舞弊风险采取的审计程序。

9.2.1 收入确认的关键环节

假设一家软件公司与客户签订了一份合同，根据合同，客户将在软件产品交付后支付一定金额的许可费。交付后，根据收入确认原则，软件公司可以确认相应的收入。收入的确认环节可能包括以下几个方面。

（1）合同签订：双方签署了一份明确规定产品、价格和支付条件的合同。

（2）交付软件产品：软件公司按照合同的规定交付产品给客户。

（3）客户接收：客户确认并接收了交付的软件产品。

（4）发票开具：软件公司开具了符合合同的发票。

（5）收款确认：客户支付了许可费，款项到账。

（6）收入确认：软件公司确认了相应的收入，计入账簿。

在以上各个环节中，涉及的利益众多，我们需要考虑舞弊三角模型中的动机、机会和借口，识别在各个环节可能会出现的舞弊情况。

（1）收入的过度确认。公司可能会在产品未真正交付或客户未支付的情况下确认收入，以提高业绩。

（2）虚构交易。公司可能会虚构销售交易，使得公司看起来有更多的实际业务。

（3）收入的滞后或提前确认。公司可能会延迟或提前确认收入，以平滑业绩或达到某些财务目标。

9.2.2 收入确认审计的一般程序

基于收入的确认过程以及从中识别出的可能发生舞弊的情况,审计师可以考虑通过以下程序来应对可能出现的舞弊风险。

(1)确认销售合同。审计师应仔细审查销售合同,确认其真实性、合法性,并核实其中规定的产品、价格和支付条件。如遇难以判断的情况,可以通过实地走访或利用专家的协助来完成审计。

(2)独立确认交付。审计师可以独立确认(发送询证函)产品的实际交付情况,与客户确认交付是否符合合同规定。

(3)确认收入与现金流匹配。审计师应确保收入的确认与实际的现金流入匹配,防止过度确认。这一步骤可以通过与银行对账单核对、发送银行询证函来实现。

(4)抽样确认客户接收。对客户接收情况进行抽样确认,确保客户已实际接收产品。

(5)核实发票和收款记录。审计师应核实发票和公司的收款记录,确保发票的开立和收款的记录一致。

(6)分析收入数据。审计师可以对收入数据的趋势进行比较和分析,寻找异常波动或不一致的迹象。

通过以上审计程序,审计师可以更全面地了解公司的收入确认过程,并有助于识别潜在的舞弊风险。同时,审计师还需要通过与管理层沟通、评估内部控制系统等方法,加强对可能存在的舞弊的敏感性和认知。

9.3 合同和收付款

在收入和成本的确认过程中,会计师需要获取一系列关键信息才能进行正确的账务处理,而其中最关键的凭证之一就是交易合同。审计师在检查这些信息时需要注意一些关键要素,我们将这个程序称为"合同审阅",这是在进行收入审计时需要执行的关键程序。

以下是在进行合同审阅时审计师需要关注的细节。

(1)合同信息。了解合同的具体条款,包括产品或服务的规格、数量、价格、交付时间和支付条件等,并且要了解合同的法律性质,以便确认收入和成本的适当会计处理。

（2）产品或服务交付信息。确认产品或服务的实际交付日期，以确定收入确认的时点。获取客户接收产品或服务的确认信息，确保客户已经收到并满意。

（3）收款和支付信息。确认客户实际支付的时间，以便与收入确认相匹配。获取供应商实际支付成本的时间，以便正确确认成本。

（4）收入和成本确认要素。了解适用的收入确认标准，如完成度、交付等。确保了解成本确认的原则，如与特定收入相关的直接成本计量的标准。

（5）时间差的账务处理。如果合同和实际收付款之间存在时间差，那么需要合理估计未收回账款的坏账准备，并考虑资产减值问题。除此之外，还要考虑在时间差期间可能涉及的利息费用。

（6）导致收入确认不准确的环节。如果在产品或服务交付之前确认了收入，就可能会导致过度确认。如果公司在实际交付之后很长时间才确认收入，就可能会导致业绩的滞后反映，因此需要注意是否有滞后确认的情况。

（7）不一致的收入与成本配比。如果收入和成本的确认不一致，就可能会导致财务报表的不准确。

> **Tips**
>
> 审计师在进行合同审阅时需要特别注意合同与实际发生的交易是否一致，是否符合适用的会计准则和法规。此外，审计师还应关注公司内部控制的有效性，确保收入和成本的确认符合公司制定的政策和程序。对于时间差的处理，审计师需要仔细评估公司的估计方法是否合理，并检查相关的披露。

9.4 谨慎分类

在前文中我们提到了，在验证收入的完整性和准确性时需要对收入进行多个维度的拆分计算，以保证其无论是在哪种维度下，汇总金额都与财务报表列报金额一致。

9.4.1 收入的常见分类

有效的收入账目管理系统，会严格地将收入进行信息录入。为了方便后续的管理，收入的分类也是非常重要的。分类一旦出现错误，导致重分类错报，就有可能会导致成本或其他科目的核算出现偏差。表 9-3 中列示了常见的一些收入的分类。

表 9-3 常见的收入分类

分类	计量内容	举例
销售收入	企业销售商品或提供服务所获得的收入	一家电子公司销售电视机的收入
利息收入	企业从债务工具（如债券、贷款）上获得的利息	一家公司因持有其他公司债券而获得的利息
投资收益	企业从投资活动中获得的股息、租金等收益	一家公司持有其他公司股票而获得的股息
特许权使用费	通过授予他人使用公司特许权而获得的费用	一家连锁快餐公司通过授予其他公司使用其品牌的特许权而获得的费用
提成和佣金	从代理销售、中介服务等活动中获得的提成和佣金	一家销售代理公司从推动产品销售中获得的提成

一旦收入出现错误的分类，将有可能导致以下后果。

将非正常经营活动中获得的收入，如处置过时资产获得的收入，错误地归类为销售收入，可能会导致财务报表不真实。而管理层依据该数据做出的经营决策可能会有偏差，从而产生广泛的经营影响。

将来自投资活动的收益误归为利息收入，可能会导致对企业融资活动的误解，影响财务状况，甚至导致公司在做融资决策时做出错误判断，或导致公司融资能力受到影响。

如果未正确报告销售代理活动中获得的提成和佣金，就有可能导致企业真实业绩被低估。错误的收入分类可能会影响税收计算，导致缴纳不正确的税款，违反法律法规。审计师在审计过程中需要关注企业对收入的正确分类，以确保依据适用的会计准则和政策正确处理各类收入。审计程序可能包括检查合同、查看销售记录、确认款项来源等，以验证收入的合理性和准确性。

9.4.2 收入分类的一般审计程序

在审计过程中,收入的计量直接关系到被审计单位利润的核算,因此,审计师需要关注收入的分类情况,以识别可能存在的舞弊风险。以下是针对该情况可能采取的应对措施。

(1)确认销售收入。销售人员为了完成销售目标可能会夸大销售额。审计师可以通过独立确认销售合同、检查销售记录和向客户发送确认函等方式来验证销售收入的真实性。

(2)评估利息收入。被审计单位可能会通过虚构债务工具或提前确认利息来增加利息收入。审计师可以审查债务工具的合规性、确认现金流入是否与报告的利息相符等方式来评估利息收入的真实性。

(3)独立确认投资收益。被审计单位可能会虚构投资收益或误将其他收入归类为投资收益。审计师可独立确认投资收益、检查投资证券的准确性,并与第三方确认投资收益的真实性。

(4)确认特许权使用费。被审计单位可能会通过虚构特许权合同来获取额外收入。审计师可以仔细审查特许权合同、确认特许权使用费的支付情况、与特许方进行沟通等,来验证特许权使用费的真实性。

(5)独立确认提成和佣金。销售代理可能会通过虚构销售或提高提成比例来获取额外提成。审计师可以独立确认提成和佣金的支付情况、检查销售记录和合同等,来验证提成和佣金的真实性。

(6)独立确认与合同相关的信息。审计师可以通过独立确认与合同相关的信息,如与客户确认销售合同、确认投资收益等,以确保被审计单位所报告收入的真实性。通过仔细检查销售记录、合同条款、付款记录等,以验证被审计单位的收入是否符合会计准则的要求。发送函证,与第三方(如客户、投资方)确认相关信息,以验证被审计单位所报告的各项收入是否真实、可靠。

合同审阅中需要详细审查企业与客户、投资方等签订的合同条款,以确保合同内容和金额的准确性,保证按照分类要求入账。对于涉及关联方的交易,审计师需要特别关注,以确保这些交易符合公允市场原则,不受到操纵。

通过这些审计程序,可以降低因不当收入分类而导致的舞弊风险,确保企业报告的财务信息真实可靠。

9.5 钩稽关系

企业营业收入通常与多个会计科目相关,例如,收入科目反映的是收入的发生额,而应收账款科目反映的可能是这部分收入未收回的余额。因此,收入的变动很可能会影响到其他科目的变动。

例如,一家公司在某个月内销售了 100 万元的产品,根据销售条款,客户需要在下个月支付账款。在销售确认的同时,100 万元将计入营业收入,而应收账款也将增加 100 万元,反映了尚未收到的销售收入。

企业的营业收入通常与应收账款存在密切关系。当企业销售产品或提供服务时,会在收入确认的同时生成相应的应收账款。这种关系体现了企业已经向客户提供了商品或服务,客户承诺在后续支付相应的款项,而这些待收款项就构成了应收账款。

审计过程中,我们需要考虑和收入相关的科目之间的钩稽关系,同时钩稽关系的异常也可以帮助审计师发现可能存在的舞弊风险。审计师一般可以通过以下程序实现上述目标。

(1)独立确认。审计师可以通过独立确认被审计单位与客户的销售合同、发票、运输文件等,以验证销售和应收账款的真实性。

(2)比对销售记录和应收账款余额。审计师可以比对销售记录与应收账款余额,确保记录的一致性。

(3)发现潜在舞弊风险。被审计单位可能会为了夸大业绩,而通过虚构销售来提高营业收入。但如果实际应收账款不增加,就可能会导致销售收入被夸大。如果企业通过虚构销售来增加营业收入,但没有相应的实际应收账款支持,就可能存在潜在的舞弊风险。审计师通过比对销售记录和实际应收账款,可以发现这种不一致性。

在审计中,理解并验证营业收入与应收账款之间的钩稽关系,是确保财务报表准确性的重要一环。审计师通过独立确认、比对记录和发现不一致性的审计程序,可以有效地识别潜在的舞弊风险,保障财务报告的真实性。

本章小结

收入是财务报表（利润表）重要的组成部分之一，对于评估企业的经营状况和盈利能力具有重要意义。作为公司最重要的业绩指标之一，收入的计量和披露直接关系到企业的盈利能力，对于公司的日常经营至关重要。

收入审计是审计过程中不可或缺的一环。审计师在进行收入审计时，需要确认被审计单位的收入是否被完整、准确地记录并披露，是否存在未入账收入，是否存在虚增收入等情况。另外，审计师在审计收入时应当结合其他科目进行发生额、余额的检查和重新计算，以验证收入数据的准确性及合理性。

在收入审计中，被审计单位出于某些目的可能会在收入方面存在舞弊的情况。例如，为了达到股东要求的业绩指标而虚增收入。

收入的一般审计程序如下。

（1）确认收入的披露金额。审计师首先需要确认公司报表中所披露的收入金额是否准确、完整。

（2）审查收入变动情况。审计师需要审查公司的收入变动情况，与前期数据及其他信息结合进行分析，以评价收入变动的合理性。

（3）考虑权责发生。审计师需要评价被审计单位针对收入的计量基础是否运用得当、是否计量准确、是否合理等，以及是否存在已发生未记录的收入，或是否存在未履行完义务却已经记录的收入。

（4）评估内部控制。审计师需要评估公司的内部控制体系，特别是关于收入的控制，并评价其运行的有效性。

（5）考虑收入与其他科目数据的钩稽关系。审计师应当将收入数据与其他科目结合分析（如应收账款），并通过余额、发生额等多个维度进行拆分计算，以验证收入发生的合理性和记录的准确性。

通过这些审计程序，审计师可以全面了解公司的收入，确保相关数据的真实性和可靠性，降低舞弊风险，为企业的经营和财务报告提供可信度。

第 10 章

实战：成本和费用

同收入一样，成本和费用也属于利润表中的科目。因此，成本和费用的核算、计量，对于最终净利润的计算有着关键的作用。

成本和费用的入账是一个复杂的过程，会计学中有一门专门的课程就是"成本会计"。成本和费用产生错报的风险也是很大的。作为审计过程中必须审计的科目之一，我们需要根据审计的常规逻辑来对成本和费用可能产生的风险进行评估和应对，同时也应当灵活运用其他手段以获取充分适当的审计证据。

10.1 计量基础

企业生产经营的过程中，会产生大量的支出和消耗。关于这些支出和消耗，我们可以简单地理解为"成本和费用"。对于成本和费用的核算、计量是非常复杂的。

10.1.1 成本和费用的计量

比如，在会计师事务所工作的审计师们，按照项目、工作时长领取工资，这个时候，就会将人工成本由时间转换为可计量的货币单位。

同理，在某些生产工厂中，工人流水线工作，按照工作时间核算工资，那么企业应当将这部分工人的工资和工时结合起来核算成人工成本。

与此同时，根据整个工厂的运营状况，管理层需要购入或领用管理工具，如文具等办公设备，工人在生产产品的过程中也会领用文具等办公设备，这些设备的消耗会被视为成本。但是由于其使用目的和部门不同，又会被划分为管理费用或生产成本等。

对于某些小企业，在每年年初会将办公地点的租赁费一笔支付给房东，此时房租会被视为经营的成本和费用。但是为了核算的准确性，一般情况下会将这些已支付的房租按照月或年的会计期间来逐步确定，并不是一笔确定的。

现实生活中这样的例子非常多。企业的成本和费用可以根据其性质和产生的阶段进行分类。表10-1所示为一些常见的成本和费用分类，并对每一项进行了简要的入账凭证举例。这些入账凭证可以作为审计师在审计该科目时要重点关注的审计证据。

表10-1 成本和费用的分类

分类	入账依据	凭证
生产成本	生产成本是生产产品或提供服务过程中直接与产品或服务相关的成本。入账时通常基于实际发生的直接材料、直接人工和制造费用	采购订单、生产工单、发票等
销售和行政费用	包括与销售、市场营销、管理和行政相关的费用。入账基于实际发生，如广告费、销售人员薪水、租金等	发票、支付凭证、报销单等
财务费用	涉及资金的借款成本，如利息支出。入账基于借款合同、利息计算等	借款合同、银行对账单等
研发费用	与研究和开发活动相关的费用。入账通常基于实际发生，包括研究人员工资、实验室用品等	实验室记录、研发项目报销单等
折旧和摊销	涉及资产的折旧和摊销费用。入账基于资产的使用寿命和计算方法	固定资产清单、折旧计算表等
人力资源成本	包括薪资、福利、培训等与员工相关的费用。入账基于员工的实际工作时间和薪资政策	工资单、社保缴纳记录等

从表10-1中我们可以看到，成本和费用的核算涉及公司经营的多个流程和部门，因此每一笔成本和费用都需要有相应的内部控制来确保正确的入账和报告。以下列举了一些必要的，针对成本和费用核算的内部控制手段。

（1）制度控制：确保存在适当的成本分类和核算制度。

（2）审批流程：需要制定费用报销的审批流程，确保费用的合理性。

（3）凭证管理：控制凭证的颁发和管理，以防止滥用。

（4）监督与检查：建立监督机制，对费用的入账进行周期性检查。

以上措施有助于确保成本和费用的准确入账，保障财务报表的可靠性。审计师在审计过程中需要关注这些内部控制制度，并评估其有效性。

10.1.2 成本和费用的舞弊

由于成本和费用的核算涉及多部门、多流程，因此一旦产生误差，则其影响是广泛的。同时，在牵连甚广的情况下，也为舞弊行为的产生提供了可能性。其中一些可能产生舞弊的环节和产生原因如下。

（1）夸大成本支出。企业可能会为了降低应纳税额或提高利润，在计量直接成本和间接成本时，夸大实际发生的费用，例如，高估采购成本、工资等。

（2）虚构费用。企业为了达到某些经营目的，可能会人为地增加费用，以降低利润。在销售和行政费用、研发费用等方面，企业可能会虚构不存在的费用。

（3）滥用折旧政策。企业可能会出于短期业绩考虑，采用过度折旧的方式来降低税负和提高当期利润。对于固定资产的折旧计算，企业可能会滥用折旧政策，提前摊销资产。

（4）虚构人力资源成本。企业为了减少纳税额或符合预算要求，可能会夸大人力资源成本。在记录人力资源成本时，企业可能会虚构员工工时、培训费用等。

审计师可以运用以下审计程序来应对企业成本和费用计量过程中的舞弊风险。

（1）抽样检查。随机抽取一部分凭证进行详细检查，以确保凭证的真实性和合法性。

（2）比较分析。比较历史数据、行业平均水平和预算，检查成本和费用的合理性。

（3）核实凭证。与供应商、员工等独立第三方核实成本和费用的真实性。

（4）仔细审查合同。对与成本和费用有关的合同进行仔细审查，以确保计量符合合同规定。

（5）评估内部控制。评估企业的内部控制制度，以确保计量过程中存在有效的监督和检查机制。

（6）利用数据分析工具。使用数据分析工具对大量数据进行分析，以检测异常模式和趋势。

通过这些审计程序，审计师可以更全面地了解企业成本和费用的计量过程，识别潜在的舞弊风险，确保财务报表的真实性和准确性。

10.2 谨慎分类

上一节中我们举例了解了，成本和费用科目根据其性质和用途的不同可以分为多个类别。在企业中，对各类成本和费用进行正确的分类和账目处理至关重要。成本和费用的计量会牵扯到其他多个科目计量的准确性、完整性。因此，和收入分类一样，成本和费用的分类以及审计过程中关注"重分类"问题，才能确保财务报表的准确性和可靠性。同时，在审计成本和费用类项目时也需要进行多个维度的拆分、加总，以确保无论从哪个维度计算，该科目所计量的总数都是准确的。表 10-2 所示为一些常见的成本和费用科目的分类标准。

表 10-2 常见的成本和费用分类标准

分类	举例
直接成本	与产品或服务直接相关的成本，如原材料、直接劳动和直接制造费用
间接成本	与产品或服务间接相关的成本，通常以间接制造费用的形式出现，如间接劳动、间接材料
销售和营销费用	与产品销售和市场推广相关的费用，如广告费用、促销费用
管理和行政费用	与企业管理和行政职能相关的费用，如管理人员工资、办公室租金
财务费用	与融资和债务相关的费用，如利息支出

根据以上分类标准，现实商业社会中的一些常见现象及分类如下。

（1）企业购买用于生产的原材料，这些成本应被归类为直接成本。

（2）用于支付直接劳动的工资，如一线工人的工资，应被视为直接成本。

（3）生产设备，如机器等设备的折旧费用，通常被归类为间接制造费用。

（4）用于推广产品的费用，应被归类为销售和营销费用。

（5）企业管理人员，包括但不限于管理层、财务人员、人力资源管理人员等，他们的薪资应被归类为管理和行政费用。

（6）与债务融资相关的费用，例如，到期该偿还的银行贷款利息，应被归类为财务费用。

如果成本和费用的分类不准确，那么导致的后果可能是严重且广泛的。

首先，错误的分类会导致财务报表反映的业务状况和业绩不准确。例如，将财务费用错误地分入管理费用中，导致财务报表中资产负债的情况出现误差，以至于企业很可能会低估负债，夸大其融资能力，导致当期预留的偿还利息的资金不足，严重的情况下可能会导致企业逾期、违约。

此外，错误地分类还可能会影响管理层对企业状况的理解，导致不准确的决策。例如，将营销费用和生产费用混淆，可能会对企业的营销能力、生产能力都产生错误的估计，导致生产、销售能力不匹配，进而误导经营决策。

正确的分类有助于企业更准确地了解经营状况、制定预算、做出决策，并确保财务报表的准确性和透明度。审计师在审计过程中需要关注这些分类，以确保企业依据适用的会计准则和政策，正确处理各类成本和费用。

10.2.1 产生重分类错报的情况

成本和费用在准确分类上确实有一定的难度，在审计过程中，审计师应当主动关注是否会出现以下情况，以判断产生重分类错报的风险。

（1）模糊的分类标准。如果成本和费用的分类标准不清晰或不符合会计准则，就可能会导致错误的分类。

（2）计量基础不一致。使用不一致的计量基础（如历史成本法、公允价值法），可能会导致成本和费用被不正确地分类。

（3）人为调整。企业可能会通过人为调整财务数据来达到某种目的，从而导致成本和费用分类的错误。

（4）虚构成本费用。企业可能会虚构不存在的成本费用，以降低税负或美化财务状况。

（5）变更会计政策。如果企业变更会计政策，就可能会导致历史数据的重新分类，从而影响报表的真实性。

10.2.2 应对重分类错报的审计程序

审计师可以通过以下审计程序来应对成本和费用可能产生重分类错报的风险。

（1）比较分析。比较企业当前年度的成本费用与历史数据、行业平均水平，并进行分析，以发现异常情况。

（2）详细检查。针对关键成本费用项目，进行详细的凭证检查和核实，以确保其真实性。

（3）评估内部控制。评估企业的内部控制机制，尤其是与成本费用相关的内部流程，以确保制度有效。

（4）与独立第三方核实。与供应商、客户等独立第三方核实成本费用的真实性和合法性。

（5）评估审计会计政策的变更。针对会计政策的变更，审计师应仔细评估变更的合理性和是否符合会计准则。

（6）利用数据分析工具。使用数据分析工具对大量数据进行分析，以识别异常模式和趋势。

通过以上审计程序，审计师可以更有效地应对因成本费用分类错误而可能导致的舞弊风险，确保财务报表的准确性和可靠性。

10.3 合理支出

一般情况下，企业对于成本和费用的把控非常严格。在传统思维"开源节流"的影响下，企业往往会选择把钱花在刀刃上。因此，一旦成本和费用出现异常时，审计师往往会对该事件格外关注。

10.3.1 被视为异常支出的案例

（1）异常高额费用。某一期的费用远远高于历史水平或行业平均水平，且无明显合理解释。

（2）不寻常的成本项目。出现不寻常的成本项目，与企业正常经营活动不相关，难以合理解释。

（3）非经常性损失。公司声称某些费用是非经常性损失，但频繁出现或金额巨大，就会引起审计关注。

（4）不合理的费用分类。将本应属于资本支出的费用直接作为费用支出处理，或者提前将不应计入当前或前期损益的费用进行了计入。

那么审计师将如何发现这些不合理的支出情况呢？方法如表10-3所示。

表10-3 支出异常的查找方法

方法	具体做法
比较分析	将当期的支出与历史数据、行业平均水平进行比较，寻找异常情况
行业比较	将公司的支出与同行业其他公司进行比较，查看是否存在显著差异
内部控制评估	评估公司的内部控制机制，确保费用的记录和报告符合会计准则

续表

方法	具体做法
与管理层讨论	与管理层讨论费用的合理性，寻求对异常支出的解释
随机抽样检查	随机抽样检查费用的相关凭证，确保支出的真实性和合法性

10.3.2 发现异常支出时可以采取的审计程序

（1）详细检查。针对异常支出的具体项目，对凭证进行详细的检查，以核实费用的真实性。

（2）与独立第三方核实。与供应商、服务提供商等独立第三方核实费用的真实性和合法性。

（3）审计会计政策。仔细审计公司的会计政策，确保费用的分类和计量符合会计准则。

（4）利用数据分析工具。使用数据分析工具对大量数据进行分析，以发现异常模式和趋势。

如果通过对成本和费用进行分类确认、分析及审计后，审计师发现被审计单位在最近的财务报表中列报了异常高的广告费用，远远超过了过去几年的平均水平，也高于同行业公司的平均水平，就会重点关注这些异常费用。

审计师首先对该事项发生舞弊的风险进行了评估，认为出现该现象并可能舞弊的原因如下。

首先，被审计单位正面临激烈的市场竞争，为了争夺更多的市场份额，管理层决定增加广告支出，以提高品牌知名度和吸引更多客户。其次，被审计单位可能推出了新产品或服务，需要加大广告宣传力度，以便迅速推广并吸引客户。再次，被审计单位可能正在尝试通过提高市场关注度和业绩表现来维持或提高股价，因此增加广告支出以创造积极的市场反应。然后，被审计单位可能经营季节性产品或服务，某个季度的广告费用较高是因为季节性需求较大。最后，被审计单位可能设定了较高的销售目标，为了实现这些目标，决定通过大规模广告活动来刺激销售。

为了应对可能产生的舞弊风险，审计师采取了以下措施。

（1）详细检查凭证。审计师可以仔细检查涉及广告费用的相关凭证，核实广告费用的支出情况，确保费用的真实性。

经检查后，审计师认为广告费用的支出属实。

（2）与广告代理商核实。审计师可以与公司合作的广告代理商进行联系，核实广告费用的具体支出项目，防范虚报等风险。

广告代理商在收到审计师的询证函后回函表示广告费用和项目均属实，对此，审计师认可了回函内容。

（3）比较分析。审计师可以将公司的广告费用与历史数据、同行业其他公司进行比较，以确定是否存在异常情况。

通过比较发现，本年度同行业其他公司均推出了类似的新产品，为了抢占市场份额，各大公司都选择在宣传推广上花费了大量资金。

（4）了解管理层解释。审计师应与管理层进行沟通，了解广告费用异常增加的具体原因，确保管理层提供的解释合理可行。

管理层表示，本年度针对推出的新产品确实有不小的销售压力，因此选择在宣传推广上花费大量广告费。审计师认为以上解释与实际调查结果基本相符，因此认为广告费的支出无异常。

通过以上措施，审计师能够更好地了解异常支出的原因和动机，确保财务报表的准确性和透明度。

10.4 数据钩稽

成本和费用作为利润表中的科目，记载的是当期几乎所有支出的发生额，其对方科目牵连广泛。例如，成本和费用通常与负债科目（如应付账款、其他应付款、应付职工薪酬）之间存在钩稽关系，这涉及企业的采购和支出过程。

10.4.1 成本和费用的钩稽案例

假设某公司在一年中采购了大量原材料，支付了相关的费用。其中一部分支付给了供应商，一部分作为工资支付给了负责采购的员工。在这个过程中，原材料成本、采购费用和工资成本都会在利润表中体现，而相关的账款则会在资产负债表的负债科目中体现，如应付账款、其他应付款、应付职工薪酬等。

（1）应付账款。公司向供应商购买原材料，发生应付账款。这部分应付账款与原材料成本和采购费用在时间上是相互钩稽的。

（2）其他应付款。除了原材料，公司还可能有其他费用，如运输费、杂费等，这些费用的支付形成了与其他应付款之间的时间钩稽。

（3）应付职工薪酬。公司支付给员工的工资形成了与利润表中的工资成本之间的时间钩稽。

而由于成本和费用与以上科目均存在钩稽关系，自然也存在潜在的舞弊风险。审计师在评估后认为潜在的舞弊风险可能表现为以下几个方面：企业可能会通过虚构或夸大采购、费用或工资来虚报支出，从而降低纳税基础；公司可能会推迟支付供应商或员工，以改善财务报表的现金流量或财务指标；企业可能会伪造应付账款或其他应付款，以提高负债水平，从而影响财务健康状况。

10.4.2 成本和费用钩稽关系的一般审计程序

针对 10.4.1 中出现的情况，审计师可以通过以下措施加以应对。

（1）详细检查凭证。审计师应仔细检查涉及成本和费用的相关凭证，确保其真实性和合理性。

（2）与供应商和员工核实。审计师可以与公司合作的供应商和员工进行联系，核实相关支出的具体项目，防范虚报等风险。

（3）比较分析。审计师可以将公司的支出与历史数据、同行业其他公司进行比较，以确定是否存在异常情况。

（4）钩稽检查。审计师可以将利润表中的成本和费用与资产负债表中的相关负债科目进行时间钩稽，确保相应关系的合理性。

通过以上措施，审计师能够更好地了解各科目之间的钩稽关系，发现潜在的舞弊风险，确保财务报表的准确性和透明度。

10.5　截止性测试

截止性测试是审计程序的一部分，其主要目的是确保财务报表反映的是特定会计期间内的交易和事项。它通常涉及对特定账户余额或类别的交易的确认，以确保这些交易截至财务报表日期。

在成本和费用的计量中进行截止性测试，是为了确认企业在特定会计期间内发生的成本和费用是否都已经被正确地计入了财务报表，以防止将属于下一期的成本和费用错误地计入当前期（反之亦然），从而保证财务报表的准确性、真实性和完整性。

10.5.1 截止性测试的舞弊

企业可能会利用截止性测试的特征进行舞弊，这通常涉及在财务报表截止日期前或后操纵交易记录，以影响财务报表的呈现，从而欺骗利益相关方。例如，企业可能会在财务报表截止日期前或后操纵收入和费用的计量，将一部分下一期的收入或费用错误地计入当前期，以影响财务报表的盈利水平；企业可能会在财务报表截止日期前记录虚假销售，如伪造销售合同、虚构销售发票等以提高当期的收入，包括伪造销售合同、虚构销售发票等；企业可能会在截止日期前将一部分未来期的费用错误地计入当前期，以解决实际盈利较低的问题，从而掩盖财务状况的真实情况；企业可能会在截止日期前操纵存货的计量，例如，通过虚构存货交易或伪造存货估值，以影响成本费用的呈现。

这些舞弊行为的目的通常是使财务报表呈现更为健康或更具吸引力的财务状况，从而误导投资者、债权人或其他利益相关方。审计师在进行截止性测试时，需要警惕这些潜在的舞弊风险，通过审计程序和逻辑推理来发现不一致之处，以确保财务报表的准确性和真实性。审计师可能需要通过仔细分析交易的时间戳记、确认与第三方的对账单据等方式来辨别任何潜在的舞弊行为。以下是一些可能的措施和审计程序。

（1）独立确认。通过发送函证等方式与第三方独立确认交易，审计师可以验证企业报告的成本和费用是否真实存在。

（2）审计程序的多样性。采用不同的审计程序和方法来验证成本和费用的准确性，例如，多个维度地将成本和费用进行拆分和加总，确保没有因为截止性而导致的操纵。

（3）分析交易时间戳记。审计师可以仔细分析交易的时间戳记，检查是否有不寻常的交易发生在财务报表截止日期前或后。

（4）与行业标准比较。与行业标准比较成本和费用的水平，通过比较发现是否存在异常的情况。

（5）确认与第三方的对账单据。审计师可以要求与第三方进行对账，以确认财务报表中成本和费用的反映与第三方记录是否一致。

（6）深入了解业务流程。了解被审计单位的业务流程，特别是与成本和费用相关的流程，以便更好地理解潜在的舞弊风险。

（7）抽样检查。通过抽样检查具体的成本和费用项，以确保其存在且准确和合理。

（8）持续监测。实施持续监测机制，关注期后事项，及时发现任何不正常的变化或异常情况。

以上措施和审计程序的目的，是帮助审计师全面了解企业的成本和费用，确保这些项目在财务报表中的准确性，同时有助于发现潜在的舞弊行为。审计师需要运用专业判断和审慎、谨慎的态度，不断优化审计程序，确保审计的全面性和有效性。

10.5.2 截止性测试的一般审计程序

假设某公司的财务报表截止日期是 2023 年 12 月 31 日。审计师需要确保在这个日期之前所有与成本和费用相关的交易都已经被正确地计量和记录。以下是审计师可能进行截止性测试的一些步骤和例子。

（1）确认采购和服务费用。审计师可能要确认在截止日期之前采购的原材料和服务的费用是否已经被正确地计入成本和费用。

（2）审查支付凭证。审计师可能会仔细审查与成本和费用相关的支付凭证，确保这些支付确实属于当前会计期间。

（3）分析发票日期。审计师可能会分析与成本和费用相关的供应商发票，确保这些发票的日期在截止日期之前，以避免将下一期的成本错误地计入当前期。

（4）核实员工薪酬。对于涉及员工薪酬的成本，审计师可能会确认工资和福利的支付是否反映了截止日期之前的工作。

通过这些截止性测试，审计师能够验证被审计单位的财务报表是否准确地反映了特定会计期间内的成本和费用，有助于防范因计量错误而导致的财务报表不准确的风险。

10.6 "未入账"的数字

被审计单位可能存在漏记或少记成本和费用的情况，而这可能是由于错误或舞弊导致的。当然，漏记和少记的情况也可能发生在除成本和费用外的其他科目中，审计师在执行审计程序时也应对该问题进行普遍关注。

10.6.1 "未入账"的数字

假设某公司在采购商品时，存在故意漏记或少记成本的情况。例如，该公司的财务主管与某供应商串通，商定由供应商向公司提供虚假的低价发票。财务主管在记录成本时只记载了虚假发票的金额，而实际采购成本远高于发票上的数额。可能导致以上行为的原因如下。

（1）为了降低成本以达到业绩目标。公司可能希望通过降低成本来达到提高盈利水平的业绩目标，从而获得潜在的奖励或股东的好评。这种情况下，管理层可能会故意漏记或少记成本。

（2）财务报表欺诈。为了在财务报表上呈现更好的财务状况，公司管理层可能会采取欺诈行为，故意漏记或少记成本，以提高净利润水平，使公司看起来更具吸引力。

（3）维持股价。如果公司的股价与盈利水平有关，管理层就有可能希望通过漏记或少记成本来维持或提高股价，以满足股东和投资者的期望。

审计师要想发现未入账、少记或漏记的成本和费用，就需要通过审计程序和对公司财务状况的全面审查来识别异常迹象。以下是一些可能提示审计师存在问题的现象。

（1）异常的财务比率。如果某些财务比率与行业平均水平或公司历史数据相比存在异常波动，那么可能表明财务报表中存在未入账或漏记的成本。例如，成本率或毛利率与预期相比显著低于行业平均水平，可能是未计入所有成本的迹象。

假设在本案例中，审计师通过财务比率分析计算发现，公司的毛利率明显高于同行业水平，则可能会认定出现异常。

（2）异常的经营绩效。如果公司的经营绩效与财务报表不一致，审计师就应该警觉。例如，销售额增长，但净利润增长不成比例，可能是因为漏记了一些支出。审计师可能在本案例中发现，公司的财务报表显示销售额较去年同期大幅增长。

（3）高额的不匹配项。若在对账和调整过程中发现高额的不匹配项，那么可能表明存在未入账或漏记的成本。审计师需要关注产生这些不匹配项的原因，并深入调查。虽然销售额大幅增长，但审计师发现净利润的增长幅度与销售额的增长幅度不匹配，进一步检查销售和成本记录后，发现部分采购成本未被正确归类。

（4）与供应商的对账不一致。审计师可以通过与公司的供应商进行对账，比对公司账目和供应商账目，以确认两者是否一致。如果存在明显的差异，就可能是因为少记了一些采购成本。

就此，审计师发现公司的财务报表未能准确反映实际的经营状况，因此认为存在未入账的成本或费用。

10.6.2 发现"未入账"的数字

综合分析种种迹象，审计师可以更有针对性地进行调查和验证，以确保财务报表的真实性和准确性。

针对可能出现的成本漏记、少记等情况，审计师可以采取以下措施应对。

（1）深入了解采购流程。审计师应深入了解公司的采购流程，重点关注采购合同、发票、付款等环节，确保所有的采购成本都被正确记录。

（2）抽样检查支持文件。审计师可以通过随机抽样的方式，检查与采购相关的支持文件，比对发票与实际成本是否一致。

（3）与供应商对账。审计师可以要求公司与供应商对账，以确认公司记录的采购成本与供应商的记录一致。

（4）比对历史数据。审计师可以比对公司历史数据，寻找任何异常的波动或不一致之处，特别是与同行业或同类公司相比。

（5）风险评估。审计师应当对公司内部控制环境进行全面的风险评估，重点关注财务报告的真实性和完整性。

通过以上审计程序，审计师能够更全面地了解公司的财务状况，发现潜在的成本、费用漏记或少记的情况，以确保财务报表的准确性和可靠性。

本章小结

成本和费用是影响财务报表（利润表）的重要因素，对于评估企业的经营状况和盈利能力具有重要意义。作为公司最重要的业绩指标之一和反映经营成果的关键数据之一，成本和费用的计量和披露会直接关系到企业的盈利能力，同时成本和费用的变动也是企业经营者进行决策的重要辅助数据，因此对于公司的日常经营至关重要。

成本和费用审计是审计过程中不可或缺的一环。审计师在进行成本和费用的审计时，需要确认被审计单位财务报表中的数据是否被完整、准确地记录并披露，是否存在未入账的成本和费用，是否存在虚增成本和费用等情况。另外，审计师在审计成本和费用时应当结合其他科目，对发生额、余额进行检查并重新计算，以验证收入数据的准确性及合理性。

在成本和费用的审计中，被审计单位出于某些目的可能会在收入方面有舞弊的情况。例如，故意增加成本和费用，使公司利润额降低，从而达到减轻税务负担的目的。

成本和费用的审计过程中需要关注的要素如下。

（1）确认成本和费用的披露金额。审计师首先需要确认公司报表中所披露的成本和费用金额是否准确、完整，是否真实发生。

（2）审查成本和费用的变动情况。审计师需要审查公司的成本和费用的变动情况，与前期数据及其他信息结合进行分析，发掘异常变动并执行对应的审计程序，以评价收入变动的合理性。

（3）考虑权责发生。审计师需要评价被审计单位针对成本和费用的计量基础是否运用得当、是否计量准确、是否合理等，以及是否存在已发生未记录的收入，或是否存在未履行完义务却已经记录的收入。同时应当关注"跨期"计量的情况，对此需要进行截止性测试。

（4）评估内部控制。审计师需要评估公司的内部控制体系，特别是关于成本和费用的控制，并评价其运行的有效性。

（5）考虑成本和费用与其他科目数据的钩稽关系。审计师应当将成本和费用的数据与其他科目结合分析（如应付账款），并通过余额、发生额等多个维度进行拆分计算，以验证收入发生的合理性和记录的准确性。

通过这些审计程序，审计师可以全面了解公司的成本和费用，确保相关数据的真实性和可靠性，降低舞弊风险，为企业的经营和财务报告提供可信度。

第 11 章

实战：其他

除了前文中讲解的关键科目的审计之外，审计师的职业怀疑还能够运用在其他方面。当然，前文中也强调过，审计师的职业怀疑并不是事事怀疑，而是需要有理由地怀疑。

本章将结合我的工作经验总结和简单例证，讲述如何从那些可能会被忽略的事项中发掘需要怀疑的各项事由，以及相应的应对方式。

11.1 比率分析

前面的章节中多次提及审计师可以通过比率分析发现异常，由此可见，比率分析是审计过程中一项常用的工具，有助于审计师更全面地了解被审计单位的财务状况，检测潜在的风险和问题。

11.1.1 常见的比率

表 11-1 中列举了审计中一些常用的比率。

表 11-1 审计中常用的比率

比率	计算方法	作用
流动比率	流动资产/流动负债	流动比率用于评估企业的偿债能力，审计师可以通过比较当前资产和当前负债的比率来确定公司是否能够及时偿还短期债务
速动比率	（流动资产 − 存货）/流动负债	速动比率排除了存货对流动性的影响，更侧重于公司的即时偿债能力，审计师可通过此比率评估公司在没有存货支持的情况下偿还债务的能力

续表

比率	计算方法	作用
资产负债率	负债总额/资产总额	负债比率用于衡量公司的财务杠杆水平,审计师可以通过比较负债与资产的比率来评估公司的财务稳定性
毛利率	(销售收入-销售成本)/销售收入	毛利率用于评估公司在生产和销售过程中的盈利能力,审计师可以通过比较毛利率的变化来检测成本计算的准确性
净利率	净利润/销售收入	净利率用于评估公司的整体盈利能力,审计师可以通过比较净利率的趋势来识别潜在的盈利问题
资本回报率	净利润/资本总额	资本回报率用于评估公司对投资者的回报水平,审计师可以通过比较资本回报率来了解公司的盈利效益

11.1.2 比率的作用

除表11-1中列举的比率外,财务管理当中还有很多比率可以帮助审计师发现问题、分析问题和解决问题。对比率的熟练使用在审计中有着重要的作用。

1. 发现异常情况

比率分析可以帮助审计师发现财务报表中的异常情况或潜在的风险,如偿债能力下降、盈利能力恶化等。

2. 跟踪趋势

通过比率分析,审计师可以跟踪企业的财务趋势,发现潜在的问题,并更好地理解企业的经营状况。

3. 评估风险

比率分析有助于审计师评估公司面临的财务风险,包括偿债能力、盈利能力和财务杠杆等方面的风险。

通过运用比率分析,审计师可以更深入地理解被审计单位的财务状况,识别潜在的问题,从而更有效地开展审计工作。审计师在运用比率分析时,可以通过观察不同比率的异常变化,来发现潜在的财务报表错报或舞弊风险。表11-2所示为对每个比率的举例说明,以及它们之间可能存在的联系。

表 11-2 常用比率的运用和关联性

比率	运用举例	关联性
流动比率	如果流动比率突然下降,可能表明公司短期偿债能力下降。这可能是因为应付账款的增加,导致流动负债上升	若流动比率下降是因为应付账款的增加,可能与其他比率(如速动比率、负债比率等)有关
速动比率	速动比率骤降可能意味着存货价值降低,或者公司正在面临库存积压的问题	存货价值降低可能与毛利率的下降相关,也可能导致负债比率上升
资产负债率	资产负债率快速上升可能表明公司在扩张时增加了债务。这可能会导致未来偿债能力的下降	异常的资产负债率可能与速动比率、资本回报率有关,反映了公司财务杠杆和偿债能力的问题
毛利率	毛利率骤降可能是由于计算成本的方法变更或者供应商成本上升引起的	毛利率的下降可能与净利率的下降相关,反映了公司整体盈利水平的恶化
净利率	净利率下降可能是由于销售收入减少或费用增加引起的	净利率的下降可能与资本回报率的下降有关,反映了公司在投资者回报方面的表现
资本回报率	资本回报率下降可能是由于净利润下降或者资本总额增加引起的	资本回报率的下降可能与净利率的下降相关,也可能与负债比率的上升有关

不同比率之间可能存在复杂的关系,需要审计师综合考虑。特别是当某个比率的异常变化引发其他比率的变化时,可能暗示着更深层次的财务问题。

11.2 异常事项

除了账面数据和比率异常之外,审计师还需要关注一些其他的现象,这些现象可能会提示潜在的问题或风险。以下是一些可能会引起审计师警觉的现象。

(1)不寻常的交易。为了操纵财务报表或转移资产,公司与关联方之间的大额交易,或者与公司业务不符的非经常性交易可能会引起审计师的关注。

(2)重大会计政策变更。为了隐瞒损失或美化财务状况,公司突然更改会计政策,尤其是一些可以影响盈利和负债表项目的变更。

(3)公司内部控制缺陷。内部控制缺陷可能引发某一环节出现审批缺失或审批不当的情况,从而为潜在的舞弊提供了可乘之机。被审计单位内部人员可能会利用这些内控缺陷进行舞弊,最终在财务报表中体现为不准确的数据。

(4)公司管理层言行不一。公司管理层在不同场合对公司业绩的陈述不一致,或者在沟通中回避回答某些关键问题。

(5)员工的异动。公司负责财务报告的高级财务人员突然辞职或被解雇。

(6)市场反应异常。公司宣布一项重大交易,但市场对此反应不一致,或者公司的股价出现异常波动。可能是因为投资者察觉到了潜在的风险或财务问题。

(7)行业变化。公司所处的行业发生重大变化,而公司未能适应。行业的不确定性可能会导致公司财务状况不稳定。

(8)现金流异常。公司报告的净利润增加,但现金流却减少。这可能是虚增销售或利润、延期支付供应商等方式导致的。

审计师需要关注这些现象,通过深入的调查和审计程序来验证是否存在潜在的问题。这些现象的存在可能表明公司的财务报表存在错误,或者存在被操纵的可能性。

11.3 警惕结构

各类结构变动是企业经营活动中常见的情况,但一些变动可能会引发审计师的关注,因为它们可能涉及潜在的舞弊风险。表 11-3 所示为一些结构变动的例子以及潜在的风险。

表 11-3 结构变动的具体事项及潜在风险

变动情况	具体事例	风险
管理层变动	公司突然更换高级管理人员,如首席执行官(CEO)或首席财务官(CFO)	管理层可能试图掩盖先前的不当行为,或者管理层本身可能涉及舞弊活动
股权结构变动	公司大股东的股权发生变动,可能是股权的转让、质押或其他形式的调整	股权结构变动可能涉及利益冲突,例如,为了掩盖财务问题或为了个人利益而进行的交易
业务板块变动	公司出售或收购一个业务板块,或者进行其他战略性业务变动	可能涉及虚增或虚减业务板块的价值,以影响公司整体财务状况

续表

变动情况	具体事例	风险
资本结构变动	公司进行债务重组、股本减少或增加，或进行其他与资本结构相关的调整	可能涉及虚增或虚减负债，或者通过调整资本结构来影响财务比率
并购或重组	公司进行大规模并购、分立或整体重组	在交易中可能存在不当会计处理、估值问题，以及可能的利益冲突
人事架构变动	关键岗位人事调整或公司进行大规模人事调整、重组或裁员	可能存在通过调整人事架构来掩盖财务问题或变相影响财务报表等问题

这些结构变动可能会提高公司发生舞弊的风险。审计师需要关注这些变动，并且要在审计程序中考虑到这些风险。审计程序可能包括调查变动的原因、对变动的合理性进行评估以及对相关交易的审查。

对于以上6种结构变动可能导致的舞弊风险，审计师在审计过程中需要获取一系列必要的信息或采取一系列措施来应对，如表11-4所示。

表11-4 结构变动时可能使用的审计程序

结构变动	信息获取	审计程序
管理层变动	获取关于管理层变动的公告、内部文件、新任管理人员的背景资料等	调查管理层变动的原因，评估新管理层的适格性，检查新管理层是否采取措施解决了公司先前的财务问题
股权结构变动	获取有关股权结构变动的公告、股权交易文件、相关协议等	评估股权变动的合理性，检查是否存在潜在的利益冲突，验证与交易相关的资金流动
业务板块变动	收集关于业务板块变动的合同、交易文件、评估报告等	对业务板块的价值进行审查，确保业务板块变动的报告真实、准确，可能还要进行数据分析
资本结构变动	获取关于资本结构变动的公司公告、董事会决议、相关协议等	评估资本结构变动的原因，检查是否存在违规行为，验证与变动相关的会计处理
并购或重组	收集关于并购或重组的合同、交易文件、财务报表等	对并购或重组交易进行尽职调查，评估估值方法和过程，检查是否存在对财务报表的调整
人事架构变动	获取有关人事架构变动的内部通知、人事文件、员工名单等	检查人事架构变动是否与财务报表相关，评估是否存在人事架构调整的合理性，可能还要进行关于员工离职和晋升的确认

在执行表 11-4 中的审计程序时，审计师需要保持审慎的态度，并结合对公司业务模型、行业背景和内部控制的理解，来全面评估潜在的舞弊风险。审计团队可能还会使用数据分析工具来检测异常模式和异常交易，从而提高对潜在舞弊的发现能力。

11.4 存在即合理？

前面各章节中都提到过，多个科目都因其背后的动机、借口和机会，可能会出现虚增、虚构记账的情况。也就是说，存在于报表中的数据可能本身就不合理。被审计单位虚构或虚增某科目数据的行为是一种可能存在的财务舞弊行为。

11.4.1 满足"要求"

产生财务舞弊行为的原因如下。

（1）满足业绩目标。公司管理层可能面临业绩目标难以达成的压力，为了提高公司的经营业绩，选择虚构或虚增收入、利润等数据。

（2）欺骗投资者或潜在投资者。公司为了吸引更多投资或提高股价，通过虚构或虚增业绩等数据，制造公司更加有吸引力的假象。

（3）追求奖励或激励计划。员工或管理层可能与公司的奖励或激励计划挂钩，为了获取更多的奖励或激励，可能会通过虚增绩效指标来达到奖励的条件。

（4）规避财务压力。公司可能面临财务困境，需要在财务报表上呈现更好的状况。为了规避财务问题，公司可能会采取虚构或虚增财务数据的方式，以避免引起投资者、债权人或监管机构的关注。

（5）财务欺诈。公司管理层可能会为了追求个人利益，如提高股价，追求高薪水，避税等，而选择了虚构或虚增的手段。

（6）规避债务违约。公司可能面临债务违约的风险，为了避免债务违约，公司可能会通过虚构或虚增资产、收入等数据来改善财务状况。

这些行为的动机各异，但都涉及通过不正当手段改变财务报表的真实状况，以获取某种利益或规避潜在的不利后果。审计师在审计过程中应当警惕这类行为的迹象，并采取相应的审计程序来识别、评估和报告潜在的财务舞弊。

11.4.2 一般审计程序

审计师在发现可能存在虚增或虚构的情况时，需要采取一系列审计程序来进行验证和调查。

（1）比较历史数据。通过比较当前财务数据与历史数据，特别是关键业绩指标和财务指标异常，可以发现异常的年度增长率或与历史数据不一致的变化，这些迹象可能暗示着数据虚增。

（2）比较同行业数据。将被审计单位的财务数据与同行业其他公司进行比较，若存在异常高的指标，那么可能是虚增的信号。

（3）分析关键绩效指标。分析与被审计单位业务相关的关键绩效指标，如收入、利润率等。异常高的绩效指标可能需要进一步调查。

（4）核实重要合同或交易。核实被审计单位报告的关键合同或交易的真实性，包括与客户、供应商的协议。合同虚构可能会导致虚增收入或利润。

（5）现金流量分析。分析公司的现金流量表，特别要关注经营活动的现金流量。若净收入与现金流量不一致，就可能存在虚增或虚构的情况。

（6）核实资产减值。核实公司是否对可能减值的资产进行了适当的减值测试。若公司虚增了资产价值，就可能会导致未充分计提减值准备。

（7）分析财务比率。分析公司的财务比率，如盈利能力、偿债能力等，异常高的比率可能是虚增的结果。

（8）抽样调查。针对具体的账户或交易进行抽样调查，核实其真实性。抽样调查有助于发现虚增或虚构的个别交易。

（9）关注内部控制。评估公司的内部控制体系，特别是涉及财务报告的控制措施。不完善的内部控制或被规避的内部控制，可能会为虚构提供机会。

这些审计程序的目标是检测财务报表中的不准确陈述，并提供足够的证据以支持审计师对虚增或虚构的结论。审计师需要通过全面的审计程序来提高对潜在财务舞弊的识别能力。

11.4.3 实例体验

假设某制造公司的财务报表显示，该公司在最近的财政年度取得了显著的盈利增长。然而，这一迅猛的增长引起了公司审计师的注意，因为公司所在的行业整体处于低迷状态。审计师决定对这一异常现象进行更深入的调查，以确定是否存在虚增或虚构的可能性。审计师的调查过程如下。

（1）与同行业其他公司比较。审计师首先与同行业其他公司进行比较，发现该制造公司的收入和利润率远高于同行业水平。这引发了审计师对财务数据真实性的质疑。

（2）分析关键绩效指标。审计师深入分析了公司的关键绩效指标，如生产效率、产品销售情况等。他注意到，尽管公司的报告显示了出色的绩效，但实际生产和销售数据与之不符。

（3）核实重要合同或交易。审计师选择核实公司报告的一些重要合同和交易，特别是与大客户的合同。在核实的过程中，审计师发现一些合同的签署日期和实际执行日期不一致。

（4）现金流量分析。审计师对公司的现金流量表进行了仔细分析，发现净收入与经营活动的现金流量之间存在不匹配的现象。公司的报告显示高额的净收入，但现金流量却没有相应增长。

（5）抽样调查。审计师选择对销售额较大的一些交易进行抽样调查。通过抽样调查，审计师发现了一些虚构的销售记录，这些记录实际上并未发生。

在对上述问题进行调查的基础上，审计师向公司管理层报告了关于虚增和虚构的发现。公司管理层进行了内部调查，并最终确认了销售团队在报告销售额时夸大了业绩。

为了纠正这一问题，公司采取了以下措施。

第一，全面调整财务报表，纠正虚增的销售记录和利润。

第二，实施严格的内部控制，加强对销售团队的监督和审查。

第三，解雇涉及虚增行为的销售人员，并对相关管理人员进行追责。

审计师的及时干预和调查使得公司迅速纠正了错误，并建立了更加健全的内部控制体系，以防范未来的虚增风险。

11.5 看不见的证据

审计师在审计过程中不仅应该关注实物数据和凭证，还应该对一些非实物现象保持警觉。我的职业导师曾半开玩笑地跟我们说过："如果被审计单位管理层接待审计项目组时表现得异常热情、非常上心，总是想带你们吃喝玩乐，那一定要警惕。"

事实证明，这并不是在开玩笑，这是一个老审计师经历了无数审计项目之后的经验总结。由此可见，审计师在关注数据、表格、合同、程序之外，还需要对以下这些"奇怪"的事件保持警觉。

（1）管理层言辞和行为不一致。管理层在公开场合发表的言辞与内部传达的信息不一致。而不一致的言辞可能表明管理层试图隐藏一些信息，或误导股东和投资者。审计师需要审查与管理层的交流，确保信息透明且一致。

（2）人事变动。公司出现频繁的高层人事变动，特别是财务主管频繁更换。高层人事变动可能会导致内部控制不稳定，增加舞弊风险。审计师需要关注这些变动，评估其对内部控制的影响。

（3）涉及法律纠纷和诉讼。公司涉及多起法律诉讼，包括但不限于与财务报表有关的纠纷。法律纠纷可能会影响公司的财务状况、声誉和业绩，纠纷数量较多的话，甚至可能影射管理层存在诚信经营等方面的风险。审计师需要关注这些纠纷，并评估其对公司财务报表的潜在影响。

（4）存在关联交易。关联交易在风险评估阶段就可能会被列为关键审计事项之一。过度的关联交易可能会导致公司财务报表不准确。审计师需要关注这些关联交易，确保其合理性和公正性。

（5）公司治理结构存在问题。公司治理结构是在风险评估阶段就需要审计师了解的内容之一，甚至很可能会被列为关键审计事项。公司治理结构关系到审计师对沟通、报告对象的选择，也是内部控制需要重点关注的内容。一旦公司的治理结构出现权责分工不明确、内部利益关联、治理失效等情况，就很可能会导致被审计单位出现舞弊。因此审计师需要整理、分析公司治理结构的合理性、治理层运行的有效性等，以确保被审计单位内部治理的合理性和公正性。

以上非实物现象可能是潜在的舞弊风险的指示器，审计师应当保持职业怀疑，对某些反常的现象保持敏感，并采取相应的审计程序来验证和深入调查。

11.6 博弈——发现问题后的沟通

本书开篇就有提到过，审计师在发现错报时，几乎不可能直接对被审计单位执行处罚。审计师需要做的是与被审计单位沟通，提请被审计单位对这些错报进行更正，或对已发现的重大错报进行披露，并且会在审计报告中给出适当的审计结论。

11.6.1 关于错报的沟通

当审计师发现可能会导致财务报表错报的情况时,应该采取一系列措施来处理。

(1)确认发现。审计师首先需要确保自己的发现是准确的,而不是由于误解或错误的审计程序引起的。

(2)深入调查。审计师应该对可能导致错报的问题进行深入调查,以了解问题产生的根本原因和影响范围。

(3)与内部团队协作。审计师应与内部审计团队或被审计单位内部控制部门合作,以进一步评估内部控制的有效性和存在的问题。

(4)沟通发现。一旦确认了可能导致错报的问题,审计师应汇总这些问题并立即与被审计单位的管理层进行沟通。这通常包括与财务主管、首席执行官或其他高层管理人员会面。

(5)书面通知。审计师可能需要以书面形式向被审计单位提交正式的通知,详细说明他们的发现、原因和建议的纠正措施。

(6)讨论纠正措施。审计师应该与被审计单位讨论纠正措施,以确保被审计单位理解并同意采取必要的行动。

(7)调整审计程序。在发现错报后,审计师可能还需要调整其审计程序,以进一步审计和验证被影响的财务报表项目。

假设审计师在审计过程中发现了被审计单位在报告期内未正确计提坏账准备的情况,深入调查后发现,被审计单位未能充分考虑客户的付款历史和违约风险。那么审计师可能会采取的措施如下。

审计师首先与内部审计团队合作,共同评估了内部控制体系的不足。然后,与公司首席财务官进行了会面,详细讨论了发现并提出了建议的纠正措施。接着,向公司提交了书面通知,说明了问题和建议的解决方案。在与公司协商后,公司同意重新评估坏账准备,并在财务报表中做出调整。最后,审计师更新了审计程序,以确保对调整的财务报表进行适当的审计,并在最终的审计报告中提供了有关这一事项的适当说明。

11.6.2 拒绝沟通的后果

如果被审计单位拒绝沟通或拒绝处理审计师发现的问题,那么审计师又将如何?

（1）书面通知。审计师可以通过书面形式向被审计单位提交正式的通知，详细说明他们的发现、拒绝沟通的影响以及建议的纠正措施。这可以作为将问题记录下来并留存的一种方式。

（2）强调法律责任。审计师可以强调被审计单位对于审计程序的配合是法律责任，而拒绝合作可能会导致法律后果。审计师可以咨询公司的法务团队，了解可以采取的法律行动。

（3）与监管机构沟通。审计师可以考虑与监管机构（如证券监管机构、会计监管机构等）沟通，报告被审计单位拒绝合作的情况。监管机构可能会介入并采取适当的行动。

（4）考虑审计意见。如果被审计单位拒绝合作，会导致审计师无法获取足够的审计证据，并可能导致审计报告的不准确性，那么审计师就需要考虑适当的审计意见，明确指出审计的限制。

（5）公开披露。审计师可以在审计报告中进行公开披露，说明由于被审计单位拒绝合作，审计师无法获得必要的信息，从而影响了审计报告的准确性。

在任何情况下，审计师都应确保自己的行动符合法规和职业准则，以确保审计工作的独立性、合法性和合规性。

本章小结

审计师的工作涉及面广、杂、细，因此，为了勤勉尽责地完成审计工作，给出审计结论，审计师需要随时保持"职业怀疑"，针对那些细枝末节的变化、现象保持警惕。保持职业怀疑应当贯穿于审计工作的始终，但是又要求合理怀疑，不钻"牛角尖"，所以，审计师需要对某些异常现象保持警惕，这对于一个审计师来说，既能够锻炼自己的逻辑思维，同时也能提升自己的职业素养。

在繁杂的审计工作中，并非所有的数据、现象都是"存在即合理"的。审计师一方面需要提高自己工作的效率，另一方面需要保证审计工作的质量，因此，可以通过总结经验和互相学习交流实现"合理怀疑"。需要引起警惕的现象总结如下。

（1）被审计单位的态度异常。在与被审计单位沟通的过程中，被审计单位工作人员出现的异常态度（异常热情、异常冷漠）需要引起审计师的关注。而针对审计范围受限，被审计单位拒不提供某些信息的情况，则更应该保持警惕。

（2）比率变动异常。对某些关键财务比率的计算分析也能够作为怀疑线索，当出现明显波动并且所获取的审计证据难以解释波动产生的原因时，审计师需要执行更多的审计程序。

（3）考虑"故事"的合理性。审计师应当了解被审计单位的背景，对于关键人员变动、关键业务的开展、股东的撤资等大事件保持警惕，了解这些事件背后的故事，并评价其合理性。

审计师的职业怀疑应当贯穿于审计工作的始终，甚至成为一种习惯。通过保持职业怀疑，发现细枝末节的审计证据并记录于审计工作底稿中，既能够证明自身工作的勤勉尽责，同时也能为审计质量提供更有力的保障。

终于来到本书的结尾部分。

我希望通过阅读本书,你能感受到审计是一项独立的专业活动,旨在对一个组织、项目、系统或个人的财务状况、业务运作、会计记录和内部控制体系等进行全面、客观的检查和评价。

我在本书中的几乎每一个章节都强调了审计的独立作用。因为审计的主要目的是提供独立、公正、专业的意见,帮助利益相关方了解被审计对象的真实情况,从而提高信息的可靠性和透明度。

审计的存在是为了让商业环节变得更加透明和公平,减少企业经营者、所有者以及外部公众之间的信息差。

有趣的是,因为审计的专业性很强,仿佛有自己特殊的交流语言和"字典",导致很多人看不懂审计的工作、看不懂审计报告,于是就造成了一种新的"信息差"。所以在本书中,我尽可能地用平常的事例来帮助大家看懂审计。

我希望通过这些事例,让大家用更生活化的方式理解专业又晦涩的审计用语。

审计师是具有专业资格和独立地位的专业人士,负责执行审计工作。在整个工作过程中,审计师需要严格遵守独立性要求,勤勉尽责。不仅需要按部就班地执行审计程序,还需要发挥批判性思维,"创造性"地发现问题再解决问题。

除此之外,审计师还要时刻注意锻炼自己的"职业怀疑"思维,但并不是要求你事事怀疑,而是有根据、有逻辑地"怀疑"。

我至今都被我职业导师的一句话影响着,我入职的第一天他就告诉我们:"做正确的事,高效地做正确的事。"

这句话要实施起来难度很高,可是他却一直在身体力行地向我们证明着这么做的重要性。不仅是以一个审计师的身份,还是以一个自然人的身份。

审计师需要保持高度的自律。不仅是因为独立性要求我们保持对于外在诱惑的自律,而且是对自己行为的自律。我们所做的每一个步骤都是为下一个环节做铺垫,也是为最终的结果提供佐证。因此,每一个行为都要承担相应的后果。好在我们还有审计准则,事无巨细地将我们要做的几乎所有工作都进行了详细的描述和指导。

审计师的自律也是对自己的身体负责,这只是一个工作,没有多么伟大,但是很重要,也很辛苦。必须有走南闯北的好身体和勇气,必须有从白天到黑夜的坚持和细致。除此之外,审计这份对自律要求极高的工作,会潜移默化地影响着你的生活。当你加班腰酸背痛的时候,才会意识到每天坚持锻炼有多重要;当你一边胃疼、发烧,一边还要坚持写底稿、出差的时候,才会意识到照顾好自己,天冷加衣、按时吃饭有多重要;当你忙得四脚朝天,终于有时间陪陪家人、见见朋友的时候,你才会意识到感情有多重要。

所以,审计这个工作,就是要你不辜负世间万物。

最后,还是回归主题,再次强调一下,审计以及审计师存在的目的。

(1)保障信息透明度。通过对财务报表、内部控制、业务运作的审计,审计师可以确保被审计对象提供的信息真实、准确,提高信息的透明度,使利益相关方更好地理解被审计对象的财务状况和经营状况。

(2)保障信息可靠性。审计师的独立性和专业素养确保了审计工作的客观性和专业性,可以有效识别和纠正潜在的错误、舞弊或不当行为,提高财务信息的可靠性。

(3)增强市场对企业的信心。对于投资者、债权人、监管机构等利益相关方来说,审计师提供的独立意见是评估被审计对象的财务状况和合规性的关键因素,可以增强市场对企业的信心,促使投资和融资更加顺利。

(4)强化内部控制。审计师通过对被审计对象的内部控制体系的评估,提出改进建议,可以帮助组织加强内部控制,降低经营风险。

(5)促进法律合规。审计师能够帮助被审计单位确保其财务报表和业务活动符合适用的法律法规,减少可能的法律风险。

总体而言,审计的存在是为了保护各方的利益,确保经济主体运作的合法性和规范性,为决策者提供可靠的信息基础。审计师在这个过程中发挥着重要的监督和评价作用,为社会经济的稳健运行提供了保障。

希望审计让我变成更好的自己的同时,世界也能因为万千审计师的小小努力而有一点点改变。